教育部人文社科青年基金项目：

公共服务、家庭结构对劳动力转移的影响及公共政策选择

项目编号：13YJC790176

教育部人文社科青年基金项目：

公共服务资源配置与移民空间选择协同优化的路径及策略研究

项目编号：16YJC790076

国家社科基金一般项目：

区域外溢性公共品有效供给的财政激励机制研究

项目编号：15BJY137

公共服务、家庭结构对劳动力转移的影响及公共政策选择

GONGGONG FUWU JIATING JIEGOU DUI LAODONGLI ZHUANYI DE YINGXIANG JI GONGGONG ZHENGCE XUANZE

杨刚强 孟 霞 / 著

人民出版社

前　言

劳动力从农村向城市转移、从落后地区向发达地区转移是一国经济社会发展的必经阶段。随着我国地区间、行业间要素流动壁垒的逐渐消除，大量农村劳动力开始向城市转移，且规模日益增大，并成为我国城镇化的重要趋势和动力。合理有序促进劳动力转移，稳步推进城镇基本公共服务常住人口全覆盖，在城镇化进程中促进人的全面发展和社会公平正义，实现劳动力转移空间与公共服务资源配置协同优化，是我国推进以人为核心新型城镇化建设的重要内容，也是我国全面建成小康社会的必然要求。

迁移者个人或家庭利益（效用）最大化，是经济学研究劳动力转移决策的经典假设。而这种效用的最大化，既包含有迁移者所获得的直接经济收益，也包括迁移者所能享受到的公共服务、福利等非直接经济收益。劳动力作出转移的决策，除了理性地为获得更多的就业机会和更高的工资、预期收入而流动外，还会出现寻租的流动，也就是仅仅为了不同的生活方式、不同的福利待遇而流动和迁移，他们对政府与社会在子女入学、医疗卫生、社会保障等基本公共服务建设方面有着强烈的期待。但受我国长期城乡二元分割制度的影响，现阶段城乡公共服务资源配置差距明显，城乡劳动力转移的过程中，既缺乏相机抉择的基本公共服务供给机制和相应的配套设施建设，也缺乏均等化享有城市基本公共服务的保障。当城市人口密度超过一定界限时，人均所获得的公共服务水平会下降，导致公共服务的拥塞，城市基本公共服务受众的合理化需求难以得到满足，“供需失配”现象凸显。根据国家统计局监测数据，2015

年全国农民工总数超过 2.77 亿人,其中外出农民工 1.69 亿人。到 2020 年,我国城镇人口预计达到 8.5 亿人,农业转移人口近 3 亿人,加上其他常住人口,户籍不在常住地的人口近 4 亿人,解决好这些人落户和享受基本公共服务的问题,对顺利推进新型城镇化和全面建成小康社会都至关重要。

社会公共服务资源时空配置格局是影响劳动力转移的重要因素,特别是对劳动力转移模式和目标区域选择的影响日益突出。劳动力对不同地区公共服务等非经济特征的认识是异质的,且这种异质性可能会影响劳动力转移的性质和强度。家庭结构是分析公共服务与劳动力转移决策双向反馈的重要基础,也是研究公共服务影响劳动力转移一般机制的重要支撑。不同类型家庭特征的家庭会做出差异化的家庭决策,而这种转移决策的动机又源于家庭提升其整体或部分成员物质资本、人力资本和社会福利水平的内在需求。基本公共服务影响其转移决策的机制正是基于这种内在的需求而发生作用,其主要是通过家庭对基本公共服务的选择效应以及与城市制度环境的适配效应来实现。

我国区域发展不平衡,虽然各地区都加大了社会公共事业建设的投资力度,但各地区公共资源配置存在较大差距,这种差距不仅体现在数量和质量上,更体现在其与常住人口的匹配效率上。劳动力转移目标区域的选择与基本公共服务集聚存在密切的互动作用。一般而言,具有较好的公共服务资源配置区域,是转移劳动力主要流入的地区。而基本公共服务资源配置相对较低的地区,是劳动力的流出区域,二者相互作用彼此影响,形成"劳动力转移空间选择—基本公共服务集聚"的大系统。2010 年以来,全国"劳动力转移空间选择—基本公共服务集聚"的平均耦合度均大于 0.9,总体呈现出先升后降再升曲折发展的轨迹。我国劳动力转移空间选择与公共服务集聚整体上处于高水平耦合阶段,二者关联互动的作用明显增强,耦合度也呈现逐年增强的态势,但二者发展并未呈现出良好的协调性。就全国平均水平而言,2010—2014 年呈现出先升后降的发展轨迹,除 2013 年呈现出高度协调外,其他年份均为中度协调。其中,西藏处于低度协调阶段,河北、内蒙古、吉林、安徽、福建、广西、海南、重庆、贵州、云南、甘肃、青海、宁夏处于中度协调阶段,其他省市处于高度协调阶段。因此,构建合理引导移民空间选择的公共服务资源配置机制,是有效化解城市公共服务资源"拥塞",满足城市常住居民基本公共服务合理化需求,实现区域公共服务资源配置与移民空间选择协同优化的重要途径。

劳动力转移不仅是农村劳动力简单地由农村向城市的空间转移,更多的是其背后涉及社会福利和公共资源的配置,是一场深刻的社会结构变迁,需要在社会关系的调整中逐步实现社会融合,并在一系列的制度框架下引导并实现社会平衡。因此,促进劳动力合理转移,实现区域公共服务资源配置与移民空间选择协同优化,一是要加快推进制度建设,积极深化户籍制度改革,完善公共服务均等化供给的投入制度,加快推进城乡基本公共服务制度的衔接。二是要加快体制机制创新,建立健全政府公共产品供给机制,健全区域公共服务协同供给的财政体制,建立与市民化挂钩的财政转移支付机制,激发政府能力、社会动力、市场活力,健全农业转移人口市民化的成本分摊机制。三是增强改革创新和实践探索能力,积极提高城镇公共服务的综合承载能力,加快推进城乡基本公共服务均等化,促进公共服务资源区域空间格局的合理配置。

本书在写作过程中,参阅了大量中外文献,吸收了大量的理论研究成果,以尽可能地把握劳动力转移与公共服务资源配置研究的理论前沿,但由于时间和能力有限,书中难免有不足和遗憾之处,恳请读者谅解,真诚地希望广大读者提出宝贵建议。

杨刚强　孟　霞

2016 年 10 月于武汉大学

目　录

导　论……………………………………………………………………………… 1

第一章　劳动力转移决策一般理论 ……………………………………… 34
　第一节　劳动力转移决策经济行为选择理论 ……………………… 34
　　一、刘易斯二元经济结构理论 ……………………………………… 35
　　二、拉尼斯—费景汉模型 ………………………………………… 36
　　三、乔根森模型 ………………………………………………………… 37
　　四、托达罗模型 ………………………………………………………… 37
　第二节　劳动力转移决策非直接经济行为选择理论 ……………… 39
　　一、新迁移经济理论 ………………………………………………… 39
　　二、推拉理论 …………………………………………………………… 40
　第三节　劳动力转移决策机制分析模型 …………………………… 42
　　一、成本—收益模型 ………………………………………………… 42
　　二、效用最大化模型 ………………………………………………… 44

第二章　劳动力转移现状、趋势与障碍……………………………… 47
　第一节　我国农业劳动力转移现状 ………………………………… 47
　　一、我国农业劳动力转移规模 …………………………………… 47
　　二、我国农业转移劳动力空间格局 ……………………………… 51

三、我国农业劳动力转移特点 …………………………………… 56
第二节 我国农业劳动力转移特征与趋势 ………………………… 65
一、劳动力转移决策由个人决策向家庭决策转变 ……………… 66
二、劳动力转移动因由单纯的经济收入驱动向经济收入和公共服务需求因素驱动并重转变 ………………………………… 66
三、劳动力转移路径与就业模式由比较单一的格局向多元化、多层次趋势转变……………………………………………… 67
第三节 我国农业劳动力转移面临的障碍 ………………………… 69
一、劳动力转移面临发展阶段性障碍 ………………………… 69
二、劳动力转移面临的制度性障碍 …………………………… 72
三、劳动力转移由"体制排斥"转向"市场排斥"……………………… 77

第三章 劳动力转移人口结构特征与公共服务资源配置 ……………… 80
第一节 人口结构特征与公共服务需求 …………………………… 80
一、人口年龄结构与公共服务需求 …………………………… 80
二、人口家庭结构与公共服务需求 …………………………… 96
三、人口城乡结构与公共服务需求 …………………………… 99
第二节 人口结构变动与公共服务资源配置………………………… 107
一、人口结构变动与公共资源配置内在逻辑……………………… 107
二、人口结构变动与公共服务资源配置矛盾……………………… 110
三、城乡人口结构分层及其对公共服务需求……………………… 112
四、适应城乡人口结构变动的公共服务供给政策………………… 116

第四章 公共服务对劳动力转移的影响及作用机制…………………… 120
第一节 公共服务对农村劳动力转移的影响………………………… 120
一、数据、变量说明与方法 …………………………………… 120
二、实证结果分析……………………………………………… 123

三、结论与建议 ………………………………………………………… 131
第二节　公共服务影响劳动力转移的作用机理 ……………………… 133
一、家庭对基本公共服务的选择效应 ………………………………… 133
二、家庭与城市制度环境适配效应 …………………………………… 135

第五章　公共服务资源配置与劳动力转移空间选择 ……………… 137
第一节　公共服务资源的空间集聚与影响因素 ……………………… 137
一、基本公共服务空间集聚度量 ……………………………………… 138
二、区域基本公共服务空间集聚分析 ………………………………… 140
三、区域公共服务空间集聚的人口因素分析 ………………………… 143
第二节　基本公共服务资源配置与劳动力转移空间协调 …………… 157
一、劳动力转移空间选择与公共服务集聚耦合互动模型 …………… 157
二、劳动力转移空间与公共服务集聚耦合互动实证分析 …………… 160
三、公共服务资源配置与劳动力转移空间协同策略 ………………… 170

第六章　促进劳动力合理转移的公共服务资源协同配置政策 ……… 173
第一节　移民空间选择与公共服务资源协同配置的制度建设 ……… 173
一、积极深化户籍制度改革 …………………………………………… 173
二、完善公共服务均等化供给的投入制度 …………………………… 175
三、加快城乡基本公共服务制度的衔接 ……………………………… 176
第二节　移民空间选择与公共服务资源协同配置的机制创新 ……… 177
一、建立健全政府公共产品供给机制 ………………………………… 177
二、健全区域公共服务协同供给的财政体制 ………………………… 178
三、建立与市民化挂钩的财政转移支付机制 ………………………… 179
四、激发政府能力、社会动力、市场活力 ……………………………… 179
五、健全农业转移人口市民化的成本分摊机制 ……………………… 181
第三节　移民空间选择与公共服务资源协同配置的实践探索 ……… 181

一、积极提高城镇公共服务的综合承载能力…………………… 182
二、加快推进城乡基本公共服务均等化…………………………… 182
三、促进公共服务资源区域空间格局的公平配置……………… 183
四、努力提高农民工融入城镇的素质和能力…………………… 183

参考文献……………………………………………………………………………… 185

导　论

随着我国地区间、行业间要素流动壁垒的逐渐消除，大量农村劳动力开始向城市转移，且规模日益增大，并成为我国城镇化的重要趋势和动力。据统计，"十二五"时期，我国流动人口年均增长约800万人，2014年末达到2.53亿人，占总人口的18.42%。随着我国城市化进程的加快和家庭结构的变化，劳动力除了理性地为获得更多的就业机会和更高的工资、预期收入而流动外，还会出现寻租的流动，也就是仅仅为了不同的生活方式、不同的福利待遇而流动和迁移，他们对政府与社会在子女入学、医疗卫生、社会保障等基本公共服务建设方面有着强烈的期待。但受我国长期城乡二元分割制度的影响，现阶段城乡公共服务资源配置差距明显，城乡劳动力转移的过程中，既缺乏相机抉择的基本公共服务供给机制和相应的配套设施建设，也缺乏均等化享有城市基本公共服务的保障，一定程度上制约了农业转移人口市民化的进程，成为我国推进新型城镇化进程的重要难题之一。

社会公共服务资源时空配置格局是影响劳动力转移的重要因素，特别是对劳动力转移模式和目标区域选择的影响日益突出。劳动力对不同地区公共服务等非直接经济特征的认识是异质的，且这种异质性可能会影响劳动力转移的性质和强度。家庭结构是分析公共服务与劳动力转移决策双向反馈的重要基础，也是研究公共服务影响劳动力转移一般机制的重要支撑。因此，积极研究家庭结构视角下，公共服务影响劳动力转移的一般机制，建立有利于促进劳动力转移的公共服务供给机制，完善有利于推进城乡公共资源均衡配置的政策体系，对于丰富相关理论研究和经验案例等具有重要的学术价值；对于促进基本公共服务均等化、推进以人为核心的城镇化等具有重要的应用价值。

第一节　研究背景与意义

一、研究背景

20世纪50年代以来，随着工业化和非农化进程的快速推进，我国对劳动力转移的政策呈现出阶段性特征，从严格控制农村劳动力流动，到允许流动、控制盲目流动，再到规范引导、加快农村劳动力有序转移的政策变迁，劳动力转移的路径经历了“就地转移”和“异地转移”的相互轮替；劳动力转移的模式先后呈现出了“梯度转移”和“跳跃转移”的态势；①劳动力转移的规模也经历了快速扩张和趋于稳定的扩张趋势。20世纪八九十年代劳动力转移处于缓慢增长阶段，2001年至2002年处于补偿性反弹时期，2003年以来进入快速增长期。② 据世界银行1997年的研究，农业劳动力向非农业转移对我国经济增长率的贡献在1%左右。到2014年，我国农民工总量已达到27395万人，比上年增加501万人，增长1.9%。但自2010年以来，农民工总量增速持续回落，2011年、2012年、2013年和2014年农民工总量增速分别比上年回落1.0个、0.5个、1.5个和0.5个百分点。③

劳动力从农村向城市转移、从落后地区向发达地区转移是一国经济社会发展的必经阶段。随着我国地区间、行业间要素流动壁垒的逐渐消除，大量农村

① 梯度转移模式是指，按照“配第—克拉克定理”，随着经济的发展，人均国民收入水平不断提高，劳动力首先由第一次产业向第二次产业移动，当人均国民收入水平进一步提高时，劳动力便向第三次产业移动。跳跃转移模式主要表现为农业劳动力向非农业部门流动，在时间上并不像梯度转移模式那样表现出明显的阶段性，第三产业就业从工业化早期开始就呈现出与第二产业就业同步增长，或比第二产业就业优先增长的趋势。

② 魏后凯、苏红键：《中国农业转移人口市民化进程研究》，《中国人口科学》2013年第5期。

③ 《2014年全国农民工监测调查报告》，见 http://www.ce.cn/xwzx/gnsz/gdxw/201504/30/t20150430_5249970.shtml。

劳动力开始向城市转移,且规模日益增大,并成为我国城镇化的重要趋势和动力。但受我国城乡二元分割的户籍制度及附着在其上的社会福利和公共服务制度的制约,导致城乡差异扩大,这种差异不仅反映在经济收入方面,也反映在医疗、教育、住房、文化娱乐等社会生活服务设施方面和就业、退休、失业保险、劳动保护、社会救济等社会保障方面,以及由于物质文化生活差异所导致的城乡居民在生活方式、价值观念、人文素质和社会心理的差异等方面。农村居民和转移到城镇的常住居民难以获得与城镇居民同等的基本公共服务,这与社会主义市场经济体制下劳动力合理有序流动的要求严重脱节。一方面以市场经济为导向的经济体制改革,不断削弱只能在计划经济体制下运行的旧的国家基本公共服务体系的作用,使得原有的社会公共服务政策和措施面临巨大挑战;另一方面农业转移人口的不断增加和回流,引发了城乡公共服务资源与人口结构变动的错配,形成了不同区域、城乡和群体享受基本公共服务不均等的格局。

近年来,我国在户籍制度和社会保障制度方面进行了多次改革探索。在户籍制度方面:2012 年国务院办公厅发布了《国务院办公厅关于积极稳妥推进户籍管理制度改革的通知》,进一步分类明确了户口迁移的政策,并强调"今后出台有关就业、义务教育、技能培训等政策措施,不要与户口性质挂钩。继续探索建立城乡统一的户口登记制度"。2014 年国务院印发了《国务院关于进一步推进户籍制度改革的意见》,要求进一步调整户口迁移政策,统一城乡户口登记制度,全面实施居住证制度,加快建设和共享国家人口基础信息库,稳步推进义务教育、就业服务、基本养老、基本医疗卫生、住房保障等城镇基本公共服务覆盖全部常住人口。河北、重庆、山东、广西等省(区、市)取消城乡户籍划分,统称为居民户口;珠三角地区实行了"积分入户制"等政策。在社会保障制度方面:2004 年我国启动新农合试点,2006 年以农民工为重点扩大社会保险覆盖面,2007 年实行农村低保制度,开展城镇居民医疗保险制度试点。2011 年提出"有条件的地区可以合并实施"城乡居民两项养老保险制度等。这些重大制度和政策的战略性预置,为广大城乡居民共享发展成果和城市文明奠定了基础。但目前公共服务均等化的目标尚未完全实现,如流动人口的子女入学难问题日益突出、社会保障不公平的现象依然存在等。近几年为了缓解交通拥堵和抑制房价而实行的各种限购政策中,大多数中心城市又将户籍的差别化功能进一步强化。① 正如《国家基本公共服务体系“十二五”规划》所指,“基本公共服务的规模和质量难以满足人民群众日益增长的需求;农村、贫困地区和针对社会弱势群体的基本公共服务尚未得到充分保障;体制机制有待于进一步完善,城乡区域间制度设计不衔接,管理条块分割,资源配置不合理,服务提供主体和提供方式比较单一,基层政府财力与事权不匹配,以及监督问责缺位等问题较为突出”。

农村劳动力转移不仅是农村劳动力简单地由农村向城市的空间转移,更多的是其背后涉及社会福利和公共资源的再配置,是一场深刻的社会结构变迁,需要在社会关系的调整中逐步实现社会融合,并在一系列的制度框架下引导并实现社会平衡。② 大量的研究表明,基本公共服务的不均等化已成为农业劳动力转移的重要动因,也是农业转移人口市民化的重要制度性障碍。当前,我国农业劳动力转移无论是转移动机还是转移目标区域选择,都将基本公共服务需求提高到了新的高度。因此,为实现与区域经济发展和人口结构变动相协调的社会公共资源配置,积极研究公共服务对劳动力转移的影响,既是我国加快劳动力转移,有序“推进以人为核心的城镇化”的迫切需要,也是我国制定合理的公共政策,优化社会公共服务资源配置的客观需要。可喜的是国家已经越来越意识到这些挑战,并提出和制定了一系列政策和措施为农业转移人口提供公共服务的保障。如党的十八大报告明确提出要“加快完善城乡发展一体化体制机制,着力在城乡规划、基础设施、公共服务等方面推进一体化,促进城乡要素平等交换和公共资源均衡配置”。③ 2013 年中央一号文件也强调要“改进农村公共服务机制”,“加快实现城乡基本公共服务均等

---

① 李长安:《评论:公共服务均等化是户籍制度改革的核心》,《深圳特区报》2014 年 7 月 31 日。

② 张蔚蓝:《让城镇化的重心从“城”到“人”》,《经济日报》2013 年 6 月 26 日。

③ 胡锦涛:《坚定不移沿着中国特色社会主义道路前进为全面建成小康社会而奋斗:在中国共产党第十八次全国代表大会上的报告》,人民出版社 2012 年版,第 24 页。

化”,“有序推进农业转移人口市民化”。[1] 党的十八届三中全会再次强调,要“推进农业转移人口市民化,逐步把符合条件的农业转移人口转为城镇居民”;“稳步推进城镇基本公共服务常住人口全覆盖,把进城落户农民完全纳入城镇住房和社会保障体系,在农村参加的养老保险和医疗保险规范接入城镇社保体系”。[2]《国家新型城镇化规划(2014—2020)》提出,要“逐步使符合条件的农业转移人口落户城镇,不仅要放开小城镇落户限制,也要放宽大中城市落户条件。按照保障基本、循序渐进的原则,积极推进城镇基本公共服务由主要对本地户籍人口提供向对常住人口提供转变,逐步解决在城镇就业居住但未落户的农业转移人口享有城镇基本公共服务问题”[3]。2014 年国务院印发的《关于进一步推进户籍制度改革的意见》,进一步提出了推进户籍制度改革的三个方面具体政策措施:一是进一步调整户口迁移政策。全面放开建制镇和小城市落户限制,有序放开中等城市落户限制,合理确定大城市落户条件,严格控制特大城市人口规模,有效解决户口迁移中的重点问题。二是创新人口管理。建立城乡统一的户口登记制度,建立居住证制度,健全人口信息管理制度。三是切实保障农业转移人口及其他常住人口合法权益。完善农村产权制度,扩大义务教育、就业服务、基本养老、基本医疗卫生、住房保障等城镇基本公共服务覆盖面,加强基本公共服务财力保障。[4] 这标志着我国农业转移人口在享有土地承包经营权、宅基地使用权、集体收益分配权的基础上,可以获得与城市居民同等的教育、医疗、住房、养老等基本公共服务,结束了以“农业”和“非农业”区分户口性质的城乡二元户籍制度的历史,开启了实现城乡基本公共服务均等化的新征程。

劳动力转移决策行为的选择,已不仅仅是迁移者个人决策和为了个人更

① 中共中央国务院:《中共中央国务院关于加快发展现代农业进一步增强农村发展活力的若干意见》,人民出版社 2013 年版,第 5 页。

② 《中共中央关于全面深化改革若干重大问题的决定》,人民出版社 2013 年版,第 28 页。

③ 《国家新型城镇化规划(2014—2020)》,人民出版社 2014 年版,第 23 页。

④ 《关于进一步推进户籍制度改革的意见》,人民出版社 2014 年版,第 13 页。

好的发展,而是基于家庭全体成员福利最大化的理性决策的结果,①家庭成员外出务工多是为了增加家庭收入、分散经营风险、获得更好的基本公共服务和发展机会。农村劳动力转移难以用单一的直接经济因素驱动来解释,需要深入剖析公共服务等区域非直接经济特征对劳动力转移的影响,厘清其内在作用机理,才能合理解决劳动力转移进程中的障碍。同时,基于迁移者个体收入最大化或效用最大化的研究视角,已不能有效解释上述问题。劳动力转移是家庭决策的结果,是家庭全体成员福利最大化的理性决策,这与我国当前农村劳动力转移新特征的实际相吻合。因此,有必要从家庭决策的视角,分析基本公共服务对劳动力转移的影响,为促进城乡公共资源均衡配置、提高城镇化质量提供新的解释路径。

二、研究意义

(一)理论意义

1. 有利于发展劳动力转移决策理论

国内外关于劳动力转移现象素有较深入的研究,既有人口学、社会学、经济学、地理学等的单学科研究,也有多学科的交叉研究,形成了诸多理论成果。就经济学视角而言,从古典经济学的创始人到当代发展经济学家,都从不同视角对这一问题进行了研究,形成了比较成熟的理论与模型。关于劳动力转移决策的研究,主要基于个人转移决策和家庭转移决策的收益最大化或效用最大化视角展开,且后者逐渐被广泛用来研究劳动力转移的行为。关于劳动力转移的动因,基本在传统劳动力流动模型的基础上展开,如刘易斯二元经济模型、托达罗乡—城人口流动模型等,形成了制度因素与非制度因素、经济因素与非经济因素、个人因素与社会因素等多种研究的视角和结论。但是很多学者的研究表明,已有的理论和模型并一定适用于我国,其理论前提、背景及基本假设与我国现阶段的实际情况有较大差异,且鲜有关于公共服务影响劳动力转移决策的机

① Stark, O., "Rural-to-urban Migration in Less Developed Countries: a Relative Deprivation Approach", Economic Development and Cultural Change, Vol.32, No.3, (1984), pp.475-486.

制论述。在研究我国特定发展时期劳动力转移现象时,需要对既有理论模型进行修正。本研究以家庭决策为基础,将基本公共服务水平引入扩展的劳动力转移决策模型,并将工资、失业率、城市租金、劳动力供给的工资弹性、公共服务的"拥塞"(public service"congestion")等作为解释变量,使得这一经验模型更符合我国的实际,从理论上丰富了我国劳动力转移决策的经验分析。

2. 有利于丰富国内劳动力转移决策的研究案例

我国劳动力转移具有复杂性、阶段性、多样性特征。一是城乡分割的户籍制度以及与之相配套的福利制度,造成城乡二元经济结构和公共服务城市偏向格局,城市常住居民基本公共服务的不均等化形成了新的城市二元结构。二是随着城市化、工业化进程的加快,劳动力流动在城乡、区域间形成新的格局,对我国公共服务资源的优化配置和移民的空间优化形成了新的挑战。目前,关于我国农村劳动力转移问题的研究较多,从微观到宏观、从政府到市场等对劳动力转移的众多方面进行了研究,形成了诸多研究成果。但关于公共服务资源配置与劳动力转移之间的逻辑关系以及其双向作用机制的研究较少。本研究以家庭结构作为分析公共服务与劳动力转移决策双向反馈的基础和支撑,分析不同类型的家庭结构和禀赋对公共服务需求的差异,进而探索其对劳动力转移决策的影响,构建公共服务、家庭结构和劳动力转移之间的内在作用机理,既有继承又有拓展,丰富了我国关于劳动力转移决策研究的案例。

(二)实际意义

1. 有利于推进以人为核心的城镇化进程

人口迁移流动构成城镇化的重要动力,人口向大城市集中构成城镇化的重要趋势。2013 年我国城镇化率已经达到 53.73%,城镇化水平稳步提高。党的十八届三中全会公报首次明确提出"推进以人为核心的城镇化",并将户籍制度改革、城镇基本公共服务制度完善作为推进农业转移人口市民化的重要制度保障,这既是新时期我国系统性、整体性、协同性推进改革的重要内容,也是我国全面建成小康社会的重要战略方针。推进农业转移人口市民化是"人的城镇化"的核心内容,其本质是城市公共服务水平的提升与人口数量的快速增长相匹配，即农业转移人口进入并落户于城市，同等享受就业、随迁子女教育、住房、基本医疗卫生、社会保障等方面的基本公共服务。但目前我国大量的进城农业转移人口虽然被统计为城镇常住人口，但未能在教育、就业、医疗、养老、保障性住房等方面平等享受城市居民的基本公共服务和社会保障，使他们并没有真正成为所在城市的居民，而成为城乡、地区间巨大的流动群体，制约了农业转移人口市民化的进程。① 因此，积极研究公共服务影响劳动力转移的一般机制，对分析迁移劳动力的城市融入和城市化障碍问题，解释我国“半城市化”现象，有序推进农业转移人口市民化具有重要的指导价值。

另外，我国城镇化进程究竟该如何进一步推进，是否发展更多大城市，如何走好新型城镇化道路，仍然存在很多争论。研究表明从迁移空间选择客观上的个人理性和集体理性角度出发，我国大城市的外省移民在空间选择上存在明显的客观个人非理性、集体非理性的现象。其中的重要原因在于具备大城市重要特性的城市数量有限，外省移民的选择较少，从而不得不去一些降低其幸福感的城市，导致他们为了实现幸福感以外的短期目标，损失个人幸福感而迁往外省大城市。② 因此，本课题的研究，对于如何在地理空间上择优发展一些大型城市，推动公共服务均等化，最终形成大城市和周边众多小城市合理分布的城市体系具有重要的意义。

2. 有利于优化社会公共服务资源配置

公共资源配置不均是当前我国社会的普遍现象，集中反映在教育、医疗卫生、社会保障等诸多领域，无论是在城乡之间，抑或城市内部不同城区之间，还是在不同社会群体之间，公共资源配置不均的直接结果是损害社会弱势群体的基本社会利益，有碍社会的公正和谐。近年来，随着我国人口老龄化程度的逐步加深、农业转移人口市民化进程的加快，以及流动人口的大幅增加，社会公共资源配置不均的矛盾日益凸显。家庭和社会人口结构的变动改变了社会的总体

① 孟霞、杨刚强：《有序推进农业转移人口市民化》，《经济日报》（理论版）2014 年 1 月 16 日。

② 孙三百、黄薇、洪俊杰、王春华：《城市规模、幸福感与移民空间优化》，《经济研究》2014 年第 1 期。

分层，势必会影响到家庭或个体的收入和消费偏好，进而导致家庭或个体对社会公共服务资源产生异质性的需求。特别是当前“二孩政策”的驱动，我国人口结构将经历快速转型，这使得不同社会群体对公共服务资源配置的有效性、匹配性提出了新要求，原有政府统一进行公共资源基础配置的机制面临新的挑战。

按照推拉理论，区域间公共服务资源配置的差异是劳动力转移的重要动因。农村基本公共服务供给不足和缺位已成为劳动力转出的重要“推力”，而城市较高的公共服务水平成为劳动力转入的重要“拉力”。在现行城乡公共资源配置格局和制度安排下，基本公共服务的城乡差异既会对农村劳动力转移产生积极的作用，也会对农村转移劳动力融入城市获得平等公共服务产生消极的作用，从而在正反两个方面影响着农村劳动力的转移。其作用机制表现为：一方面，相比城市的基本公共服务供给而言，较为落后的农村基本公共服务，是家庭决策视角下劳动力做出转移决策的重要“推力”；另一方面，受制度和相关政策的制约，城市居民和农民工享有城市基本公共服务存在明显差异，城市基本公共服务的社会性和公益性难以全面体现，客观上形成了对农民工获取基本公共服务的歧视，一定程度上阻碍了农村劳动力的转移。总之，城乡基本公共服务的非均等化，对农村劳动力转移的影响既有正向效应，也有负向效应。劳动力转移综合效应的最大化，取决于我国现行城乡公共资源的合理配置。①

而人口的规模、结构、分布、需求是社会公共资源供给的基础依据，也是评价社会公共资源配置有效性的重要衡量标准。② 因此，积极研究公共服务对劳动力转移的影响，有利于揭示劳动力转移与社会公共服务资源配置的内在逻辑，厘清二者双向反馈的内在作用机理和影响路径，进而为优化社会公共资源配置，构建社会公共服务资源与劳动力转移时空协同的配置机制，提供重要的理论与实践支撑。

3. 有利于制定合理的公共服务政策体系

体制和政策安排是影响转移劳动力获得公共服务的重要保障。目前，户

---

① 杨刚强、孟霞等：《基本公共服务与农村劳动力转移的关系研究》，《宏观经济管理》2013年第8期。

② 吴瑞君：《人口变动与社会公共资源协同的新思路》，《东方早报》2012年6月12日。

籍制度是影响我国农村劳动力转移的重要制度,与这一城乡分割、城乡有别的制度体系相关的一系列政策,使得公共服务供给呈现出城乡二元性、城市偏向性和城乡分割性等基本特征。大量农村劳动力在职业选择、接受教育、医疗、社会保障等领域,受相关政策的束缚与制约,不能与城市居民享受同等待遇,使他们游离于城市边缘,难以实现与转入地的融合,阻碍了劳动力转移与市民化进程。同时,由于转移劳动力个人特征、家庭特征的异质性,以及对不同地区公共服务等非经济特征认识的异质性,其对基本公共服务的需求也存在明显的差异性和复杂性,这对公共政策的制定提出了新的要求。

为有效促进劳动力的转移,亟须制定以提高城乡基本公共服务供给能力、推进城乡公共资源均衡配置的政策体系。特别是要在加快健全以基本公共服务均等化为目标的财政转移支付制度,协调城乡基本公共服务均等化的体制机制,发挥政府在基本公共服务均等化中的主体作用和主导作用的同时,还应充分发挥市场机制的作用,积极鼓励民间资本进入公共服务领域,实现公共服务多元化供给,以满足快速城镇化进程中民众多样化的公共服务需求。这既是有效实现城乡公共服务帕累托改进、有序推进农村劳动力转移的必然要求,也是积极维护社会稳定、全面推进我国现代化建设的客观需要。

第二节 国内外研究综述

一、国内外研究现状

劳动力是重要的生产要素,劳动力流动对一国经济社会发展有着深刻的影响。区域间劳动力转移受经济、社会、环境、资源、家庭结构等多重因素的影响,是一种复杂的社会现象。由于转移人口的异质性,劳动力转移决策行为的选择也具有异质性。① 迁移者个人或家庭利益(效用)最大化,是经济学研究

① Benoit Dostie · Pierre Thomas Léger,"Self-selection in migration and returns to unobservables",Institute of Applied Economics,Vol.22,No.4,(2009),pp.1005-1024.

劳动力转移决策的经典假设。而这种效用的最大化，既包含有迁移者所获得的直接经济收益，也包括迁移者所能享受到的公共服务、福利等非直接经济收益。对于迁移者个体或家庭而言，直接经济因素主要是指迁移者所获得的(预期)经济收益、付出的经济成本；非直接经济因素主要是指迁移个体的精神感受和所能享受到的公共服务、福利等非经济收益，以及受体制与制度、风俗与文化等的影响，转移者失去农村社会关系网络、遭受城镇的各类歧视所带来的负效用等非经济成本。也有学者将非直接经济因素归纳为社会关系网络效用、制度不平等性与社会歧视、自然环境优劣、城镇生活的不适应性、城镇公共设施收益、技能性收益、文化性收益等。① 前者认为劳动力最终迁移决策取决于收益与成本的权衡，经典模型如成本与收益模型、拉尼斯—费景汉模型、乔根森模型、托达罗模型、哈里斯—托达罗模型和伊斯特林的相对收入假说等，都强调了直接经济利益最大化对转移决策及随之而发生的转移行为的决定性作用；后者认为劳动力转移不会只受到经济变量的驱使，当劳动力把非经济因素看得很重要时，他们会追求更多的社会化需求和特定的福利环境，而对经济不平等现象不会做出什么反应。劳动力在城市间再次和多次横向流动现象表明，收入差异并不能对此进行完全的解释，劳动力转移逐渐由单纯的收入因素驱动向收入和公共服务需求因素驱动并重转变。推拉理论、结构主义理论和开放的城市模型都强调了公共服务差异对劳动力转移的影响。②

(一)经济因素对劳动力转移的影响研究

以经济利益为主要动机是人口迁移的一般规律，在大规模人口迁移的背后，以追求经济利益最大化始终是导致人口自主迁移的最根本因素，③但不同经济因素对人口迁移的影响关系及其特征存在明显差异。

绝对收入假说和预期收入假说是分析劳动力转移经济动因的重要里程

① 程名望、史清华：《非经济因素对农村剩余劳动力转移作用和影响的理论分析》，《经济问题》2009 年第 2 期。

② 杨刚强、孟霞、孙元元、范斐：《家庭决策、公共服务差异与劳动力转移》，《宏观经济研究》2016 年第 6 期。

③ 俞路：《新时期中国国内移民分布研究》，上海三联书店 2008 年版，第 59 页。

碑。刘易斯二元经济理论认为，发展中国家经济分为城市工业和农村农业两个部门，且城市工业部门的劳动生产率远高于农村农业部门。传统农业部门由于缺乏资本投入，普遍存在劳动力过剩。而工业部门通过新资本的增加和生产规模的不断扩大，吸收了大量的农业剩余劳动力，从而获得更多的利益，工农收入差距导致农村劳动力向城市转移。托达罗模型认为发展中国家不仅在农村存在失业或就业不足，在城市也存在失业或就业不足。该模型在考虑了城市存在失业问题的基础上，认为城乡期望收入差距而非城乡实际收入差距是决定农村劳动力转移的根本动因，只要在城市中预期收入的现值比在农村大，劳动力做出转移的决定就是合理的。西方古典经济学对城乡劳动力转移的解释是用传统农业部门和现代工业部门的收入差距来解释劳动力的城乡流动，揭示了劳动力转移是个人基于收入最大化和成本最小化作出的决策过程。基于这一理论假设，国内外学者从不同视角进行了大量的实证研究。19世纪英国统计学家、人口学家雷文斯坦在总结人口迁移规律时指出，经济因素是影响人口迁移的主要因素。Stark 和 Taylor 对“墨美迁移”的研究表明，劳动者在迁移和不迁移两种情况下，住户的收入贡献之差对其个人迁移决策具有显著的正向影响。① Marat 从影响劳动力转移的经济因素视角分析表明，劳动力流动的原因主要有：寻找更高的收入，输出地的贫困和高失业率，亲朋好友和社会关系网络的诱惑，对外面世界的好奇心，冒险、探索的心理。②

就国内的研究而言，大量案例研究表明，城乡、区域收入差距是导致农村劳动力转移的重要动因。国际劳工组织发表的 36 个国家的资料表明，绝大多数国家的城乡人均收入比小于 1.6，只有三个国家超过了 2.0，中国是其中之一。中国的城乡人均收入比不仅超过了 2.0，而且还呈不断增大之势，由 1995 年的 2.47 上升到 2013 年的 3.03。这种持续扩大的预期收入差成为改革开放

① Stark, O., and Taylor, J.E., “Relative Deprivation and International Migration”, Demography, Vol.26, No.1(1989), pp.1-14.

② Marat E. “Labor Migration in Central Asia: Implications of the Global Economic Crisis”, Central Asia-Caucasus Institute & Silk Road Studies Program-A Joint Transatlantic Research and Policy center, (2009), pp.5-48.

以来农民工不断涌入城市的直接动因。① 如高国力把托达罗(Todaro)城乡期望收入差距具体化为区域经济收入差距,认为区域经济发展的不平衡是农村劳动力转移的重要因素之一,经济发展水平越高,劳动力转移就越活跃,其转移水平也就越高。② 城乡收入差距必将会促进产业间以及区域间的农村劳动力转移,具有明显得正向促进作用。③ 王桂新对我国20世纪80年代后半期区域经济因素中,经济收入与经济规模对省际人口迁移的影响关系及其特征进行了分析。研究表明,经济规模因素对人口迁移(量)的影响比较大,经济收入因素的影响相对比较小;经济规模因素主要是影响人口的迁出,经济收入因素主要是影响人口的迁入;经济规模因素对迁出人口的供给及迁移量的大小具有决定性影响,经济收入因素对人口迁移的流向选择及其分布模式具有重要的导引、定型作用。④ 谌新明认为,当前的中国社会收入差距是影响劳动力迁移的首要因素,劳动力在决定是否迁移的过程中更多的是关心经济收益方面的问题。⑤ 蔡昉研究表明,相对收入差距是影响农村劳动力转移决策的重要因素。⑥ 朱农⑦、王格玮⑧林毅夫⑨、李铁⑩等利用调查数据进行的经验分析表明,地区间人均收入差距对劳动力迁移有显著影响。但近年来我国城市化进程逐年加快,2010年我国人口城镇化率超过50%,农村可转移的劳动力

---

① 吴兴陆、亓名杰:《农民工迁移决策的社会文化影响因素探析》,《中国农村经济》2005年第1期。

② 高国力:《区域经济发展与劳动力迁移》,《南开经济研究》1995年第2期。

③ 薛宇峰:《中国农村劳动力流动空间分布特征的实证研究》,《经济经纬》2006年第2期。

④ 王桂新:《中国人口迁移与区域经济发展关系之分析》,《人口研究》1996年第6期。

⑤ 谌新明:《中国劳动力流迁的动因与成本》,《中国人口科学》1999年第2期。

⑥ 蔡昉:《劳动力迁移的两个过程及其制度障碍》,《社会科学研究》2001年第4期。

⑦ 朱农:《论收入差距对中国乡城迁移决策的影响》,《人口与经济》2002年第5期。

⑧ 王格玮:《地区间收入差距对农村劳动力迁移的影响》,《经济学(季刊)》2004年第10期。

⑨ Lin, Justin, Gewei Wang and Yao hui Zhao. Regional Inequality and Labor Transfers in China. Economic Development and Cultural Change, 2004, 52(03).

⑩ 李铁、范毅等:《我国城市流动人口和北京市人口问题研究》,中国发展出版社2013年版,第62页。

正在减少。城市工资水平对劳动力要素流入的拉力在整体上呈现递减的状态，①工资对于增加农村劳动力供给的作用十分有限，涨薪可以吸引更多人外出打工，但难以延长他们在外的打工时间。具体而言，新一代农民工的弹性较之老一代有更大的弹性，表明工资增加对增加新一代农民工的外出时间有较大的作用，但老一代农民工表现出比新一代更强的收入效应，工资增加后，两种效应相互抵消，增加工资很难增加他们的外出时间供给。② 田明研究表明，农业转移人口在进入城市后第一次向其他城市的转移，74.5%的流向了人均收入更高的城市，但是在第二次转移时有40%的人流向了人均收入更低的城市，在农业转移人口第三次迁移中，高达49%的由人均收入高的城市流入了收入更低的城市。这说明农业转移人口的迁移中，随着迁移次数的增多，经济收入对他们决策的影响越来越小。③ 同时，从劳动力流动的微观主体的动态进程来看，在劳动力流动初期，微观外流主体通常会更多地考虑货币收益与货币化成本，也就是货币化收益与成本所决定的净收益在其流动决策中占主导性权重。而从中长期来看，随着外流劳动力的收入增加，给其带来的货币化边际收益逐渐递减，而以往受忽视的非货币化收益与非货币化成本逐步得到重视，即非货币化收益与成本在外流决策中的权重逐步提升。从劳动力流动的代际演变来看，老一代进城务工者更加看中货币化净收益的多寡，而越发占主要比重的新一代外流务工者逐步倾向于重视非货币化福利，包括工作环境、工作长短、发展前景、晋升机会、福利条件。④ 因此，未来促进人口城市化，需要更多地在工资因素以外的其他方面加以考虑。⑤

---

① 徐清：《工资拉力与城市劳动力流入峰值——基于“推拉”理论的中国经济实证》，《财经科学》2012年第10期。

② 封进、张涛：《农村转移劳动力的供给弹性——基于微观数据的估计》，《数量经济技术经济研究》2012年第10期。

③ 田明：《农业转移人口空间流动与城市融入》，《人口研究》2013年第7期。

④ 樊士德、沈坤荣：《中国劳动力流动的微观机制研究——基于传统与现代劳动力流动模型的构建》，《中国人口科学》2014年第2期。

⑤ 孙三百、黄薇、洪俊杰、王春华：《城市规模、幸福感与移民空间优化》，《经济研究》2014年第1期。

（二）非直接经济因素对劳动力转移的影响研究

在理论研究方面，基于公共服务等非直接经济因素对劳动力转移动因等方面的不同看法，经济学对劳动力转移的研究理论主要有：推拉理论、新经济地理学理论、结构主义理论、新迁移经济理论等。推拉理论认为，较多的就业机会、较高的工资收入、较好的生活水平、较好的受教育机会、较完善的文化设施和交通条件、较好的气候环境等是促进劳动力转移的重要"拉力"。新经济地理学理论认为，劳动力流动不会只受到经济变量的驱使，当劳动力把非经济因素看得很重要时，他们会追求更多的社会化需求和特定的福利环境，而对经济不平等现象不会做出什么反应。结构主义理论认为，城乡劳动力的流动构成了中心和边缘地区资源交换的不平衡机制，城乡劳动力的流动具有明显的"健康移民效应"（healthy immigrant effect），医疗保障影响着劳动力流动的方向。新迁移经济理论认为生活成本、工作的体面程度，或是否有助于人力资本的积累和投资回报的提高，成为影响劳动力转移的重要动机。开放的城市模型（Open-city model）更关注城乡福利水平的差异引起的劳动力转移，大量农村劳动力的转移，会挤占许多城市居民的福利且带来诸多负面的外部效应，如城市交通、医疗、教育、环境等基本公共服务的"拥堵"，因此，应制定合理的公共政策，促进城乡公共服务均等化。

关于公共服务等非直接经济因素影响劳动力转移决策的经验研究方面，其对劳动力的转移决策既有促进作用也有阻碍作用。就公共服务对劳动力转移的正向促进作用而言，Tiebout 最早将地方公共服务加入人口迁移的效应模型中，认为迁移者会选择公共品和税收组合最符合其偏好的地区居住。此后，公共服务在劳动力转移决策中的重要作用得到普遍关注。研究者普遍认为，理性的转移者将考虑效用和福利的因素，并考虑长期效用的最大化，城镇优越的生活设施、医疗保障体系、良好的教育体系和生活环境等因素对劳动者迁移有重要的促进作用，他们对此也有着较高的支付意愿。如 Lall 等研究表明，一个全职最低工资为每小时 7 卢比的工人，愿意每年支付 390 卢比获得更好的医疗服务，支付 84 卢比获得更好的污水处理服务，支付 42 卢比获得持续的电力供给。Standing 研究表明,吸引农村劳动力迁移到城市的因素除了城乡预期收益差异外,还有城市的公共设施、医疗保障体系、良好的教育体系等。① Sundar Carrington 和 Spilimbergo 研究表明,理性的转移者将考虑效用和福利的因素,并考虑长期效用的最大化,城镇优越的生活设施和医疗条件等因素对劳动者迁移有重要影响。吴兴陆、亓名杰研究认为,预期收入差距尚不能完全解释农民工迁移决策,特别是持久性迁移决策的内在动因,农民工迁移决策,特别是持久性迁移决策更多地受社会的、文化的、心理的影响。只有农民工从内心深处真正认同了城市的文化价值观念、生活方式,在情感上找到了归宿,才意味着农民工已从心理层面上适应了城市、真正融入了城市。② 孙三百等研究认为,幸福感与移民空间选择存在一定关系,即城市中来自相异省份的新移民可从个人理性和集体理性出发,采取共赢、利他不损己或利己不损他的行为模式,提升集体幸福感,来自本省或相似省份新移民的理性行为模式是选择前往这些省市中城市规模最大的城市。就我国目前的城市移民净流动量的空间格局表明,新移民总体而言未能采取合理的行为模式实现个人和集体幸福感的帕累托改进,在地理空间选择上存在客观非理性。③ 盛来运研究表明,区域经济发展差异所形成的工资差异和基本公共服务、社会保障水平差异对劳动力的转移产生了重要影响。④ 张丽、吕康银等以第四次人口普查和 2005 年 1%人口抽样调查数据为基础,就地方财政支出对人口迁移的影响进行分析。结果表明,地方财政支出差异对我国省际人口迁移的作用是显著的,当迁入地的财政支出增加时迁入人数也会增加,相对于地方政府基本建设支出,文教、

---

① Standing G.. Migration and modes of exploitation: Social origins of immobility and mobility. Journal of Peasant Studies, Vol.8, No.2, (1981), pp.173-211.

② 吴兴陆、亓名杰:《农民工迁移决策的社会文化影响因素探析》,《中国农村经济》2005 年第 1 期。

③ 孙三百、黄薇、洪俊杰、王春华:《城市规模、幸福感与移民空间优化》,《经济研究》2014 年第 1 期。

④ 盛来运:《流动还是迁移——中国农村劳动力流动过程的经济学分析》,上海远东出版社 2008 年版,第 52 页。

卫生和社会保障支出差异对人口迁移的影响更大。[①] Dahlberg 研究了 1990—1991 年间公共服务对迁往瑞典斯德哥尔摩地区的人口迁移行为的影响,人们更愿意前往在孩子照顾上公共支出更多的小区,特别是有孩子的家庭更愿意迁往教育支出更多的地区。[②] 程名望和史清华认为无形的效用和福利因素影响着农民的务工决策,农村的社会关系网络、农村良好的自然环境都对农民进城务工形成农村拉力,即障碍。而城镇优越的公共设施、良好的文化环境以及技能性收益都对农民进城务工形成了城镇拉力,即动因。[③]

基于上述观点的实证研究在很多国家和地区都得到证实。Sharp 通过对美国住宅与城市发展署的普查数据分析发现,教育质量是迁移者考虑迁入某地的主要因素之一。[④] Sana and Hu 研究指出,美国正规部门都要求有完善的社会保障,因此,在墨西哥缺乏社会保障的劳动力更愿转移到美国正规部门工作。两国之间社会保障的差异,对劳动力国际间转移产生了显著的正向影响。[⑤] Izazolaand Jowett 以墨西哥城为研究区域,分析了女性迁移、环境及生活质量之间的关系,认为自然和社会环境因素通过塑造人们对日常生活质量的感知,来影响女性的迁移决策。[⑥] Marat 认为发展中国家劳动力迁移受阻是由于输出地和接收地双方的政府未对劳动力流动的问题进行合作,在有关农民工利益问题上,缺乏彼此的交流。接收地地方政府保护主义严重,忽略了移民的福利和环境转换带来的复杂的生活问题,而输出地缺乏对农民工流动的鼓

---

① 张丽、吕康银等:《地方财政支出对中国省际人口迁移影响的实证研究》,《税务经济》2011 年第 4 期。

② Dahlberg, M., Eklof, P. Fredriksson, J. Jofre-Monseny, "Estimating Preferences for Local Public Services Using Migration Data", Urban Studies, Vol.49, No.2, (2012), pp.319-336.

③ 程名望、史清华:《非经济因素对农村剩余劳动力转移作用和影响的理论分析》,《经济问题》2009 年第 2 期。

④ Sharp, E. B., Citizen Demand-making in the Urban Context, Birmingham: University of Alabama Press, 1986.

⑤ Sana, M. And Hu, C. Y. "Is International Migration a Substitute for Social Security?" Well-being and Social Policy, Vol.2, No.2, (2007), pp.27-48.

⑥ Izazola, Haydea; Jowett, Alan, Female Migration, "Environment, and Quality of Life in Mexico City", Women & Environments International Magazine, Vol.70/71, (2006), pp.21-23.

励和支持政策，社会保障不力，没有为农民工解决后顾之忧，劳动力问题逐渐上升到政治问题。① Lall，Timmins，Yu，Anas 和 Brueckner 利用巴西 1991 年和 2001 的普查数据研究表明，劳动力转移除了为获得更好的经济收入外，追求获得更好的公共服务，如完善的基础设施、教育、公共卫生和基本医疗、基本社会保障等，是其从落后地区向发达地区转移的重要动因。② 教育的发展与劳动力流动相互促进、相互制约，劳动力流动需要教育做支撑，教育成为推动劳动力流动的重要因素。③ 王传荣、商海岩、田路广运用中国 2002—2010 年各省市高等教育集聚水平与劳动力流入的面板数据进行实证分析，结果表明全国整体高等教育集聚对劳动力转移的促进作用较为明显，但是不同地区高等教育集聚对劳动力转移的影响存在差异。其中，中西部地区高等教育水平较低，但是高等教育集聚对劳动力转移的促进作用较大；而东部地区高等教育水平较高，高等教育集聚对劳动力转移的促进作用却较小。④ 田明采用中国的调查数据研究表明，农业转移人口从农村进入城市后在城市间的流动并不存在明显的经济指向性，既有从收入水平较低的城市流向收入水平较高的城市，也有从收入水平较高的城市流向收入较低的城市，前者并不占绝对多数。对于城市间的再次和多次横向流动现象，城乡二元结构或经济差距所导致的收入差异并不能对此进行完全的解释和说明。⑤ 陈秋红结合中国实际研究认为，环境因素对人口迁移作用形式及影响路径复杂多样，但在根本上，环境因素都通过影响人们需求程度的满足及福利水平的提高来作用于人口迁移。

另一方面，基本公共服务非均等化在一定程度上阻碍了劳动力的转移。

---

① 黄宁阳：《中国新时期农村劳动力转移研究》，科学出版社 2012 年版，第 4 页。

② Somik V.Lall，Christopher Timmins，Shouyue Yu，Alex Anas and Jan K.Brueckner，Connecting Lagging and Leading Regions：The Role of Labor Mobility，Brookings-Wharton Papers on Urban Affairs，(2009)，pp.151-174.

③ 张利萍：《教育与劳动力流动研究》，博士学位论文，华中师范大学，2006 年，第 1—2 页。

④ 王传荣、商海岩、田路广：《高等教育空间集聚引致的劳动力转移研究——基于 2002—2010 年省际面板数据的分析》，《经济管理研究》2014 年第 5 期。

⑤ 田明：《农业转移人口空间流动与城市融入》，《人口研究》2013 年第 4 期。

与户籍挂钩的公共服务项目,①特别是子女教育等制度上的制约加大了劳动力流动成本,对劳动力流动和农民工融入城市造成了障碍。蔡秀云等研究认为我国公共服务供给水平跟不上城市化发展速度,既存在公共服务发展的缺口,也存在公共服务财政支出方面的较大缺口②,使得农村劳动力在城市中不能获得与城市居民平等的劳动权利、教育和培训权利、社会保障权利、居住权利、社会参与和利益表达权利,基本公共服务的非均等化阻碍了劳动力转移。陈灵认为我国现行土地制度、户籍管理制度、城市化进程以及农村剩余劳动力素质是制约农村剩余劳动力转移的主要因素。③ 黄文正研究表明,由于我国基本公共服务的城乡分割,以经济利益为价值取向的基本公共服务配置、政府供给的基本公共服务不均等化等原因,形成了对农民工基本公共服务的歧视,可能引发农民工和城市劳动力之间的冲突,造成城市产出耗费进而阻碍城市吸纳更多的劳动力。④ 因此政府应采取相应的公共政策,促进区域间公共资源的合理配置,为城市化进程中的农村劳动力提供各种制度化保障,使其能够分享城市化的成果。⑤

(三)异质性个体特征对劳动力转移的影响研究

劳动力转移的动机不仅来自城乡两地收入和基本公共服务水平的差距,也来自个人或家庭因素。异质性的个人或家庭特征对经济收入和非经济因素倾向有明显差异,影响了劳动力转移的模式和目标区域的选择。现有文献表明,农村劳动力转移还呈现出选择性的特征,异质性个人或家庭所做出的转移决策还受个体或家庭特征的影响。相对于未迁移的人口而言,劳动力个体特

① 江依妮(2013)按居民享有公共服务的户籍甄别功能,将公共服务分为以户籍“区隔”和不以户籍“区隔”两大类。以户籍“区隔”的公共服务包括:小学教育、社会保障等;不以户籍“区隔”的公共服务包括:医疗卫生、环保、公共安全、基础设施等。

② 蔡秀云、李雪、汤寅昊:《公共服务与人口城市化发展关系研究》,《中国人口科学》2012年第6期。

③ 陈灵:《我国农村剩余劳动力转移途径及对策选择》,《中央财经大学学报》2005年第10期。

④ 黄文正:《城市化、基本公共服务不均等化与劳动力转移》,《学术论坛》2012年第7期。

⑤ 张青:《农村劳动力转移中公共服务供给的国际经验》,《社会主义研究》2008年第4期。

征,如年龄、性别、婚姻状况、教育程度、生命周期等对其转移决策有显著影响。如女性的外出打工概率显著低于男性,外出务工群体以青壮年劳动力为主,外出劳动力平均年龄为28.75岁,年龄越大,外出打工的概率越低。劳动力流动主体是受过教育的年轻人,即率先转移的一般是那些承载较高人力资本的优质劳动力,他们期望通过流动到条件更优越的地方获得更多的工作和发展机会。吴克明研究表明,对于一级城市居民而言,教育与迁徙概率负相关;对于二级城市而言,受中等教育者的迁徙概率最大,受高等教育者次之,受初等教育者最低。① 但考虑到迁移和回流的选择性,劳动力个人特征,特别是年龄、教育程度、婚姻状况等对外出决策和回流决策的影响较大,但受教育程度变量对外出和回流的影响并不一致,相对于拥有小学文化程度的劳动力来说,拥有初中学历的劳动力外出的可能更大,而高中教育程度者在外出决策中倾向于留守农村,在回流决策中则更倾向于留城发展。② DaVanzo 等和 DaVanzo 利用1957—1968年之间的收入动态调查数据(Panel Study of Income Dynamics, PSID)考察美国国内移民的循环迁移问题时发现,受教育程度越低,回流的速度越快,而教育程度高者更倾向于到其他地方进行再迁移。

关于家庭特征影响劳动力转移决策的经验研究表明,异质性的家庭特征形成了对公共服务等非直接经济因素的不同需求,这种差异性需求越来越影响着劳动力转移的决策。家庭结构如孩子数量、老年人数量等,特别是子女上学和就业、老人就医等方面成为劳动力转移的重要影响因素。如家庭中正在上学的孩子数量对迁移劳动力流动有着显著的正向影响,家庭中上学孩子数量每增加1个,迁移劳动力流动的概率会增加1.1倍。③ 也有研究表明,较大

① 吴克明:《教育与劳动力流动》,北京师范大学出版社2009年版,第75页。

② 王子成、赵忠:《农民工迁移模式的动态选择:外出、回流还是再迁移》,《管理世界》2013年第1期。

③ Wang Winnie Wenfei, C Cindy Fan. "Success or Failure: Selectivity and Reasons of Return Migration in Sichuan and Anhui, China". Environment and Planning A, Vol. 38, No. 5, (2006), pp. 939-958.

的家庭户规模,家庭中老年人与子女数的增加可能会增加迁移成本,阻碍举家迁移。[①] 如宁光杰研究认为,家庭中如果有未成年子女(尤其是未入学的子女)以及年迈多病的老人需要照顾,会阻碍劳动者选择外出就业。[②] 李珍珍认为,有正在受教育的孩子、已婚但配偶不在同一城市等家庭因素具有显著的负向影响。[③] 家庭结构越简单,家庭规模越小型,就越易于衡量家庭整体的成本与收益,判断家庭所处环境的风险情况,也越容易做出整体流动或迁移的决策。与之相对应的是,五人及以上的大家庭大多会选择分批迁居,98%以上的分批迁居家庭都是五人户及以上的大家庭。[④] 以家庭禀赋(包括家庭人力资本、家庭社会资本、家庭自然资本、家庭经济资本)为基础形成的家庭结构,是公共服务等非直接经济因素影响劳动力转移决策的重要支撑和基础;家庭人口结构的不同,形成了对公共服务的不同需求,这种差异性需求越来越影响着劳动力转移的决策。家庭人均土地数的增加会显著降低劳动力流动的概率,但土地资源禀赋对回流和再迁移决策的影响并不显著;[⑤]家庭人力资本越丰富并达到一定程度后,农村劳动力更倾向于向城市转移,劳动年龄人口越多,外出的可能性越大,而回流的可能性则越小。说明对于劳动年龄人口少的家庭,成员外出可能会导致家庭劳动力在部分时段内出现短缺,如农忙或者家人生病,可能促使外出农民工选择暂时回流来缓解家庭劳动力紧张的状况;丰富的家庭经济资本同时可以产生收入效应和替代效应,为劳动力向城市转移追求更好的公共服务提供物质支持。[⑥] 盛来运运用国家统计局2003—2004年农村住户抽样调查的大样本数据,也证明来自农村富裕家庭的人更易迁移。

---

① 袁霓:《家庭迁移决策分析——基于中国农村的证据》,《人口与经济》2008年第6期。

② 宁光杰:《自选择与农村剩余劳动力非农就业的地区收入差异——兼论刘易斯转折点是否到来》,《经济研究》2012年第2期。

③ 李珍珍:《农民工留城意愿影响因素的实证分析》,《南方经济》2010年第5期。

④ 盛亦男:《中国流动人口家庭化迁居》,《人口研究》2013年第4期。

⑤ Yaohu Zhao,"Leaving the Countryside:Rural-To-Urban Migration Decisions in China,"American Economic Association Papers and Proceedings,Vol.89,No.2,(1999),pp.281-286.

⑥ 石智雷、杨云彦:《家庭禀赋、家庭决策与农村迁移劳动力回流》,《社会学研究》2012年第3期。

在最近的研究中,学者们日益关注社会关系、社会网络在劳动力流动中的作用。Munshi 发现社会网络在墨西哥居民向美国移民过程中发挥着重要作用。① Mckenzie 和 Rapoport 认为,随着社会网络的扩展,更多的低收入家庭参与到外出移民中,从而有利于降低农村贫困。② 社会关系网络在推动对农民工进入城市劳动力市场方面有显著的积极影响。家庭在城市熟悉的亲戚朋友越多,劳动力所在村庄外出务工人数越多,劳动力迁移的可能性越大。Zhang 和 Li 利用中国的数据研究发现,在村庄外有亲朋好友会提高农民的非农就业概率。③ Bao et al.研究发现,劳动力流动目的地的"老乡比例"会显著提高总省际劳动力流动率。④ 在劳动力市场分割、信息不对称、不充分的环境中,农业转移人口只能通过老乡或亲朋好友介绍,不断试错的方式寻找就业和生活的目的地。试错的次数和过程,一方面受到个人因素的影响,即获取和鉴别信息能力越强,试错的过程越短,越有机会找到合适的城市,从而降低空间流动速度;另一方面受到其与所在城市关系的影响,获取信息的能力与其城市融入程度有着密切的关系,融入程度越高获取信息的途径越多。⑤ 外出的工作经验会显著削弱农民工的回流倾向,接受过与工作相关技能培训的人回流的可能更低,而第一次外出务工距离现在的时间越远,农民工回流的可能性也越小。不过,外出务工经验也会提高回流者再迁移的概率,上一年外出务工的时间越长,农民工再迁移的可能性越大。⑥ 赵耀辉发现村外出打工总人数会显

① Kaivan Munsh,"Networks in the Modern Economy:Mexican Migrants in the U.S.Labor Market,"Quarterly Journal of Economics,Vol.118,No.2,(2003),pp.549-599.

② David McKenzie,and Hillel Rapoport,"Self-Selection Patterns in Mexico-U.S.Migration:The Role of Migration Networks,"The Review of Economics and Statistics, Vol. 92, No. 4, (2010), pp. 811-821.

③ Zhang Xiaobo,and Guo Li,"Does Guanxi Matter to Nonfarm Employment?"Journal of Comparative Economics,Vol.31,No.2,(2003),pp.315-331.

④ Shuming Bao,B.Bodvarsson,Jack W.Hou,and Zhao Yaohu,"Interprovincial Migration in China:The Effects of Investment and Migrant Networks,"(IZA,2007) Discussion Paper,No.2924.

⑤ 田明:《农业转移人口空间流动与城市融入》,《人口研究》2013 年第 4 期。

⑥ 王子成、赵忠:《农民工迁移模式的动态选择:外出、回流还是再迁移》,《管理世界》2013 年第 1 期。

著影响个体的打工决策，并将此解释为移民网络的存在会降低人口流动的心理成本和信息搜寻成本。① 陆铭、蒋仕卿、陈钊和佐藤宏运用中国的CHIPS2002 数据研究发现，农村到城市的劳动力流动决策中存在着相互依赖，并且这种相互依赖的效应还被村民之间的信息交流行为所加强。城乡分割政策不仅直接阻碍了劳动力由农村向城市的转移，而且其负面效应还通过人际之间决策的相互依赖性而放大，使城市化进程陷于低水平均衡。② 周皓③、袁霓④也研究表明，较大的家庭户规模，家庭中老年人与子女数的增加可能会增加迁移成本，阻碍劳动力转移。

（四）劳动力转移决策主体研究

关于劳动力流动的行为选择，学术界有两种不同的认识⑤：一种是以新古典人口迁移理论假说为基础，该理论认为劳动力流动是从个人效用最大化角度出发的个体行为选择的结果；另一种是以新迁移经济理论为基础，认为劳动力流动是家庭决策的结果，即使家庭全体成员福利最大化的理性决策。前者以利己主义为假设，后者则把劳动力作为利他主义者。劳动者从个人利益最大化为出发点做出行为决策是经济学研究的经典假设，以此为基础，学术界已经从成本—收益、生命周期、人力资本、社会网络等诸多角度对劳动力流动问题进行了研究。而以 Stark 为代表的新迁移经济学理论则将迁移决策的主体由个人扩展为家庭，将迁移的目的从收入最大化扩展为收入多样化，其研究的经典学说包括“契约安排理论”和“相对剥夺理论”。该理论认为劳动力迁移是由一个有内在联系的群体（家庭或家族）决策的结果，迁移的目的，一方面

---

① Zhao Yaohu，“The Role of Migrant Networks in Labor Migration：The Case of China，”Contemporary Economic Policy，Vol.21，No.4，(2003)，pp.500－511.

② 陆铭、蒋仕卿、陈钊、佐藤宏：《摆脱城市化的低水平均衡——制度推动、社会互动与劳动力流动》，《复旦大学学报（社会科学版）》2013 年第 3 期。

③ 周皓：《中国人口迁移的家庭化趋势及影响因素分析》，《人口研究》2004 年第 6 期。

④ 袁霓：《家庭迁移决策分析——基于中国农村的证据》，《人口与经济》2008 年第 6 期。

⑤ 石智雷、杨云彦：《家庭禀赋、家庭决策与农村迁移劳动力回流》，《社会学研究》2012 年第 3 期。

增加家庭收入,另一方面降低市场不完备而造成的风险。① 西方国家的迁移更多的是迁移者个人决策,迁移的目的多是为了自己个人更好的发展。而在中国农村,家庭成员外出务工首先考虑的是能否实现家庭收入最大化和分散经营风险②,其次才考虑劳动力个人收入最大化。农村劳动力转移实际上是农村劳动力在追求经济收入最大化的动机驱动下所采取的一种资源配置行为。通过外出打工和异地就业,农村劳动力可以避免原居住地就业资源配置严重不足、劳动力收入明显偏低的现象,以实现劳动力家庭收入最大化。③ 盛亦男研究表明,在以个人为主体的流动方式中,家庭多处于分离状态,少数家庭成员先行流动,寻找就业机会和经济来源,其他家庭成员则留守农村。随着时间的推移,流动人口中的先行者逐步在城市站稳脚跟。为了维系家庭的稳定,或追求更高的经济收入,抑或为了给子女创造更好的教育条件,其他家庭成员开始追随先行者向城市流动。由于城乡分割的户籍制度影响将在一定时期内长期存在,家庭化迁居实际上是流动中的家庭自我调节、自我适应,将迁移产生的抚养成本、照料成本、心理成本等社会成本内生化,逐步趋向在城市中长期生活的一个阶段,并将成为我国未来人口流动的主要趋势。④ 杨刚强、孟霞对我国的劳动力转移研究发现,基于对公共服务等合法权益需求的劳动力转移决策,逐渐由个人决策向家庭决策转变,家庭效用最大化在劳动力转移决策中逐渐占据主要地位。但不同家庭特征的家庭对公共服务的需求是异质的,且这种异质性可能会影响劳动力转移的路径和强度。⑤

(五)公共服务资源与劳动力转移协同配置

如果说劳动力转移是要素在空间上的集聚和再配置,那么,只有符合家庭

---

① Stark O,Taylor J E.“Migration incentives,migration types:The role of relative deprivation”,The Economic Journal,Vol.101,No.408,(1991),pp.1163-1178.

② 杜鹰:《走出乡村》,经济科学出版社1997年版,第43页。

③ 胡斌:《农村劳动力流动动机及其决策行为——兼析外出与不外出打工劳动力收入逆差的形成》,《经济研究》1996年第9期。

④ 盛亦男:《中国流动人口家庭化迁居》,《人口研究》2013年第7期。

⑤ 杨刚强、孟霞等:《基本公共服务与劳动力转移的关系研究》,《宏观经济管理》2013年第8期。

或个人效应最大化和社会公序良俗的流动才是合理的。劳动力的流动尽管可以在市场的配置下进行,但是劳动力不同于普通的资源流动。如果这种资源的流动一旦出现无序的状态,将会给整个社会带来不可估量的影响。因此,不论是业已完成农村劳动力转移的欧美国家以及东方的日本、韩国等国,还是目前正在加速城市化,处在农村劳动力转移这一进程中的国家,在农村劳动力转移和市民化过程中,政府都发挥了重要的公共服务的供给功能。① 关于公共服务资源配置与人口流动的适配问题,国内外学者主要从需求模型和供给模型的角度进行了研究。

1. 需求模型的研究

Tiebout(1956)提出了地方公共品供给中的"用脚投票"理论,即自由流动的居民通过迁移来选择最优的地方公共品供给水平,借助这样一种不同于通过政治渠道"呼吁"的"退出"机制,促使辖区政府尽可能满足居民的公共服务需求,实现社会福利最大化。即在公共部门存在的条件下,各级政府提供公共产品的最佳效益问题。他认为,社会成员之间消费偏好的不同和人口的流动性,制约着地方政府生产和提供公共产品的种类、数量和质量。如果有许多地方政府和相应的辖区,并且各地方政府分别提供类型各异的公共产品,那么,对于每一个人来说,哪个地方提供的公共产品最适合其需要,他(或她)就会选择前去那个地方居住。② 通过这种"用脚投票"的方式,表明了人们对某种公共产品的消费偏好,就如同人们表明自己对市场上某种私人产品的消费偏好一样。居民以选择居住地的方式表达了对地方公共产品的需求,类似于在市场上的选择行为,能够实现各地区公共产品的供求均衡,并使资源配置达到帕累托最优。对利润最大化的追求,刺激着地方政府力求提供适合于本地居民消费偏好的公共产品。这种刺激,就是居民的投票,实际上也是一种公共选择。地方政府为了赢得(或者说是迎合)民意,就必须在行使其职责的过程中

① 张青:《农村劳动力转移中公共服务供给的国际经验》,《社会主义研究》2008 年第 4 期。

② Charles Mills Tiebout."A Pure Theory of Local Expenditures".Journal of Political Economy, Vol.64,No.5,(1956),pp.416-424.

充分考虑到居民的消费偏好。各个地方政府之间的相互“竞争”,也会促使其更有效地提供人们所需要的公共产品和服务。只要有足够多的提供不同数量公共产品的社区,其给定的税赋和地方公共产品(局限于空间)的组合,通过人们在这些社区间的自由迁徙可以实现他们的公共产品偏好。对公民个体而言,他们会向那些提供与其支付能力相称的公共产品的社区聚集,同一居住地的公民可以公平地享有当地政府提供的所有公共产品与服务。[①] 其试图解决的是公共品提供中的两个难题,即居民公共品消费的偏好显示与公共品提供的效率问题,暗含的一个重要结论就是地方公共服务与税率会影响居民居住地选择,居民更倾向于选择税率低且公共服务好的地区居住。[②] Borcherding和Deacon(B—D模型)、Bergstrom和Goodman(B—G模型)运用消费者选择理论分析地方公共物品最优供给水平(数量或质量),他们秉承新古典主义和公共选择理论的分析范式,提出了“中间投票人”理论,即在一系列备选的公共品供给方案中,只有中间投票人偏好的那个方案能够在投票中获得最广泛的支持,因而“中性”的地方政府将根据表决结果,即中间投票人的需求意愿来提供公共品。[③] Clarke[④]、Groves和Ledyard[⑤] 则分别设计出引导每一流动人口诚实地显示其公共品真实需求的机制,即通过显示需求机制(AGV机制)来影响政府公共服务配置的结构和数量。但由于竞争性影响,单个居民所能消费的公共品通常要小于实际的供给水平,且当人口密度超过一定界限时,这种差距与流动人数成正比,这通常被称为“拥塞效应”。为解决这一问题,Hayes提出了一个能够反映人口特征(如城乡人口分布等)对最优公共品供给水平

① 江依妮:《外来人口聚集地区公共服务支出研究——以广东省为例》,《人口与经济》2013年第5期。

② 梁若冰、汤韵:《地方公共品供给中的Tiebout模型:基于中国城市房价的经验研究》,《世界经济》2008年第10期。

③ 刘小鲁:《区域性公共品的最优供给:应用中国省际面板数据的分析》,《世界经济》2008年第4期。

④ Clark,E.,“Multipart Pricing of Public Goods”,Public Choice(1971)11,pp.17-33.

⑤ Groves,T.,and J.Ledyard,“Optimal Allocation of Public Goods:A Solution to the Free-rider Problem”,Econometrica(1977)45,pp.783-809.

影响的模型。[①] Glazer 和 Niskanen 则将异质性人群假设引入了相关分析[②],而 Guengant 和 Josselin 等通过将网络效应引入分析之中,使得该类模型的分析更具一般性。[③] 但需求模型设立的基础是西方学者所标榜的自由市场经济基础之上的民主政治与宪政的理想状态,这种理论假设与我国的实际情况之间尚存在明显的偏离。

2. 供给模型的研究

这类研究方法假设政府以最大化某种社会函数为目标,这种社会函数可以表现为社会福利,也可以表现为政府的公共品供给政策在地区居民中的受欢迎程度,公共品的供给取决于地方政府在提供公共品中的最优决策。[④] 从我国的公共财政决策来看,地方政府通常是公共品供给决策的主体,这种决策方式正好对应于供给模型的相关假设。Dowding、John 和 Biggs 提出可以利用区域税收与公共服务水平影响居民的流动性,通过福利和税收—公共服务组合的差异来解释移民模式。[⑤] 赵农、刘小鲁以供给模型为基础,运用中国 28 个省份的面板数据研究表明,中国各地区公共品需求弹性为负,且呈现出需求刚性;区域性公共品供给中存在着显著的"拥塞效应",且人均公共服务水平将比人口增长以更快的速度恶化。地方政府可能会追求政绩的上升而使其在公共品供给方面的决策偏离社会福利目标,致使地方政府辖区内公共服务资源配置会出现供给不足、结构失衡和效率损失的情况。[⑥] 郭玉清等运用这一

---

① Hayes, K., "Local Public Goods Demands and Demographic Effects", Applied Economics, (1986), pp.1039–1045.

② Glazer, A.and Niskanen, E. "Why Voters May Prefer Congested Public Goods", Journal of Public Economics, (1997), pp.37–44.

③ Guengant, A.; Josselin, J. and Rocaboy, Y., "Effects of Club Size in the Provision of Public Goods, Network and congestion Eflects in the case of the French Municipalities.", Papers in Regional Science, (2002), pp.443–460.

④ 刘小鲁:《区域性公共品的最优供给:应用中国省际面板数据的分析》,《世界经济》2008 年第 4 期。

⑤ Dowding Keith, Peter John, and Stephen Biggs, "Tiebout: A Survey of the Empirical Literature", Urban Studies Vol.31, No.4/5, (1994), pp.767–797.

⑥ 赵农、刘小鲁:《区位性因素与公共品的最优供给》,《经济研究》2008 年第 10 期。

方法研究认为,在我国现有的财政体制下,地方政府普遍针对其管辖区域空间内进行公共资源配置,由于地区间"财政竞争机制"和"标尺竞争效应"的存在加剧了政府间的竞争,致使地方政府更加重视经济规模的扩张,而对因人口规模变动引起的教育、医疗、社会保障等民生领域公共服务资源需求支出则以替代战略为主。① 蔡昉认为政府在户口管理制度保障下,通过户籍人口控制实现社会需求,弱化了城市公共服务资源自我调节控制功能,城市管理难以满足市场需求。近年来,我国加快了户籍制度改革的进程,逐渐消除户籍背后的社会福利。然而正如 Bosker 所指,户籍限制放开后,中国城市将形成更加明显的中心—外围模式,即人口更加向具有较高公共服务水平的大城市集中。Henderson 曾指出,区域公共服务资源配置水平与移民规模呈现倒 U 型的关系,但 Henderson 也承认事情并没有这么简单。② 因此,实现移民空间优化的目标,亟待厘清政府、市场和非政府组织在公共服务供给中的职能,发挥不同组织在公共服务供给中的优势互补作用,实现供给的有效配置。江依妮认为中国的这种户籍区隔,使得中国地方政府公共产品的提供,异于西方传统的公共产品供给原理。在中国,户籍的强制区分,使得人口流动与公共产品供给之间的理想关系产生了缺口。地方政府并非完全依据辖区的实际居住人口来提供公共服务,很多是以户籍来区分。户籍人口和外来人口,在同一城市创造 GDP,缴纳同等的税费,但并不能获得同等的公共服务。换言之,地方政府的公共产品供给水平,并不是与居民的支付能力和支付意愿同价对等的。一是全国统一税率下,地方政府无法像很多西方国家一样通过税收调整来实现公共服务供需力量的平衡,以吸引有支付能力与偏好的人口;二是在"财权上移事权下移"的情况下,地方政府的财力难以负荷人口激增而产生的公共支出。不同于西方主要依靠税收负担、产品价格来引导人口流动和集聚,并向他们提

① 郭玉清、姜磊、李永宁:《空间外部性视角下的地方政府支出策略互动模式》,《经济地理》2012 年第 5 期。

② Flatters, Frank; Henderson, J. Vernon; and Mieszkowski, Peter. "Public Goods, Efficiency, and Regional Fiscal Equalization." J.Public Econ. 3(1974), pp.99-112.

供公平、同质的公共服务,中国的公共服务配置缺乏税收调节和价格引导,以户籍为准入条件或者分配标准的公共服务支出方式还将长期存在。①

(六)劳动力转移决策研究方法

在研究方法上,经济学对劳动力转移的研究可以分为三种截然不同的研究方法,即结构主义方法、新古典主义方法和行为主义方法。② 结构主义方法是基于宏观视角的一种研究方法,强调社会经济结构刚性及由此决定的经济发展不均衡的结果施加给转移方的影响;新古典主义方法以经济行为个体为分析的基本单位,强调个体利益最大化对转移决策及随之发生的转移行为的决定性作用。但以上两种方法都没有将公共服务、家庭结构等因素引入解释变量,而行为主义方法既突出了公共服务等非经济因素的作用,又考虑了个体特征、家庭结构等因素的作用。该方法通常是以实证检验的方法研究,一般是运用多项逻辑模型或条件逻辑模型,如哈瑞采用了参数估计的威布尔模型,罗凯采用了面板二元选择模型来分析公共服务对劳动力转移的影响。③

二、国内外研究述评

综合上述讨论,公共服务差异对劳动力转移产生重要的影响。但对于异质性的家庭,教育、医疗卫生、环境等基本公共服务对劳动力转移的影响并不确定,既有正向和反向影响的差异,也有长期和短期影响的差异。已有理论研究成果主要关注个体特征与非直接经济因素对劳动力转移的驱动,是以经济行为个体为分析的基本单位、以个体利益最大化作为劳动力转移决策的目标。实证研究方面,有关于公共服务对劳动力流动的分析,但其引入的微观变量与非直接经济变量有限,没有考虑到劳动力转移引起的工资、生活成本、社会福利的变化,以及对城乡公共资源配置效应的影响,是一种单向的研究路径,未

① 江依妮:《外来人口聚集地区公共服务支出研究——以广东省为例》,《人口与经济》2013 年第 5 期。

② 程名望:《中国农村剩余劳动力转移:机理、动因与障碍——一个理论框架与实证分析》,同济大学出版社 2012 年版,第 9 页。

③ 石智雷、杨云彦:《家庭禀赋、家庭决策与农村迁移劳动力回流》,《社会学研究》2012 年第 3 期。

形成双向的反馈机制。

与已有研究相比，本研究以家庭结构和家庭禀赋作为分析公共服务与劳动力转移决策双向反馈的基础和支撑，运用行为主义研究方法，深入分析不同类型的家庭结构和禀赋对公共服务需求的差异，以及对劳动力转移决策有怎样的影响，公共服务、家庭结构和禀赋影响劳动力转移的内在机理是什么，不同类型公共服务对异质性家庭转移决策有着怎样的影响机制，政府应做出怎样的政策选择，以期实现区域公共服务资源配置与移民空间选择协同优化。

第三节　研究思路与方法

一、研究思路

哪些因素影响着劳动力做出转移决策的选择？公共服务如何影响农村劳动力的转移？如何实现区域公共服务资源配置与移民空间选择协同优化？本研究在发展经济学、人口学、社会学、经济地理学等的理论框架内，从宏观经济社会转轨与微观行为调整相结合的视角，分析公共服务、家庭结构对农村劳动力转移的影响，寻求有序推进劳动力转移的公共资源配置路径。

从家庭决策的角度，我们将家庭作为分析研究的基本单位，把所有的家庭成员看作一个整体，家庭成员的就业和流动选择都是家庭统一决策的结果，家庭对基本公共服务等非直接经济因素的需求作为劳动力转移决策的重要驱动之一。第一，基于研究内容，梳理了劳动力转移的一般理论，包括劳动力转移决策经济行为选择理论、劳动力转移决策经济与非直接经济行为并重选择理论、劳动力转移决策机制和动因分析模型。第二，全面分析了我国劳动力转移现状、特征与趋势、面临的障碍等，进一步突出了异质性家庭结构对公共服务需求存在明显的差异，公共服务资源的可及性、便利性、均等性是影响劳动力做出转移决策的重要影响因素。第三，全面分析了我国人口结构变动与公共资源配置内在逻辑、人口结构变动与公共服务资源配置矛盾、城乡人口结构分层及其对公共服务需求，提出了适应城乡人口结构变动的公共服务供给政策。

第四，在已有工资、转移成本等经济驱动要素的基础上，引入公共服务等非经济因素，构建劳动力转移决策的 multinomial logistic 模型，系统分析家庭决策视角下公共服务影响劳动力转移的内在机制。第五，阐述了公共服务服务资源配置与劳动力转移空间协同优化的路径。最后，在以上分析的基础上，合理借鉴国外公共服务资源配置模式，制定了有利于我国劳动力合理有序转移的公共服务政策，以实现城乡基本公共服务均等化，推进新型城镇化进程，促进劳动力合理有序转移。

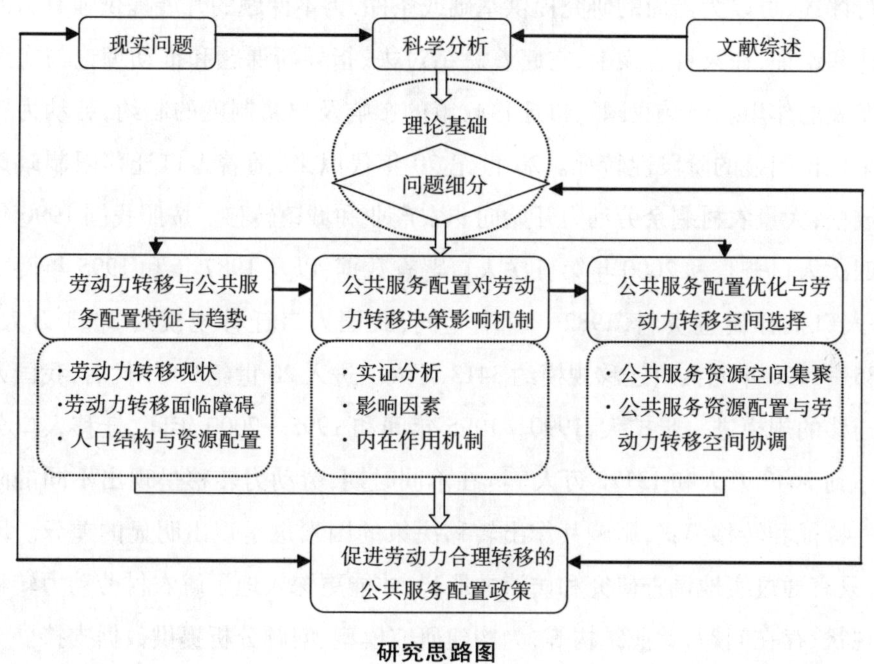

研究思路图

二、研究方法

本书将综合运用多学科的理论，采用调查访谈与实地研究相结合、规范分析与实证分析相结合和比较分析等研究方法，多视角多层面地对农村劳动力转移就业的影响因素及途径进行分析。

（一）综合运用多学科的理论进行交叉分析

关于劳动力转移问题，人口学、社会学、地理学、人类学、经济学等诸多学科从不同视角对劳动力转移进行了全方位的研究。综合运用政治经济学、区域经济学、发展经济学、经济社会学等学科的基本理论进行交叉分析，诠释影响农村劳动力转移这一研究主题。

（二）文献研究与实地调研相结合的方法

劳动力是重要的生产要素，经济增长理论对此已进行了深入的分析。国内外人口迁移理论也有较多的论述。因此，依据现有的理论、事实和需要，对有关劳动力转移的研究成果和进展进行系统、全面的梳理，并对各种研究成果进行评述，可以为当前的研究提供基础或条件，为本课题的开展提供强有力的支持和论证，在某种意义上，它起着总结过去、指导新课题和推动理论与实践新发展的作用。但受我国人口迁移政策的影响及户籍制度的制约，劳动力转移呈现出明显的阶段性特征。20 世纪 70 年代以来，随着人口迁移限制政策的放松，大量农村剩余劳动力开始向非农产业和城镇转移。按照我国 1990 年第四次人口普查和 2000 年第五次人口普查数据，以及 1987 年和 1995 年两次 1%人口抽样调查资料，1982—1987 年间，我国人口迁移规模约 3053 万人，1985—1990 年间人口迁移规模约 3413 万人。进入 20 世纪 90 年代后，我国人口迁移的规模进一步扩大，1990—1995 年间和 1995—2000 年间，迁移人口分别达到 3643 万人和 13122 万人。① 在不同时期，劳动力转移呈现出不同的阶段性特征和转移模式，影响其作出转移决策的因素也呈现出明显的差异。因此，只有通过实地调查研究和访谈的形势，才能更深入地了解农村劳动力转移的现状、存在问题、就业结构等，为构建研究模型、问题分析提供数据支持。

（三）规范研究与实证研究相结合的方法

理论与实证相结合是分析解决劳动力转移的常用方法。有关劳动力转移的相关理论有很多，包括古典经济学理论、新古典经济学理论、新迁移经济理论等，出于本书研究的目标，将这个理论可以分为劳动力转移决策的经济行为选择理论，以及劳动力转移决策经济与非经济行为并重选择理论两大类。理

---

① 俞路：《新时期中国国内移民分布研究》，上海三联书店 2008 年版，第 9 页。

论对实践具有重要的指导意义,而实证的分析结构又对理论具有重要的修正作用。公共服务对劳动力转移的影响是一个重大的理论问题,也是当前我国迫切需要解决的重大实践问题。基于现有理论,通过实证分析更能有效分析公共服务与劳动力转移之间的互动关系,进一步指出基本公共服务对劳动力转移动因和迁移分布的影响与作用机制,为有效促进农业转移人口市民化,合理促进人口科学分布提供重要的决策依据。

三、数据来源

本书分析所使用数据主要来源于以下几个方面:国家统计局发布的历年《农民工监测调查报告》;国务院发展研究中心 2010 年开展的"农民工调查数据";国家卫生和计划生育委员会流动人口司出版的《中国流动人口发展报告(2013)》《中国流动人口发展报告(2014)》《中国流动人口发展报告(2015)》和《全国流动人口动态监测数据集》;国家统计局出版的历年《中国统计年鉴》和历次《中国人口普查数据》;美国北卡罗来纳大学人口中心与中国预防科学医学院联合进行的大规模的社会健康调查数据——《中国健康与营养调查数据(China Health and Nutrition Survey,简称 CHNS)》;北京大学中国社会科学调查中心(ISSS)的中国家庭追踪调查(China Family Panel Studies,CFPS)数据,包括个体、家庭、社区三个层次的数据;中国综合社会调查数据(CGSS),包括社会、社区、家庭、个人多个层次的数据。

第一章

劳动力转移决策一般理论

自古典经济学创始人威廉·配第(W.Petty)在《政治算术》中提出,收入的比较利益促使农村劳动力向非农业部门流动以来,刘易斯、托达罗、雷文斯坦、斯塔克等从不同视角研究了发展中国家劳动力转移的机理、动因和影响因素,并形成了诸多劳动力转移决策理论和模型。根据本研究主题的需要,将众多劳动力转移理论和模型归纳为以下两大类[①]:一是从劳动力个体收入最大化的角度开展的研究,认为收入差距或预期收入差距等经济因素是劳动力做出转移决策的主要原因,其理论基础主要有刘易斯的二元经济结构理论、拉尼斯—费景汉模型、乔根森模型、托达罗模型等。二是从劳动力个体或者家庭效用最大化的角度开展的研究,认为除收入差距之外,制度因素、家庭关系、相对贫困、个人禀赋、公共服务等非直接经济因素也是影响劳动力做出转移决策的重要因素,其理论基础主要有推拉理论、新迁移经济理论等。

第一节　劳动力转移决策经济行为选择理论

劳动力转移决策经济行为选择理论以社会经济结构的分析为出发点,强调社会经济结构刚性以及由此决定的经济发展不均衡对劳动力转移产生的影

① 王春雷、郭其友:《农村劳动力转移决策的微观分析》,《人口与经济》2010 年第 2 期。

响。[①] 西方比较有代表性的劳动力转移理论主要有：刘易斯二元经济模型、拉尼斯—费景汉模型、乔根森模型、托达罗劳动力转移模型等。前三个模型主要是从宏观角度来研究经济发展过程中经济增长、结构变化和人口及劳动力转移的关系，认为二元经济的工资差异是引致过剩劳动力从传统部门向现代部门转移的基本动因。而托达罗则从微观的角度引入了预期的因素，强调预期的收入差异对劳动力转移的影响。

一、刘易斯二元经济结构理论

20世纪50年代，刘易斯在研究发展中国家经济发展时，提出了著名的二元经济发展模型。该模型认为许多发展中国家都存在着两个截然不同的经济部门，一个是现代工业部门，该部门集中了大量资本，生产发展速度超过人口增长速度，具有较高的劳动生产率，人们的收入水平也可以不断提高；另一个是传统的自给自足的农业部门，该部门缺乏资本投入，劳动边际生产率极其低下，一部分劳动力的边际生产率为零甚至为负数，农民仅能维持最低的生活水平，但拥有大量的剩余劳动力。经济发展的过程就是剩余劳动力被不断增加的资本吸收的过程。随着资本家资金积累的增加，利润转化为投资，现代工业部门的生产规模会进一步扩大，从而吸收更多的农村剩余劳动力，这一发展态势一直持续到把农村剩余劳动力全部转移到工业部门为止。此时，发展中国家的二元经济变成了一元经济，不发达经济变为现代资本主义经济。该模型表明，两部门在经济结构和收入的差异，使得在某一确定的工资水平下，农业部门的劳动力就会向现代工业部门转移。在传统经济与现代经济并存的二元经济向现代一元经济的转变过程中，农业剩余劳动力被现代部门吸纳是这种转变的核心环节。[②]

刘易斯认为传统部门是低收入经济，现代部门是高工资经济，在提供同等质量和同等数量的劳动力条件下，非熟练劳动者在现代部门比在传统部门得

---

① 程名望：《中国农村剩余劳动力转移：机理、动因与障碍——一个理论框架与实证分析》，同济大学出版社2012年版，第12页。

② W.A.刘易斯：《二元经济论》，北京经济学院出版社1989年版，第149页。

到更多的工资。这种工资差异使得高工资的现代部门能得到来自低收入的传统部门无限供给的劳动力，一旦工资差异消失，二元经济也就过渡到了现代一元经济。但该理论也存在明显的缺陷：一是该模型假定城市不存在失业现象，其边际生产率等于零，可以为工业部门提供无限劳动力供给的现实是不存在的。二是假定在农村剩余劳动力被完全吸收之前，工业部门的实际工资水平不变，这一假定不符合发展中国家的实际。三是忽略了农业部门自身发展和科学技术进步对农业劳动生产率提高的影响。[①] 四是该理论只认识到发展中国家工业部门自身的积累对农村剩余劳动力的吸纳，却忽视了国外资本对发展中国家农村剩余劳动力的吸引作用。五是该理论暗含现代工业部门的劳动与工资比例的刚性假设，这与实际经济发展不符。[②]

二、拉尼斯—费景汉模型

20 世纪 60 年代，费景汉和拉尼斯扩展了刘易斯的理论，形成了拉尼斯—费景汉模型。该模型把农村剩余劳动力转移划分为三个阶段：[③]第一阶段，农村劳动边际生产等于零。这一阶段农村剩余劳动力是无限供给的，农业部门的粮价和人均收入、工业部门的工资保持不变，农村剩余劳动力转移到工业部门不会遇到困难。第二阶段，农业劳动边际生产率大于零小于农业平均固定收入阶段。农业部门的剩余劳动力逐渐转移到工业部门，农业总量下降，提供给工业部门的农产品不足以按平均消费水平来供应，将会使工业资本家的利润降低，最终引起经济增长和劳动力转移过程的缓解甚至停滞。第三阶段，农业劳动力边际生产率等于和大于农业平均固定收入阶段。农业剩余劳动力完全被工业部门吸收后，经济发展进入商业化，农业开始资本主义化了，农业和工业的工资水平都由其劳动力的边际生产率决定，传统的农业经济进入了发达的资本主义经济阶段。

---

① 李瑞芬、何美丽、郭爱云：《农村劳动力转移：形势与对策》，中国农业出版社 2006 年版，第 5 页。

② 刘怀廉：《中国农民工问题》，人民出版社 2005 年版，第 216 页。

③ ［美］费景汉、［美］拉尼斯：《劳动剩余经济的发展——理论与政策》，经济科学出版社 1992 年版，第 158 页。

该理论强调了传统部门和现代部门之间的结构性差异，将经济增长和劳动力流动有机结合起来，揭示了劳动力从农业部门向工业部门转移的发展趋势，基本上符合大多数国家的经济发展实践。但该模型也存在一些缺陷，如认为农业生产中存在边际生产率为零的剩余劳动力，假设城市工业部门不存在失业，劳动力无限供给条件下制度化的农业工资及根据农产品价格计算的工业部门工资是固定不变的等观点，与发展中国家的实际情况是不相符的。

三、乔根森模型

20 世纪 60 年代，美国经济学家乔根森依据新古典主义分析方法，创建了乔根森模型。该理论认为农村剩余劳动力转移的前提条件是农业剩余，农业劳动力向非农业部门流动和转移的根本原因在于消费结构的变化。在农业人口向城镇工业部门流动过程中，工资水平并非固定，而是不断上升的。不但工业部门为了吸引农业劳动力要提供高于农业部门的工资水平，而且农业部门由于劳动生产率的提高，农业工人的工资也不断提高。①

相比于刘易斯二元经济结构理论和拉尼斯—费景汉模型，乔根森模型明确指出：工资率是随着资本积累上升和技术进步而不断提高的，人口增长是由经济增长决定的观点，具有很大的进步性。但也存在一些缺陷，如关于粮食需求收入弹性的假定等不符合发展中国家的实际。

四、托达罗模型

刘易斯、拉尼斯—费景汉和乔根森模型主要是从宏观的视角来分析经济发展过程中经济增长、结构变化和人口及劳动力转移的关系。在关于劳动力流动或转移的微观分析中，托达罗模型则长期居于核心地位。② 20 世纪六七十年代，美国经济学家托达罗从微观层面提出了劳动力转移理论。该理论认为，发展中国家农村剩余劳动力转移不仅存在，而且正在加速转移。农村剩余劳动力向城市转移的决策是根据预期收入最大化目标做出的，主要取决于城

① 李爱：《农村劳动力转移的政府行为》，山东人民出版社 2006 年版，第 35 页。
② 杜鑫：《劳动力流动决策的理论与经验研究述评》，《社会科学战线》2008 年第 4 期。

乡预期收入差距以及城市就业率和失业率的大小。① 只要预期的城市实际工资大于农村的实际收入,劳动力就会不断从农村向城市迁移,从而促进一国城市化水平的提高。当农村移民数量多到迫使城市失业规模增大,工资收入下降,足以使城市的预期工资收入与农村工资收入相等时,农村劳动力停止向城市转移。②

托达罗模型正确地反映了劳动力在比较经济利益的驱动下向较高预期收入地区或部门流动的理性经济行为,迁移成本与预期收入是影响劳动力作出迁移决策与否的重要因素之一。该理论比较符合发展中国家劳动力市场的实际状况,在发展经济学关于劳动力流动的研究中长期占有重要地位,具有重要的政策指导意义:一是解决发展中国家就业压力并完成二元经济结构的转换,不能单纯依靠工业部门的扩张,要大力发展农村各项事业,以便使农村剩余劳动力就地或就近转移。二是应取消一切人为的导致城乡收入差距的政策和措施。在城市实施的最低工资制度,导致劳动力要素供给价格扭曲,使得更多的剩余劳动力转移到城市,进一步增加了城市的失业率。三是加大劳动力流动的成本或减少城市就业的预期收入,可以有效减少劳动力转移的数量。

但托达罗模型也有缺陷,一是迁移数量或迁移率主要随就业率的变化而变化,农村劳动力基本上是根据对城市就业率的了解而做出迁移与否的决策,迁移在相当大的程度上是"盲目的",因而得出"就业机会越多,失业率越高"的结论与实际不符。二是只考虑迁移者的迁移成本,而忽略了他们在城市里的生活成本。在实证研究中,学者对其进行了扩展和修正,如对城市工资刚性假设和迁移者风险偏好中性假设的放松等,得到了广泛的应用。

与托达罗观点不同,2001 年获得诺贝尔经济学奖得主斯蒂格利茨则运用

① Todaro, M.P., "A Model of Labour Migration and Urban Unemployment in Less Developed Countries", The American Economic Review, Vol.59, No.1, (1969), pp.138-148. Harris, J. and Todaro, M.P., "Migration, Unemployment and Development: a Two-Sectors Analysis", The American Economic Review, Vol.60, No.1, (1970), pp.126-142.

② 李瑞芬、何美丽、郭爱云:《农村劳动力转移:形势与对策》,中国农业出版社 2006 年版,第 8 页。

预期效用差别来解释地区间劳动力的流动，提出了斯蒂格利茨式的劳动力转移效用模型。该模型认为劳动力迁移的规模、范围与收入增加带来的效用变化成正比，与迁移成本和闲暇的减少所带来的效用变化成反比。由此可以认为，劳动力在决定是否要从农村迁移到城市的时候，他不仅要比较农村与城市的预期收入差别，还要比较两地或两部门的劳动强度。假设一个人对于闲暇的偏好不太强，那么他就会在更高的预期收入吸引下作出转移的决定。而对另一个人，如果他具有较强的闲暇偏好，则需要有更大的预期收入差别才能吸引他转移。①

第二节　劳动力转移决策非直接经济行为选择理论

一、新迁移经济理论

与传统理论假设个人为转移决策主体不同，20 世纪 80 年代兴起的新迁移经济理论强调家庭作为转移决策主体的重要性，经济学家斯塔克(Stark)是该理论创立的代表之一。该理论将家庭作为追求收益最大化的主体，劳动力做出转移决策不仅是对收入差距的反应，还受以下两方面因素的影响：

一是农村家庭生产所面临的风险及其规避行为。在农村地区信贷市场和保险市场不完善的情况下，农村家庭将其劳动力资源在不同地理位置和不同工作行业之间进行配置是规避家庭经营风险、降低收入及消费波动性的一种理性选择。劳动力迁移及其迁移汇款可以看作是迁移者与其家庭之间达成的一种潜在的契约安排，其内容包含家庭对迁移者的教育投资、迁移活动本身、互相为对方提供保险、遗产继承等。② 家庭为了规避生产、收入方面的风险，或者为了获得资本等稀缺资源，按照预期收入最大化和风险最小化的原则，会将一个或多个家庭成员迁移到收入更高的劳动力市场。劳动力的迁移不仅要

① 蔡昉：《中国流动人口问题》，社会科学文献出版社 2007 年版，第 62 页。

② 杜鑫：《劳动力流动决策的理论与经验研究述评》，《社会科学战线》2008 年第 4 期。

使迁移者的个人利益最大化，也是其家庭增加资本来源和控制风险的重要途径。尤其在没有失业保险、没有福利、不能从银行贷款或不能安全投资的情况下，家庭成员得到的移民汇款可能是全家经济财富的基础。①

二是相对贫困度。迁移者个人或其家庭在其社区内所处的相对经济地位为其带来的心理上的满足或失落感被称为相对贫困。家庭在做流动决策时不仅考虑绝对预期收入水平，还考虑相对于本社会或参照人群的收入水平，以减轻相对贫困度或相对失落感，即使自家的收入有很大提高，但只要提高程度不及参照人群，家庭成员依然会选择外出或迁移。家庭成员的迁移不仅能使该家庭的绝对收入有所增加，而且能提高该家庭在当地的社会地位。通过家庭成员的迁移，家庭可以摆脱原来在当地相对低下的社会地位。斯塔克研究表明，统一收入差距对于生活在不同地区、处于不同社会地位的人具有不同的意义。因此，引发移民的动因不是两地"绝对收入"的差距，而是基于同参照群体比较后可能产生的"相对失落感"。可见，一个社会收入分配越不平等，相对贫困的感觉越强烈，家庭或其成员做出转移的愿望就越强烈。②

新迁移经济理论以家庭决策为研究的视角，家庭劳动力是否做出转移的决策，既受家庭经济收入最大化目标等经济因素的影响，也受家庭成员心理感受等非经济因素的影响，认为劳动力转移是家庭综合权衡收益和风险后做出的家庭人力资源配置最优化和全体成员福利最大化的理性决策，对研究我国当前劳动力转移问题具有重要的参考价值。

二、推拉理论

1885 年和 1889 年著名地理学家埃内斯特·乔治·雷文斯坦（Ernst

① Stark, O.and Bloom, D., "The New Economics of Labor Migration(NELM)", The American Economic Review, 1985(75), pp. 173-178; Stark, O., "Rural-to-urban Migration in Less Developed Countries: a Relative Deprivation Approach", Economic Development and Cultural Change, Vol.32, No. 3, 1984, pp.475-486; Stark, O., and Taylor, J.E., "Relative Deprivation and International Migration", Demography, Vol.26, No.1, 1989, pp.1-14; Stark, O., and Taylor, J.E., "Migration Incentives, Migration Types: the Role of Relative Deprivation", The Economic Journal, 1991(101), pp.1163-1178.

② 黄宁阳：《中国新时期农村劳动力转移研究》，科学出版社 2012 年版，第 21 页。

George Ravenstein)发表了两篇同名的学术论文——《移民的规律》①,他在论文中指出移民活动的兴起与盛衰和移民输出地及输入地之间的地理距离有着密切的关系,经济方面的考虑与追求富裕的本能乃人类迁移的最主要的因素。20世纪50年代,唐纳德·博格(Bogue)研究指出迁入地的消极因素和迁入地的积极因素是人口迁移的重要原因。② 他认为迁出地必有种种消极因素所形成的"推力"将当地居民推出原居住地,而迁入地有种种积极因素所形成的"拉力"将其他地方的居民吸引进来。迁出地产生推力的因素主要有自然资源枯竭、农业生产成本增加、农村劳动力过剩导致的失业和就业不足、较低的经济收入水平等;同时迁出地也存在拉力因素,如家人团聚、熟悉的环境、长期形成的社交网络等。迁入地产生拉力的因素主要有较多的就业机会、较高的工资收入、较舒适的生活水平、较多的受教育机会、较完善的文化设施和交通条件、较宜人的气候环境等;同时迁入地也存在推力,如家庭分离、陌生的环境、激烈的竞争等。③ 迁移者总是在迁出与迁入两地的积极因素和消极因素的利弊得失的均衡中,作出是否转移的决策。④ 1966年人口学家埃弗雷特·S.李(Everett S.Lee)在英国《人口统计学》杂志发表的《人口迁移理论》一文中把迁移定义为人们的居住地发生永久性或半永久性的变更,并认为决定人口迁移及其过程的有四个因素:迁出地的因素、迁入地的因素、中间障碍因素、个人因素。在上述四方面因素中,都存在有利于迁移的正(+)因素和不利于迁移的负(-)因素,以及不起作用的中性(0)因素,正负因素的较量和综合,促成最后是否迁移的行动。迁出地和迁入地各自都有推和拉两种因素,人口迁移

① The Laws of Migration. Journal of the Statistical Society of London, Vol. 48, No. 2. (June, 1885), pp.167-235; The Laws of Migration. Journal of the Royal Statistical Society, Vol.52, No.2. (June, 1889), pp.241-305.

② Bogue D J. 1959. Internal Migration. In: P M Hauser, O D Duncan, eds. The Study of Population. Chicago: University of Chicago Press, pp.486-509.

③ 黄宁阳:《中国新时期农村劳动力转移研究》,科学出版社2012年版,第5页。

④ 李玲:《珠江三角洲人口迁移与劳动市场》,社科出版社2005年版,第4页。

的发生就在于迁出地推力总和大于拉力总和，而迁入地拉力总和大于推力总和。①

推拉理论认为劳动力迁移遵循一定规律，迁移是由一系列力量引起的，是基于流出地的"推力"和流入地的"拉力"双重作用的结果。既考虑了影响劳动力转移的经济因素，又综合了人口学、社会学等因素，从更宽泛的角度解释了劳动力转移的动因和障碍。② 但是这一理论的提出具有鲜明的时代特征，对人口迁移推拉因素的界定应根据具体的国情而定。如雷文斯坦所在时期正是英格兰和多数欧洲国家城市化和工业化快速上升的时期，并且是以轻工业为主的工业化时期，人口迁移规模较大，迁移人口多以农民为主，迁移者有较多的就业机会。博格和李的相关理论形成于西方国家即将从工业化时期进入后工业化时期的过渡阶段，大规模的人口迁移已经结束，在人口迁移到大城市的同时，从大城市向外的扩散流也同时存在。交通和通讯的发展使人们更容易获得关于迁入地的信息，也更容易克服各种迁移障碍。③ 因此，对产生推力和拉力因素的分析，应具体的结合我国工业化、城镇化的进程和我国农村劳动力转移的现状。因为不同的发展阶段，影响农业转移劳动力的动因呈现出明显的阶段性特征。

第三节　劳动力转移决策机制分析模型

一、成本—收益模型

劳动力转移决策的成本收益模型，其目标函数为劳动力转移的净收益大于零。成本 C_{dt} 主要包括货币成本和非货币成本，前者包括劳动力的转移成本（ C_{d1} ）和在转入地的生活成本（ C_{d2} ），后者包括心理压力成本等；预期收益

① Lee E S.A Theory of Migration.Demography, Vol.3, No.1,(1996),pp.47-75.

② 程名望、史清华、徐剑侠：《中国农村劳动力转移动因与障碍的一种解释》，《经济研究》2006 年第 4 期。

③ 李玲：《珠江三角洲人口迁移与劳动市场》，社科出版社 2005 年版，第 5 页。

$V_j(w_{jt},x_{jt})$ 主要包括因迁移后拥有更好的就业机会而带来的收入增加(w_j),以及非人力财富(x_j),包括可获得的良好的公共服务设施等。

劳动力做出转移决策的成本收益模型为:①

$$NG_{0\to d} = \sum_{t=1}^{n}(w_{dt} + x_{dt}) - \sum_{t=1}^{n}(w_{ot} + x_{ot}) - c_{dt} \tag{1}$$

其中,n 表示转移劳动力从原区域 o 转移到目标区域 d 多能获得的工资收入期数或可获取工作的年限,n 的大小取决于劳动力的工作类型、自身素质及城市就业机会等因素。

显然,$\sum_{t=1}^{n}(w_{dt} + x_{dt}) > \sum_{t=1}^{n}(w_{ot} + x_{ot})$,$\sum_{t=1}^{n}(w_{dt} - x_{dt}) > \sum_{t=1}^{n}(w_{ot} - x_{ot})$,一般只有当 $NG_{0\to d} > 0$ 时,劳动力才会选择转移。

考虑货币时间价值的成本收益模型为:

$$NG_{0\to d} = \sum_{t=1}^{n}(w_{dt} + x_{dt})/(1+r)^{t-i} - \sum_{t=1}^{n}(w_{ot} + x_{ot})/(1+r)^{t-i} - c_{dt} \tag{2}$$

其中,r 表示贴现率,t 表示相应的工作期限。同样,只有 $NG_{0\to d} > 0$ 时,劳动力才会选择转移。

假设 $Gt = \sum_{t=t+1}^{n}(w_{dt} + x_{dt}) - \sum_{t=t+1}^{n}(w_{ot} + x_{ot}) - c_{dt}$ 为最大时,即劳动力从 o 转移到 d 获得的效用最大时,即 $U_{o\to d} = U(NG_{o\to t}, NNM_{o\to t}) > U_{\min}$,D 取值为 1,否则取值为 0。因此,劳动力从地区 o 转移到地区 d 的概率为:

$$\mathrm{P_r}(D=1) = p_r[NG_t = MaxNG_t, \& NG_t > 0] \tag{3}$$

$$\frac{\partial \mathrm{P_r}(D=1)}{\partial w_{jt}} = \begin{cases} < 0, j = o \\ > 0, j = d \end{cases} \tag{4}$$

$$\frac{\partial \mathrm{P_r}(D=1)}{\partial x_{jt}} = \begin{cases} < 0, j = o \\ > 0, j = d \end{cases} \tag{5}$$

---

① Wallace E. Huffman and Tuagus Feridhanusetyawan: Migration, Fixed Costs, and Location-Specific Amenities: A Hazard Analysis for a Panel of Males. American Journal of Agricultural Economics, Vol.89, No.2, 2007.

$$\frac{\partial P_r(D=1)}{\partial c_{d1}} < 0 \tag{6}$$

可见,随着转移目的地工资水平的增加和公共服务设施条件的改善,劳动力从 o 向 d 转移的概率也在增加。当然,转移成本的降低也有助于劳动力的转移。

二、效用最大化模型

大量的实证研究表明,多项 Logit 模型是分析异质性劳动力多样化偏好选择的重要方法。Falaris、Benoit dosite Pierre Thomas Leger、Lall 和 Timmins 等,采用多项逻辑特模型分析基于家庭目标函数最大化的决策下,基本公共服务水平对农村劳动力转移决策的影响,基本模型如下:

假设某一农村家庭 i 从居住地 j 选择转移到目的地 k 的直接效用为:

$$\bar{U}_{i,r,s} = \bar{\beta}\log(W_{i,s}) + \bar{\alpha}V_{i,s} + \bar{\zeta}_{i,s} + \bar{\varepsilon}_{i,s} \tag{1}$$

其中,$W_{i,s}$ 为家庭在转入地 S 获得预期工资收入,地区 s 的预期实际工资由实际工资 W_s 乘以劳动力在这个地区能找到工作的概率 e_s 得出。假设 e_s 与失业水平呈反比例关系。$W_{i,r,s} = Z_i\lambda_s + u_{i,r,s}$,Z_i 是一系列个人的层面的控制变量,包括年龄及其平方,教育年限、婚姻状况、户口性质等。$V_{i,s}$ 为转入地区 s 层面的可观察的控制变量,包括城市的平均工资水平、劳动力供给的工资弹性、公共服务的“拥塞”、医院的数量。$\zeta_{i,s}$ 为转入地区 s 不可观察的控制变量。$\eta_{i,r,k}$ 表示个人因居住在转入地 k 而得到的特殊效应部分,是一个随机变量,它的实际值可以度量这个人与区域 s 的适宜程度,且假设 $\eta_{i,r,k}$ 是独立同分布的,满足正态分布。

劳动力变更区位需要支付迁移成本,此成本一般与两个地区间的距离正相关。因此,相应的间接效用函数为:

$$V_{i,r,s} = \log(W_{i,s}) - \delta\ln(D_{r,s}+1) + \alpha V_{i,s} + \zeta_{i,s} + \varepsilon_{i,s} \tag{2}$$

为便于解释,假设 $\log(W_{i,r,k})$ 的边际效用为 1,则新的解释模型为:

$$V_{i,r,s} = \log(W_{i,s}) - \delta\ln(D_{r,s}+1) + \alpha V_{i,s} + \zeta_{i,s} + \varepsilon_{i,s} \tag{3}$$

假设有 S 个目标区域,劳动力可以选择其中一个效用最大化的地区作为

目的地。根据逻辑特模型,劳动力选择转移到区域 S 的概率为:

$$P(V_{i,r,s} \geq V_{i,r,l} \forall l \neq s) = \frac{\exp(\mu(\log(W_{i,r,s}) - \delta\log(D_{r,s}+1) + X_s\gamma + Z_s + \eta_{i,r,s}))}{\sum_{e=1}^{k}\exp(\mu(\log(W_{t,r,l}) - \delta\log(D_{r,l}+1) + X_l\gamma + Z_l + \eta_{i,r,l}))} \tag{4}$$

假设地区 r 的总人口为 N ,将个体迁移概率乘以 N 便可得到从区域 r 到 k 的总迁移数量,即:

$$\overline{pop_k} = \sum_{i=1}^{N} P(U_{i,r,k} \geq U_{i,r,r} \forall r \neq k) \tag{5}$$

则区域 k 实际的迁移人口和预测人口获得新的均衡,而这一均衡模型适合所有 k 个目标区域,即:

$$\overline{pop_k} = pop_k \forall k = 1,2,3,\ldots k \tag{6}$$

按照 Lall 和 Timmins 的研究方法,分两阶段对这一均衡模型进行估计。第一阶段,我们定义选择转移到 K 地的移民的平均效用函数,即:

$$\theta = X\gamma + \varepsilon_k \tag{7}$$

并获得 u , δ 和 $\{\theta_k\}_{K-1}^{K}$ 的估计。

具体方法如下:

计算保持在任意效用参数[u , δ]情况下的变量 $\{\theta_k\}_{K-1}^{K}$,并进行标准化。然后,对模型(4)用对数似然函数进行最大似然估计参数 $[u,\delta,\{\theta_k\}_{K-1}^{K}]$ 。

第二阶段,利用方程(7)来分解由第一阶段所获得的估计 $\{\theta k\}_{K-1}^{K}$ 。我们可以获得劳动力对每一个可观测区域变量 X_k 的支付意愿。由于区域可观察变量 X_k 和不可观察变量 Z_k 具有相关性,用普通最小二乘法来估计参数将是有偏的。为解决这一问题,我们假设 X_k 和 Z_k 的相关性,仅与 X_k 的组成部分相关, Z_k 不会随着时间而变化。

$$\theta_{k,t} = X_{k,t}\gamma + \underbrace{\zeta_k + v_{k,t}}_{Z_{k,t}}$$

假设 $E[\triangle X_K \triangle V_k] = 0$,这将有助于消除任何偏差。实际上,我们扩展了包括两个统计年度的第一阶段模型,限制参数 $[u,\delta]$ 不会随着时间变化。然后我们解决两个变量 $[\{\theta_{k,1}\}_{K-1}^{K}]$ 和 $[\{\theta_{k,2}\}_{K-1}^{K}]$,最后通过以下估计,获得无偏的 r 估计:

$$\triangle\theta = \triangle X_k\gamma + \triangle v_k$$

其中, $\triangle\theta = \theta_{k,2} - \theta_{k,1}$

$$\triangle X_k = X_{k,2} - X_{k,1}$$

$$\triangle v_k = v_{k,2} - v_{k,1}$$

第二章

劳动力转移现状、趋势与障碍

随着城镇化进程的加快,我国农业转移劳动力规模逐年增加,劳动力转移呈现出一些新的阶段性特征:劳动力转移的决策由个人决策向家庭决策转变,劳动力转移的动因由单纯的经济收入驱动像经济收入和公共服务需求因素驱动并重转变,劳动力转移的路径与就业模式由比较单一的格局向多元化、多层次趋势转变。但农业劳动力转移依然面临着我国经济社会发展的阶段性障碍和制度性障碍,并成为我国系统性、整体性、协同性推进改革的重要内容。

第一节　我国农业劳动力转移现状

随着我国农村人口向城市转移、农业劳动力向第二、三产业转移速度的加快,农村劳动力转移已成为我国城镇化的重要动力,迁移流动人口已经成为城市常住居民的重要组成部分,农民工已成为我国产业工人的主体。由于劳动力的异质性,其对经济收入和非直接经济因素倾向有明显差异,影响了劳动力转移的模式和目标区域的选择,其总体供求关系、转移的地域结构、行业结构正在进行深刻的调整。劳动力转移既呈现出许多共性的特征,也呈现出诸多差异化特征。

一、我国农业劳动力转移规模

近年来,我国转移劳动力的规模逐年增加。按照全国流动人口动态监测数据显示①，截至 2012 年 10 月 1 日零时，全国流动人口约为 2.34 亿人，其中跨省流动人口约 9075 万人，东部地区是重要的跨省人口流入地区，但势头有所减缓；中西部地区是重要的跨省人口流出地区。② 到 2014 年我国流动人口增加到 2.53 亿人，年均增长 800 万人，年均增长率达到 3.39%。③ 按照国家统计局发布的 2015 年全国农民工监测调查报告显示④，2015 年农民工总量为 27747 万人，比上年增加 352 万人，增长 1.3%。2011 年以来农民工总量增速持续回落。2012 年、2013 年、2014 年和 2015 年农民工总量增速分别比上年回落 0.5、1.5、0.5 和 0.6 个百分点。

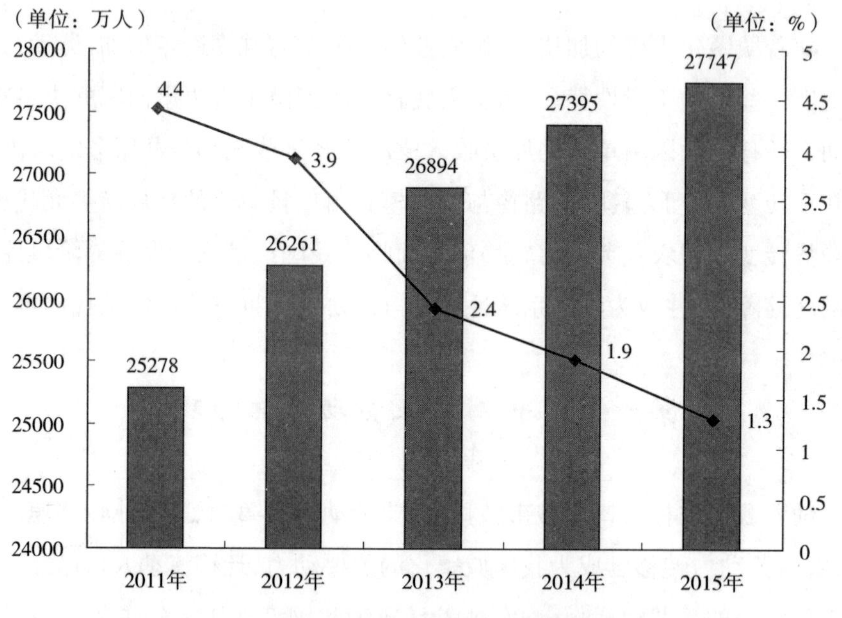

图 2-1　2011—2015 年农民工总量及增速

① 该数据调查范围包括全国 31 个省（自治区、直辖市）和新疆生产建设兵团。下同。

② 国家卫生和计划生育委员会流动人口司：《中国流动人口发展报告（2013）》，中国人口出版社 2013 年版，第 187 页。

③ 国家卫生和计划生育委员会流动人口司：《中国流动人口发展报告（2015）》，中国人口出版社 2015 年版，第 10 页。

④ 该数据调查范围是全国 31 个省（自治区、直辖市）的农村地域。下同。

从农民工构成看，本地农民工10863万人，比上年增加289万人，增长2.7%。外出农民工16884万人，比上年增加63万人，增长0.4%。本地农民工占农民工总量的39.2%，所占比重比上年提高0.6个百分点。从输出地看，①中部地区农民工9609万人，比上年增加163万人，增长1.7%，占农民工总量的34.6%；东部地区农民工10760万人，比上年增加96万人，增长0.9%，占农民工总量的38.8%；西部地区农民工7378万人，比上年增加93万人，增长1.3%，占农民工总量的26.6%。中部地区农民工增长速度分别比东部、西部地区高0.8和0.4个百分点。② 根据城镇化、工业化进程和城乡人口变动趋势预测，到2020年，我国流动人口将逐步增长到2.91亿人，年均值增长600万人左右，其中农业转移人口将达到2.18亿人，年均增长450万人左右。

表2-1　2015年按输出地分的外出农民工人数及构成

指标	人数（单位：万人）			构成（单位：%）		
	外出农民工	其中		外出农民工	其中	
		跨省流动	省内流动		跨省流动	省内流动
合计	166884	7745	9139	100.0	45.9	54.1
东部地区	4944	858	4086	100.0	17.3	82.7
中部地区	6592	4024	2568	100.0	61.1	38.9
西部地区	5348	2863	2485	100.0	53.5	46.5

注：东部地区：包括北京、天津、河北、辽宁、上海、江苏、浙江、福建、山东、广东、海南11个省（市）；中部地区：包括山西、吉林、黑龙江、安徽、江西、河南、湖北、湖南8省；西部地区：包括内蒙古、广西、重庆、四川、贵州、云南、西藏、陕西、甘肃、青海、宁夏、新疆12个省（自治区）。

资料来源：《2015年全国农民工监测调查报告》，国家统计局网站，2016年4月28日。

---

① 本书中引用自《全国农民工监测调查报告》的地区数据，东部地区：包括北京、天津、河北、辽宁、上海、江苏、浙江、福建、山东、广东、海南11个省（市）；中部地区：包括山西、吉林、黑龙江、安徽、江西、河南、湖北、湖南8省。除引自该文献之外，文中所指东中西与国家四大板块区域划分范围相一致，即东部地区：包括北京、天津、河北、上海、江苏、浙江、福建、山东、广东、海南10个省（市）；中部地区包括包括山西、安徽、江西、河南、湖北、湖南6省。

② 《2015年全国农民工监测调查报告》，见 http://news.xinhuanet.com/politics/2016-04/28/c_128940738.htm。

2010年第六次人口普查数据表明,①省内流入人口规模主要集中在深圳、广州、北京、上海等东部地区和成都、武汉、重庆等中西部地区的省会城市,其中成都市省内流入的人口规模最大,达到327.2万人。而跨省流入人口规模最多的十个城市都集中在东部地区的城市,其中,上海跨省流入人口897.7万人、北京跨省流入人口704.5万人,分别比2000年增加了584.2万人和458.1万人,人口向东部沿海地区积聚的趋势明显。

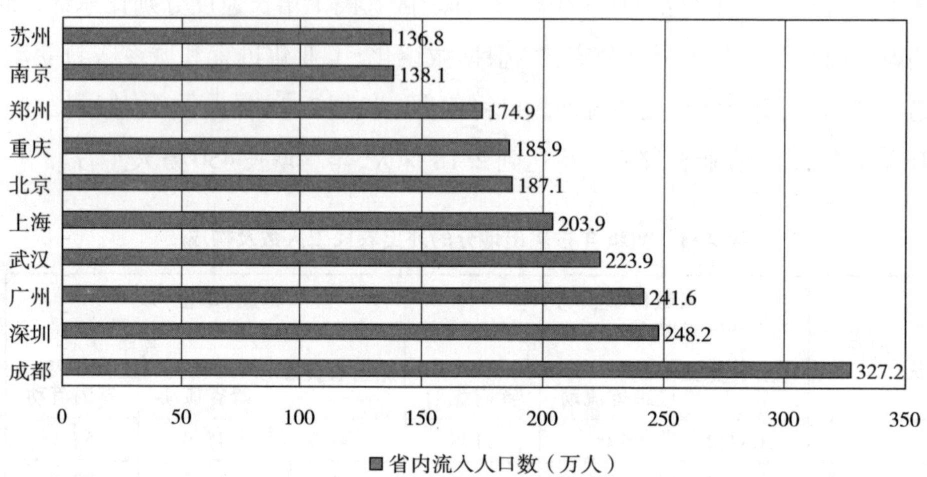

图2-2 2010年省内流入人口规模前十位的城市

数据来源:张耀军、岑俏:《中国人口空间流动格局与省际流动影响因素研究》,《人口研究》2014年第5期。

表2-2 2010年省外流入人口规模前十位的城市

城市名	省外流入(万人)	城市名	2000—2010年省外流入人口增长(万人)
上海	897.7	上海	584.2
北京	704.5	北京	458.1
深圳	579.6	苏州	244.3
东莞	533.3	天津	225.6
苏州	315.4	深圳	174.0

① 本文采用的数据为全国31个省(自治区、直辖市)和现役军人的人口数。下同。

续表

城市名	省外流入(万人)	城市名	2000—2010 年省外流入人口增长(万人)
广州	300.3	温州	170.3
天津	299.2	宁波	137.1
温州	272.4	杭州	124.0
佛山	250.3	东莞	119.6
宁波	198.3	佛山	96.2

数据来源:张耀军、岑俏:《中国人口空间流动格局与省际流动影响因素研究》,《人口研究》2014 年第 5 期。

根据目前我国农村剩余劳动力供应特点,以及中国人口结构变化预测等因素,对新增劳动力转移供求模拟结果显示,“十二五”期间我国每年新增转移劳动力大约在 800 万至 950 万人之间,2016—2020 年每年约为 600 万至 750 万人,而 2021—2025 年间约为 500 万至 600 万人,2030 年前每年新增转移约 400 万人,这其中包括了通过上大学等途径实现的劳动力转移。因此,农民工转移总量要少于总农业转移人数。根据模拟结果,“十二五”期间我国每年将新增农民工 500 万至 600 万人,“十三五”期间为 350 万至 450 万人,2020—2030 年间每年新增 200 万至 300 万人,到 2028 年前后农民工累计将达到 2.9 亿人。预计到 2020 年农业从业人员约为 2.14 亿人,到 2025 年,农业从业人员将减少到 1.85 亿人左右,占全部就业人员比重约 24%,到 2030 年减少到 1.6 亿人左右,占全部从业人员比重 21%左右。而一般估计我国农业需要的劳动力数量为 1.8 亿至 1.9 亿,也就是说到 2025—2030 年我国剩余劳动力转移将基本完成。①

二、我国农业转移劳动力空间格局

近年来,我国在实施区域发展总体战略的同时,大力推进“一带一路”建设、京津冀协同发展战略和长江经济带发展战略。区域经济发展空间格局的

① 金三林:《对“刘易斯转折”阶段进程的判断》,《学习时报》2012 年 7 月 2 日。

演变，势必会对我国劳动力流动的空间布局产生明显的影响。

分区域而言，东部地区的珠三角、长三角、京津冀等东部发达城市和中西部重要的区域经济中心城市具有较强的外来人口积聚能力。① 人口迁移的重心开始向北移，长三角地区和京津冀地区成为我国省际人口迁入的主要地区。流动人口逐渐向东部地区少数城市集聚的趋势明显，流动人口占比排名前50位的城市吸纳的流动人口总数占全国的72.74%，上海、北京、深圳、东莞、广州等排名最前的5个城市占全国流动人口总数的24.74%。② 但随着我国长江中游城市群、中原城市群、成渝城市群发展战略的实施，中西部地区城市群逐渐成为我国新兴的人口流入中心。2005—2010年，在以流动人口规模排序的城市排名中，重庆上升4位，成都上升13位，武汉、郑州、西安、长沙、合肥等中部和内陆城市吸纳流动人口数量和比例也大幅增加。③

2015年全国农民工监测调查报告显示，外出农民工中，跨省流动农民工7745万人，比上年减少122万人，下降1.5%，占外出农民工总量的45.9%，比上年减少0.9个百分点。分区域看，东部地区外出农民工17.3%跨省流动，比上年下降1个百分点；中部地区外出农民工61.1%跨省流动，下降1.7个百分点；西部地区外出农民工53.5%跨省流动，下降0.4个百分点。在外出农民工中，流入地级以上城市的农民工11190万人，占外出农民工总量的66.3%，比上年提高2个百分点。其中，8.6%流入直辖市，比上年提高0.5个百分点；22.6%流入省会城市，提高0.2个百分点；35.1%流入地级市，提高0.9个百分点。跨省流动农民工80%流入地级以上大中城市，比上年提高3个百分点；省内流动农民工54.6%流入地级以上大中城市，提高0.7个百分点。④

---

① 于涛方：《中国城市人口流动增长的空间类型及影响因素》，《中国人口科学》2012年第4期。

② 夏怡然、苏锦红、黄伟：《流动人口向哪里集聚？——流入地城市特征及其变动趋势》，《人口与经济》2015年第3期。

③ 国家卫生和计划生育委员会流动人口司：《中国流动人口发展报告2015》，中国人口出版社2015年版，第25页。

④ 《2015年全国农民工监测调查报告》，见 http://news.xinhuanet.com/politics/2016-04/28/c_128940738.htm。

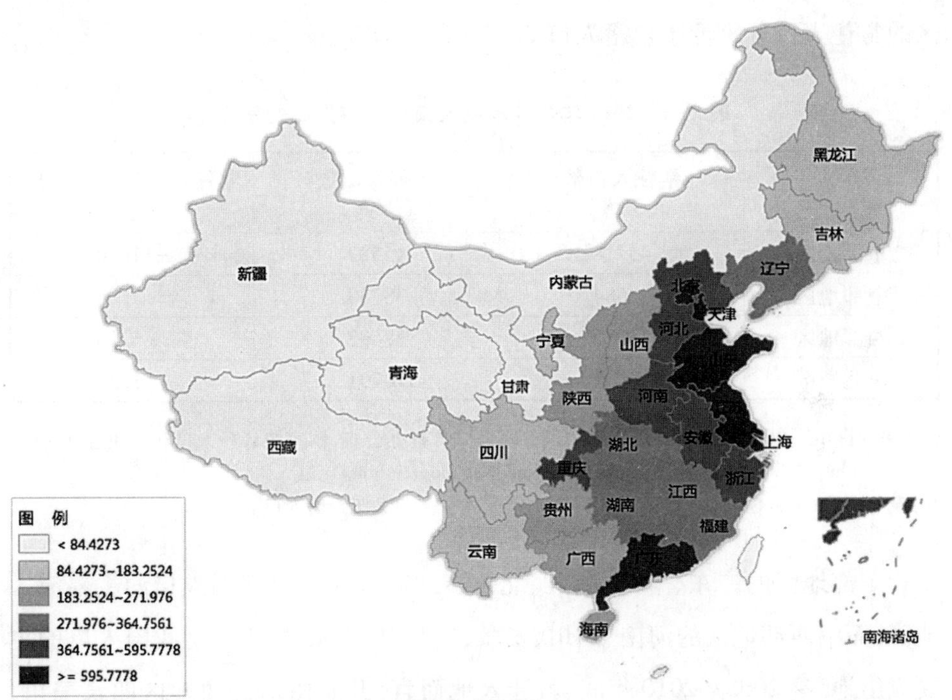

图 2-3　2010 年全国各省常住人口密度

表 2-3　2015 年按城市类型分的外出农民工人数及构成

指标	合计	直辖市	省会城市	地级市（包括副省级）	小城镇	其他
外出农民工人数（单位:万人）	166884	1460	3811	5919	5621	73
其中:跨省流动	7745	1188	1752	3258	1473	73
省内流动	9139	272	2059	2660	4148	0
外出农民工构成（单位:%）	100. 0	8. 6	22. 6	35. 1	33. 3	0. 4
其中:跨省流动	100. 0	15. 3	22. 6	42. 1	19. 0	0. 9
省内流动	100. 0	3. 0	22. 5	29. 1	44. 4	0

资料来源:《2015 年全国农民工监测调查报告》,国家统计局网站,2016 年 4 月 28 日。

就各地区常住人口和户籍人口相比而言,2010 年东部地区和东北地区的省份常住人口分别高于户籍人口的 11. 30%和 1. 51%,而中部地区和西部地区的常住人口分别低于户籍人口7.83%和6.78%。①

表 2-4　2010 年各地常住人口和户籍人口的差异

	常住人口数（万人）	户籍人口数（万人）	常住人口比户籍人口（%）
东部地区	45718	45522	+11.30
中部地区	33684	38730	-7.83
西部地区	34085	38692	-6.78
东北地区	10509	10791	+1.51

资料来源:《中国2010年人口普查资料》,国务院人口普查办公室、国家统计局人口和就业统计司编,http://www.stats.gov.cn/tjsj/pcsj/rkpc/6rp/indexch.htm。

注:表中"+"表示常住人口大于户籍人口,"-"表示常住人口大于户籍人口。

东部地区的广东、上海、浙江、北京、江苏、天津等是我国人口的主要流入地区,而中西部地区的河南、四川、安徽、贵州、广西等省(区)是我国人口的主要流出地。② 2005—2010年间,就迁入地而言,开始由珠三角地区向长三角、京津冀地区的省份转移。长三角地区的浙江省是我国人口第一迁入大省,其吸引人口迁入影响显著的省达到14个,包括上海、江苏、安徽、江西、湖南、湖北、云南等省份,成为全国对省际人口迁出影响区域最广的人口迁入地。其次是广东省,迁入人口具有影响力的迁出地多达12个省份,广东省吸引人口迁入影响显著的省份包括江西、湖北、湖南、广西、海南、四川等省份。而东部地区的北京、江苏、上海、辽宁省的影响强度明显增强。就迁出地而言,河南省是我国第一人口迁出大省,迁出人口具有影响力的迁入地多达13个省份,其对山西、新疆两省的影响最大,由其迁入二省的人口分别占两省迁入总人口的20.7%和20.74%。其次是四川省,其对重庆和西藏两省的影响最大,由其迁

① 数据来源于中国2010年第六次人口普查资料。

② 运用常住人口/户籍人口(RPR)这一比值来衡量某省的外来人口规模。在这个指标上大于1的省份为人口流入地,小于1的则为人口流出地。第六次全国人口普查使用的常住人口=户口在本辖区人也在本辖区居住+户口在本辖区之外但在户口登记地居住半年以上的人+户口待定(无户口和口袋户口)+户口在本辖区但离开本辖区半年以下的人。

入二省的人口分别占两省迁入总人口的42.18%和47.37%。作为人口迁入大省的广东省也呈现出较强的人口迁出影响力,有其迁入江西、湖南和广西的人口分别占三地迁入总人口的21.43%、29.86%和26.28%。①

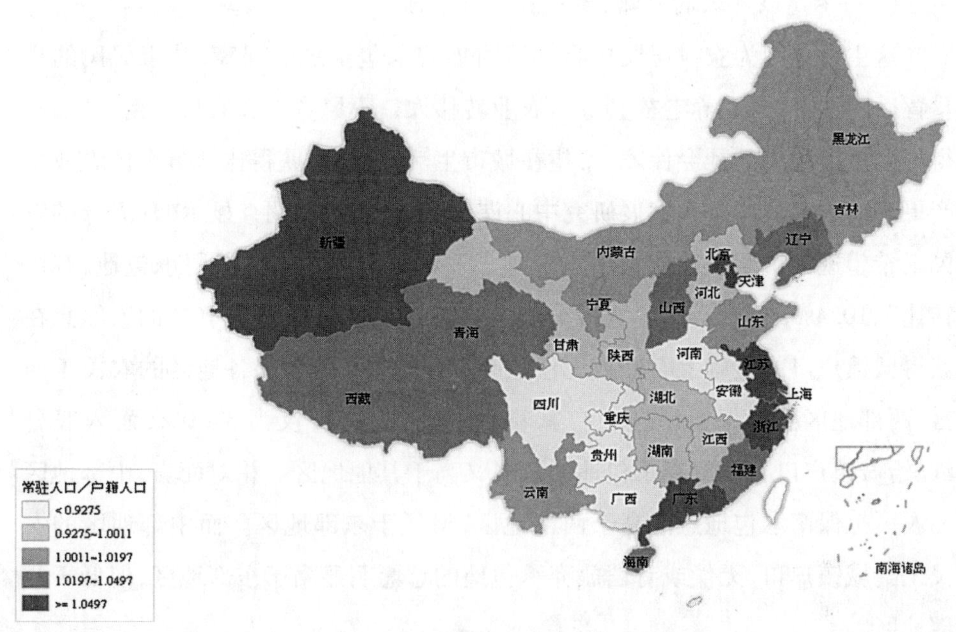

图2-4　全国人口各省人口流入和流出分布

按劳动力流动的城市规模分,有60%的流动人口居住在大城市、特大城市和超大城市,但居住在小城镇和地级市的人口比例逐渐增加。2010年流动人口最多的前50位城市中,小城镇或地级市(副省级城市)的包括46个。2015年全国农民工监测调查报告显示,外出农民工中比例较大的流入了小城镇和地级市(包括副省级城市),分别占总数的33.3%和35.1%,其次为省会城市占22.6%,流入直辖市的外出农民工最少,仅为8.6%。但就跨省流动和省内流动而言,表现出明显的差异。省内流动农民工主要流入小城镇,跨省流动农民工主要流入大中城市。省内流动的农民工主要进入小城镇占44.4%,

① 王桂新、潘泽瀚、陆燕秋:《中国省际人口迁移区域模式变化及其影响因素——基于2000年和2010年人口普查资料的分析》,《中国人口科学》2012年第5期。

其次流入最多的是地级市(包括副省级);而跨省流动的农民工主要进入地级市(包括副省级),其次流入最多的是省会城市和小城镇。①

三、我国农业劳动力转移特点

(一)不愿放弃农村户籍,希望在城市生活

这主要是因为农村居民户籍背后附加着承包土地的保障,城市居民的户籍背后附加着医保、养老福利等。农业转移人口不愿意放弃农村户籍,是担心得不到城市居民的社会保障,希望在城市生活,目的是获得比从事个体农业生产更高的收入。国务院发展研究中心课题组2010年的调查显示,有73%的农民工希望进城市定居后能保留承包地,27.2%的人希望能"保留承包地,有偿转让",10.4%的人希望以"入股分红"的方式处置,只有不到10%的人愿意在获得城镇户口的基础上有偿或无偿放弃承包地。② 就全国各地区的农民工而言,西部地区愿意保留承包地自家耕种的意愿较低,仅为37.9%,而入股分红、给城镇户口有偿放弃承包地的意愿又高于其他地区。相对而言,中部地区的农民工保留承包地意愿高于西部地区,但低于东部地区。而中部地区的农民工给城镇户口,无偿或有偿放弃承包地的意愿明显高于东部地区,但低于西部地区。

表2-5 2010年不同地区农民工对承包地的处置意愿 单位:%

	保留承包地自家耕种	保留承包地,有偿流转	入股分红	给城镇户口,无偿放弃	给城镇户口,有偿放弃
东部地区	52.9	30.9	8.1	2.6	5.6
中部地区	51.1	27.1	12.4	3.0	6.4
西部地区	37.9	30.4	15.7	2.7	13.4

资料来源:国务院发展研究中心课题组:《农民工市民化——制度创新与顶层政策设计》,中国发展出版社,2011年6月。

① 《2015年全国农民工监测调查报告》,见 http://news.xinhuanet.com/politics/2016-04/28/c_128940738.htm。

② 国务院发展研究中心课题组:《农民工市民化——制度创新与顶层政策设计》,中国发展出版社2011年版,第36—37页。

就农民工对宅基地和住宅的处置意愿而言,67%的农民工希望能保留宅基地,新生代农民工选择有偿转让或置换城里住房的比例相对较高。① 东部地区农民工对保留农村的宅基地和房产的意愿达到74.8%,高于中西部地区。中部地区有68.4%的农民工希望保留农村的宅基地和房产,给城镇户口、有偿放弃,置换城里的住房的比例较低,分别为4.5%和10.5%。相对而言,中部地区的农民工有偿转让农村的宅基地和房产的意愿最高,达到16.6%,高于东部地区和西部地区。西部地区的农民工在"给城镇户口,有偿放弃"农村宅基地"置换城里的住房"的意愿都高于东部和中部地区。

表2-6 2010年不同地区农民工对宅基地和住宅的处置意愿 单位:%

	保留农村的宅基地和房产,备将来用	有偿转让	给城镇户口,有偿放弃	置换城里的住房
东部地区	74.8	10.0	4.8	10.4
中部地区	68.4	16.6	4.5	10.5
西部地区	62.2	11.8	6.6	19.5

资料来源:国务院发展研究中心课题组:《农民工市民化——制度创新与顶层政策设计》,中国发展出版社,2011年6月。

国务院发展研究中心课题组2010年的调查显示,有79.5%的农民工都愿意留在城市,只有20.5%的农民工表示干几年再回去。他们进城的选择与户籍制度是否改变无关。

(二)就业比重基本稳定,从事商业服务业比重上升

根据全国流动人口动态监测数据分析显示,2011年流动人口在第一、二、三产业的就业比重分别为1.4%、43.7%和54.9%。流动人口在第三产业就业的比重持续升高,第二产业比重逐年减少,第一产业比重变化不大。东部地区吸纳流动人口最多的行业是制造业,占41.7%,中西部地区和东北地区吸纳流动人口最多的行业均为批发零售业,分别占32.8%、25.6%和18.8%。中部

① 国务院发展研究中心课题组:《农民工市民化——制度创新与顶层政策设计》,中国发展出版社2011年版,第124—126页。

地区流动人口以灵活就业为主，主要在个体工商户和私营企业就业，2011年两者比重分别为62.6%、21.8%，合计达到84.4%。从就业者身份看，以雇员和自营劳动者为主，分别占比为38.76%、49.26%。就业人数最多的行业主要集中在批发零售、住宿餐饮、社会服务、制造、建筑，分别占中部地区就业总数的34.4%、16.71%、13.7%、8.2%、7.03%，而从事金融/保险/房地产、卫生/体育和社会福利等行业的人数较少，两项比重合计仅为1.77%。

表2-7 2011年按区域和行业划分的就业人数分布 （单位：万人）

	东部地区	中部地区	西部地区	东北地区
制造	39698	490	1210	214
采掘	210	132	237	32
农林牧渔	733	50	486	148
建筑	5315	420	1926	193
电煤水生产供应	217	49	126	6
批发零售	14483	2055	3310	283
住宿餐饮	8172	998	1565	222
社会服务	8210	818	1734	120
金融/保险/房地产	1114	51	155	18
交通运输/仓储通信	3269	223	680	86
卫生/体育和社会福利	711	55	157	12
教育/文化及广播电影电视	1037	55	120	14
科研和技术服务	1480	46	99	14
党政机关和社会团体	216	13	59	6
其他	5644	520	1366	99

资料来源：王培安：《全国流动人口动态监测数据集》，中国人口出版社，2012年5月。

（三）家庭流动比例增加，居住分离特征明显

近年来，劳动力转移由单人外出打工的形式，逐渐向夫妻二人同时外出或携子女外出的形式转变，农民工"家庭化"的趋势明显。2013年全国农民工监测调查报告显示，2013年举家外出农民工人数达到3525万人，比上年增加

150万人,增长4.4%。但仍有很多家庭处于居住分离状态。据2012年流动人口动态监测的119337个家庭而言,团聚型家庭占到58.4%,子女居住分离型家庭占33.1%,夫妻居住分离型家庭占8.5%,子女和父母居住分离型的家庭占主体。农村户籍流动人口家庭子女居住分离的比例显著高于城镇户籍流动人口家庭,夫妻居住分离的比例略低于城镇户籍流动人口家庭。市内跨县流动的家庭子女居住分离的比例低于跨省流动和省内跨市流动家庭,夫妻居住分离的比例高于跨省流动和省内跨市流动家庭。新生代农村户籍流动人口子女居住分离、夫妻居住分离的家庭比例显著低于上一代流动人口家庭。①

经济状况、职业性质和城镇医疗教育制度等是影响劳动力居家迁移和居住分离的重要因素。就农村转移劳动力而言,由于城市生活成本高、小孩上学难等现实问题的阻隔,以及妇女在城镇就业中的弱势地位,②影响了劳动力居家外出的可能性,导致夫妻、子女居住分离的状况,在农村形成了大量的"空巢妇女""空巢儿童"。

(四)流动人口工资差距大,影响因素较多

近年来,外出务工人员的工资性收入持续增加。2013年外出农民工人均月收入(不包括包吃包住)2609元,比上年增加319元,增长13.9%,但从事的不同行业和所在的不同地区间,工资收入具有明显的差异。分行业而言,在外出务工人员中,制造业人均月收入2537元,建筑业2965元,批发和零售业2432元,交通运输、仓储和邮政业3133元,住宿和餐饮业2366元,居民服务、修理和其他服务业2297元。东部地区生产运输人员、商业和服务业人员占比最高,分别占55%、28.6%和11.3%。而单位负责人、专业技术人员、办事员和有关人员的工资较高,工资分别达到5329元、3974元和3619元。中部地区流动劳动力中商业和服务业人员占比最高,达到56.4%,其次是生产运输人员,占比达27.4%。就工资而言,中部地区从事专业技术人员、单位负责人、

① 国家卫生和计划生育委员会流动人口司:《中国流动人口发展报告2013》,中国人口出版社2013年版,第7页。

② 梁亚敏:《对我国农村剩余劳动力转移模式的再审视》,《社会学研究》2011年第2期。

生产运输人员的工作较高，分别达到 3011 元、2881 元、2730 元。中部地区除农业生产人员的工资高于西部地区外，从事其他职业的流动劳动力工资均低于东部地区和西部地区。由图 2-4 可知，低层次职业劳动者收入均较低，地区间差异也小于高层次职业，而高层次职业的地区收入差距较大。

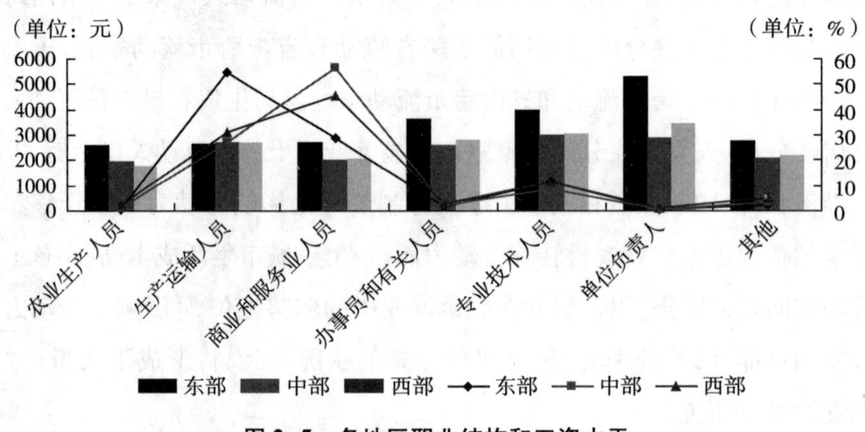

图 2-5　各地区职业结构和工资水平

分地区而言，地区间工资差距大于地区内部工资差距。2012 年东中西部地区流动劳动力①的月平均工资分别为 1861 元、2320 元和 2418 元。② 中部地区最低，分别低于东部地区和西部地区 541 元和 98 元。东中西部地区内部的工资相对较小，基尼系数在 0. 26 左右，区域内部流动人口没有出现明显的收入分配差距，地区劳动力市场分割是流动人口收入差异的重要原因。③

按照国家 2012 年流动人口动态监测调查数据显示，流动人口户籍、受教育程度、年龄和从事职业层次是影响流动人口工资的重要因素。中部地区农村户籍流动劳动力比重为 83. 5%，低于东部地区的 85. 4%，高于西部地区的

① 流动劳动力是指在本地区居住一个月以上、非本区（县、市）户口，16—59 周岁的外来被雇人员。

② 王培安：《全国流动人口动态监测数据集（2011）》，中国人口出版社 2012 年版，第 108 页。

③ 国家卫生和计划生育委员会流动人口司：《中国流动人口发展报告 2013》，中国人口出版社 2013 年版，第 85 页。

78.9%。数据显示,农村户籍流动劳动力的地区工资小于非农人口。东部地区农村户籍流动劳动力的工资比中部地区高17%,但城镇户籍流动劳动力的工资比中部地区高59%。就流动劳动力的受教育程度而言,中部地区流动劳动力受教育程度最高,平均受教育年限为10.5年,分别高于东部地区和西部地区0.4年和0.5年。流动劳动力的地区工资差距随受教育程度的提高而扩大,中部地区与东部地区和西部地区的工作差距拉大。东部地区小学及以下、初中文化程度的工资分别比中部地区高10%和13%,而高中、大专及以上文化程度的工资分别比中部地区高28%和68%,见表2-8。

表2-8 教育与地区工资差距

教育程度	地区受教育程度结构(%)			绝对或相对工资(元)		
	东部	中部	西部	东部	东/部	东/西
小学及以下	13	7.9	16.1	2388	110	111
初中	50.8	49.2	46.6	2586	113	111
高中	23.6	29.9	22.9	2901	128	120
大专及以上	12.7	13.1	14.4	4374	168	148
合计	100	100	100	2861	123	118

资料来源:国家卫生和计划生育委员会流动人口司:《中国流动人口发展报告2013》,中国人口出版社,2013年7月,第85页。

就年龄而言,流动劳动力的地区工资差异随年龄增长呈现先增后降态势。中部地区流动劳动力平均年龄为31.5岁,21—25岁年龄段所占比重最高,为28.5%,分别高于东部地区和西部地区3.8个百分点和7.1个百分点。21—40岁年龄段而言,中部地区流动人口占比为70.5%,仅低于东部地区2个百分点,但高于西部地区2.4个百分点,见图2-6。这一阶段的流动劳动力年富力强,工资水平也较高。

各地区26—40岁之间的流动劳动力所获工资为最高,中部地区平均工资为2537元,高于16—59岁年龄段的平均工资2332元,其中31—35岁年龄段的工资最高,达到2610元。随着流动劳动力年龄的提高,中部地区与东部地

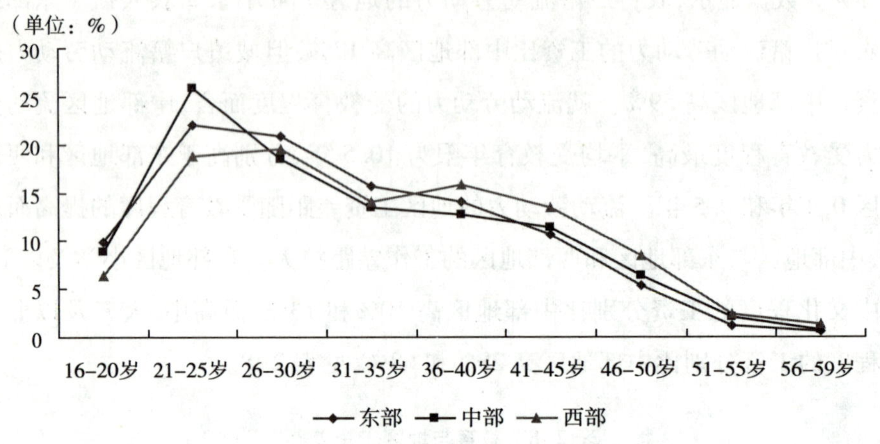

图 2-6　各地区流动人口年龄结构

区和西部地区流动劳动力工资差距在 31—35 岁年龄段达到最高,之后趋于下降,见图 2-7。这主要是由于 26 岁以下年龄较低的流动劳动力缺乏工作经验与技能,而年龄在 40 岁以上的流动劳动力的教育水平偏低。因此,这两个年龄段的流动劳动力报酬普遍偏低。

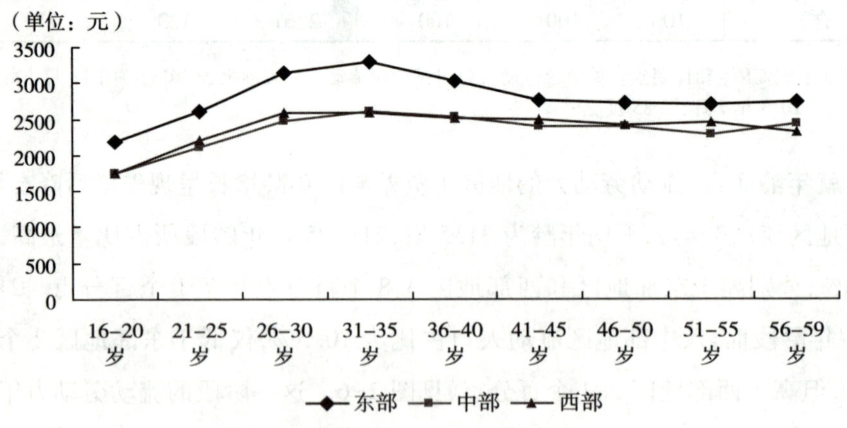

图 2-7　各地区流动人口年龄与地区工资

表 2-9　各地区流动人口年龄与地区工资差距

年龄	地区年龄结构(%)			绝对工资(元)		
	东部	中部	西部	东部	中部	西部
16—20 岁	9.9	8.9	6.4	2179	1757	1757
21—25 岁	22	25.8	18.7	2607	2102	2209
26—30 岁	20.8	18.5	19.5	3131	2465	2588
31—35 岁	15.7	13.5	14.1	3288	2610	2589
36—40 岁	14	12.7	15.8	3019	2537	2516
41—45 岁	10.6	11.4	13.4	2757	2397	2484
46—50 岁	5.3	6.4	8.4	2713	2401	2422
51—55 岁	1.2	2.1	2.3	2698	2286	2453
56—59 岁	0.6	0.8	1.4	2747	2431	2328
合计(平均)	100	100	100	2793	2332	2372

数据来源:资料来源:国家卫生和计划生育委员会流动人口司:《中国流动人口发展报告 2013》,中国人口出版社,2013 年 7 月,第 85 页。

(五)参加城镇医疗保险比例提高,总体水平不高

随着医疗保障体系建设的加快,外出农民工参加社会保障比例有所提高。2013 年外出务工人员中参加养老保险的比重比上年提高 1.4 个百分点,参加工伤保险的比重提高 4.5 个百分点,参加医疗保险和失业保险的比重均提高 0.7 个百分点,参加生育保险的比重提高 0.5 个百分点。

表 2-10　外出农民工参加社会保障的比例　　单位:%

	2008 年	2009 年	2010 年	2011 年	2012 年	2013 年
养老保险	9.8	7.6	9.5	13.9	14.3	15.7
工伤保险	24.1	21.8	24.1	23.6	24.0	28.5
医疗保险	13.1	12.2	14.3	16.7	16.9	17.6
失业保险	3.7	3.9	4.9	8.0	8.4	9.1
生育保险	2.0	2.4	2.9	5.6	6.1	6.6

资料来源:国家统计局:《2013 年全国农民工监测调查报告》,2014 年 5 月。

分地区而言,2011年中国流动人口监测数据显示,中部地区流动人口享有城镇基本医疗保险的比例仅为10.1%,远远低于东部地区30.4%、西部地区15.5%和东北地区16.4%的比例。① 按户籍省份和在户籍地享有城镇居民医疗保险划分的人数分布而言,中西部地区享有城镇居民医疗保险的占比仅为7.73%和7.52%,低于东部地区的9.25%和东北地区的10.87%。按省份和在流入地享有医疗保险划分的人数分布而言,东部地区的比例最高,达到32.32%,其次为东北地区、西部地区,分别为16.27%和15.41%,中部地区最低,仅为10%。

表2-11　2011年各地区按不同标准划分的享有医疗保险人数比例 单位:%

	按户籍省份和在户籍地是否享有城镇居民医疗保险划分的人数分布	按省份和在流入地是否享有医疗保险划分的人数分布
东部地区	9.25	32.32
中部地区	7.73	10.00
西部地区	7.52	15.41
东北地区	10.87	16.27

资料来源:王培安:《全国流动人口动态监测数据集(2011)》,中国人口出版社,2012年5月。

近年来,外出务工人员的城镇医疗保险覆盖率得到改善,但总体水平不高,区域间也存在明显差异。就中西部地区而言,外出务工人员中多数从事批发零售业,大部分属于小微企业,企业规模较小,经营自由度大,劳动关系较为松散,劳动监管较难,流动人口的权益难以得到全面保障。东部和东北地区有40%以上的外出务工人员从事制造业,相对而言社会政策执行率较高,城镇医疗保险参保率较高。

(六)居住仍以租房为主,自购房占有较小比例

2011年动态监测调查数据显示,流动劳动力以租住私房为主,占比达到

① 数据来源:国家卫生和计划生育委员会流动人口司:《中国流动人口发展报告2013》,中国人口出版社2013年版,第118页。

65.62%，在单位或雇主提供免费住房居住的占9.04%，在租住单位或雇主房居住的占4.54%，在就业场所居住的占5.43%，与他人合租住房的占1.71%，在政府提供廉租房居住的占0.11%，所占比例最小。有自购房或自建房的占13.22%，在其他非正规居所居住的占0.33%。

全国各地区相比，东中西部地区都有接近65%的流动劳动力租住私房居住，中部地区自购房或自建房居住的比例高于东部地区5.69个百分点，但分别低于西部地区和东北地区1.06和18.24个百分点。农民工务工所在城市规模越大，越依靠租房方式解决居住问题。

表2-12 2011年按区域和现住房性质划分的人数分布 单位：万人

	合计	租住单位/雇主房	租住私房	政府提供廉租房	借住房	单位/雇主提供免费住房	自购房/自建房	就业场所	其他非正规居所
合计	128000	7648	83635	330	1754	17727	11568	4880	457
东部地区	102867	6351	67609	284	1247	15380	7744	3900	352
中部地区	7271	330	4771	8	124	657	961	395	24
西部地区	16044	917	10370	36	331	1480	2291	539	79
东北地区	1818	51	884	2	52	210	572	45	2

数据来源：资料来源：王培安：《全国流动人口动态监测数据集（2011）》，中国人口出版社，2012年5月。

第二节 我国农业劳动力转移特征与趋势

劳动力从农村向城市转移、从落后地区向发达地区转移是一国经济社会发展的必经阶段，也是工业化和城镇化发展的重要推动力。随着我国农村经济社会的快速发展和城镇化进程的加快，农村劳动力转移出现了一些新的阶段性特征，并逐渐形成长期的发展趋势。

一、劳动力转移决策由个人决策向家庭决策转变

在市场程度相对较低的农业社会中，家庭既是农村的基本生产、生活单位，也是农民的基本福利供给单位，承担着农业生产、生活保障、经济扶持和福利供给等多重功能。[①] 随着我国农村家庭结构和家庭禀赋的变化，农村劳动力外出务工行为选择动机不再局限于个体或家庭对经济收入的追求，开始转向家庭整体福利效应的最大化，由生存型开始向发展型转移转变，家庭决策逐渐占据主体地位。农民工家庭化迁移的趋势开始出现并显著增长，家庭化迁移成为人口流动的主体模式。从以前男劳动力外出"独闯"逐渐演变成现在夫妻二人同时外出务工，以及携子女外出流动，农民工家庭化迁移的趋势明显，举家外出、完全脱离农业生产和农村生活环境的农民工已经占到一定比例。[②] 根据人口普查数据显示，从1990年到2000年，迁入纯外户的流动人口比例从7.44%上升到46.06%，提高了近5倍。[③] 据国务院发展研究中心的一项调查显示，2006年全国举家外出的劳动力占全部农村劳动力平均比重为5.29%，其中东部地区举家外出率为4.71%，西部地区举家外出率为6.61%。国家统计局公布的2013年的农民工监测数据，2013年举家外出农民工3525万人，比上年增加150万人，增长4.4%；举家外出农民工占外出农民工总数的21.22%，占全部农民工总量的13.11%，[④]流动人口的家庭化迁移已经成为未来人口流动的主要趋势。

二、劳动力转移动因由单纯的经济收入驱动向经济收入和公共服务需求因素驱动并重转变

当前，劳动力除了关心价格和工资外，他们会追求更多的社会化需求和特

① 石智雷、杨云彦：《家庭禀赋、家庭决策与农村迁移劳动力回流》，《社会学研究》2012年第3期。

② 黄宁阳：《中国新时期农村劳动力转移研究》，科学出版社2012年版，第51页。

③ 段成荣、杨舸、张斐、卢雪和：《改革开放以来我国流动人口变动的九大趋势》，《人口研究》2008年第6期。

④ 《2013年全国农民工监测调查报告》，见 http://www.stats.gov.cn/tjsj/zxfb/201405/t20140512_551585.html。

定的福利环境,对政府与社会在合法权益保障、子女入学、基本医疗、社会保障等基本公共服务建设方面,以及融入新社区,突破遭受边缘化、制度性歧视和结构性异化的境况等有着越来越强烈的期待。劳动力除了理性地选择更好收入的经济流动外,还会出现寻租的流动,也就是仅仅为了不同的生活方式、不同的福利待遇而流动和迁移。城市较多的就业机会、较高的工资收入、较高的生活水平、较好的受教育机会、较完善的文化设施和交通条件等,以及城市工作的体面程度,或是否有助于人力资本的积累和投资回报的提高等,成为促进农村劳动力转移的重要"拉力"。国务院发展研究中心的一项调查研究表明,农民工对改善子女教育条件的期望较高,对在务工地改善住房的期望方式也有鲜明的特点。调查统计表明,有44.5%的人期望能提高老家学校的教学质量,41.6%、7.1%的人期望能在务工地公办学校、民办学校接受教育,21.9%的人期望能参加务工地的中考和高考。被调查农民工中,有22.9%的人期望政府建设专门的农民工公寓,20.1%的人期望政府放开购买政策性住房的限制,17.1%的人期望单位提供更舒适卫生的集体宿舍,16.3%的人期望单位提供住房补贴,12.6%的人期望单位缴纳住房公积金,11.1%的人期望政府改善外来人口集聚区的生活环境。①

但由于转移劳动力个人特征、家庭特征的异质性,以及对不同地区公共服务等非经济特征认识的异质性,其对基本公共服务的需求也存在明显的差异性和复杂性,且这种差异性可能会影响劳动力转移的性质和强度。

三、劳动力转移路径与就业模式由比较单一的格局向多元化、多层次趋势转变

农村劳动力转移规模和流动方向与经济社会发展的水平大体是一致的,人口迁移的活跃程度不仅反映出该地区经济的繁荣程度,也反映出区域经济的富裕程度。② 长期以来,我国东部沿海地区经济发展迅速,成为产业和劳动

① 国务院发展研究中心课题组:《农民工市民化——制度创新与顶层政策设计》,中国发展出版社2011年版,第233页。

② 董俊凯、任丽君:《河北省人口迁移的现状和动因分析》,《现代经济》2009年第8期。

力的重要集聚地,流动人口在东部沿海一些大城市、加工制造业产业聚集区、珠三角地区尤为密集。近年来,随着我国区域发展战略的调整,中西部地区经济增长继续快于东部,区域增长和总量重心继续向北向西移,转移劳动力的空间格局也呈现出由东向西移动的趋势。就业格局也呈现出多元化、多层次趋势。

一是劳动力开始由东部沿海向中西部地区分散。2012 年在东部地区务工的农民工 16980 万人,比上年增加 443 万人,增长 2. 7%,占农民工总量的 64. 7%,比上年降低 0. 7 个百分点;在中部地区务工的农民工 4706 万人,比上年增加 268 万人,增长 6. 0%,占农民工总量的 17. 9%,比上年提高 0. 3 个百分点;在西部地区务工的农民工 4479 万人,比上年增加 263 万人,增长 6. 2%,占农民工总量的 17. 1%,比上年提高 0. 4 个百分点。分省看,农民工就业地区主要分布在广东、浙江、江苏、山东等省。与上年相比,广东、浙江、江苏、上海、河北、重庆等省市的比重有所下降,①一些中西部地区对农村劳动力的吸纳能力也有较大程度提升。二是在一些省区内,流动人口开始由大城市向中小城市分散。自 2004 年以后,转移劳动力“回流创业”开始逐渐增多,呈现出农村劳动力双向流动的新局面。跨省转移的农村劳动力数量开始减少,2011 年在省外就业的农村劳动力为 7 473 万人,仅占农村转移劳动力总量的 47. 1%,改变了多年来农村劳动力跨省转移大于省内转移的格局。截至 2012 年底,外出农民工中,在省内流动的农民工 8689 万人,比上年增加 299 万人,增长 3. 6%,占外出农民工总量的 53. 2%;跨省流动的农民工 7647 万人,比上年增加 174 万人,增长 2. 3%,占外出农民工总量的 46. 8%。在省外务工的比重比上年下降 0. 3 个百分点。② 三是农村转移劳动力就业格局呈现多元化。2012 年流动人口在第一、二、三产业的就业比重分别为 1. 4%、43. 7%、54. 9%,流动人口在第

① 《2012 年全国农民工监测调查报告》,见 http://www.gov.cn/gzdt/2013-05/27/content_2411923.htm.

② 《2012 年全国农民工监测调查报告》,见 http://www.gov.cn/gzdt/2013-05/27/content_2411923.htm.

三产业就业的比重持续升高，第二产业比重逐年减少，第一产业就业比重变化不大。以制造业、建筑业和服务业为主，其中从事建筑业的比重在逐年递增，从2008年的13.8%上升到2011年的17.7%，从事制造业的比重则趋于下降。

第三节　我国农业劳动力转移面临的障碍

随着我国人口结构、劳动力市场结构的变化，以及经济发展方式和区域发展格局的调整，劳动力转移面临经济发展环境和制度环境的双重制约，形成了大量的半永久性转移。2012年，我国的城镇化率达到52.6%，但人口城镇化率仅为35.3%左右，其中高达2.6亿的进城务工农民工尚未真正融入城镇。国务院发展研究中心课题组研究表明，城乡平等的就业收入分配制度尚未形成、覆盖农民工的城镇住房保障体系尚未建立、农民工各项社会保障不完善、农民工城市社会参与程度低、农民工子女教育问题突出、户籍制度改革滞后等问题突出，保护农民工合法权益的长效机制还没有形成，农民工进得了城但留不下的问题仍然突出，农民工管理制度还没有从根本上摆脱城乡分割的二元体制的影响。① 关于我国劳动力转移面临的障碍问题，既有成本和收益等经济因素的障碍，也有社会发展阶段、适宜劳动力转移的制度等非经济因素方面的障碍。

一、劳动力转移面临发展阶段性障碍

改革开放以来，我国劳动力转移的政策进行了阶段性调整，劳动力转移呈现出阶段性的特征。总体而言，我国农村劳动力大规模转移滞后于工业化的启动，人口非农化与国家工业化、城市化进程不相吻合，②致使农村剩余劳动力转移的正常途径被打断或消解。我国劳动力转移模式既缺乏先行工业化国家劳动力由第一产业向第二产业转移，当人均国民收入水平进一步提高时，劳

---

① 国务院发展研究中心课题组：《农民工市民化——制度创新与顶层政策设计》，中国发展出版社2011年版，第11页。

② 邹农俭：《中外农村劳动力转移模式的比较研究》，《人口学刊》2001年第5期。

动力便向第三产业转移的有序性、稳定性和发展的层递性,也不具备后起工业化国家转移劳动力从一开始就跨进资本或知识密集型的行列的跨越条件,①劳动力转移呈现出分层、回流等阶段性特征和结构性矛盾。因此,我国农村劳动力向第二、三产业转移,并非完全出于我国工业发展不同阶段的客观需要和必然走势,而更多取决于农业与非农部门的比较收益,也取决于第二、三产业间的比较收益。在机会成本(从事非农生产)收益的驱使下,大量农村劳动力向工业化、城市化盲目跟进,必然带来转移的随意性、无序性和从众性。②

当前,我国产业转移步伐不断加快,以及工业化、城镇化的进程快速推进,对我国的劳动力转移提出了新的挑战。

(一)劳动力的能力障碍

农业转移劳动力的客观存量和素质结构,已难以适应我国产业结构转型升级的需要,农村劳动力供求关系从“供过于求”转向“总量过剩,结构短缺”的阶段,“民工荒”“民工回流”等现象并存,这无疑是我国经济社会发展到新阶段出现的新特征。顺应全球产业重新布局的趋势,我国加快了转变经济发展方式的步伐。党的十八大报告明确提出,我国要实施创新驱动发展战略,东部地区加快了“腾笼换鸟”的步伐,中西部地区加快了传统产业转移升级的进程。随着我国经济发展方式转变、产业转型升级步伐的加快,制造业对具有简单操作技术的人员需求不断下降,对于能够控制整个操作流程的专业技术人员需求不断上升。服务业对满足客户个性化服务的要求在不断提升,对从业人员的素质要求越来越高。受农业转移人口自身受教育程度低和培训机会缺失、针对性不强等影响,一定程度上限制了产业吸纳就业人口的数量。国家统计局公布的《2012 年农民工监测报告》显示,在农民工中,文盲占 1. 5%,小学文化程度占 14. 4%,初中文化程度占 61. 1%,高中文化程度占 13. 2%,中专及以上文化程度占 9. 8%,流动人口的平均受教育年限不到 10 年。在农民工中,

① 彭慧蓉、钟涨宝:《农村剩余劳动力转移模式分析》,《农村经济》2007 年第 2 期。

② 梁亚敏:《对我国农村剩余劳动力转移模式的再审视》,《社会科学研究》2011 年第 2 期。

接受过农业技术培训的占 10.5%,接受过非农职业技能培训的占 26.2%,既没有参加农业技术培训也没有参加非农职业技能培训的农民工占 68.8%,没有参加过任何技能培训的农民工占多数。①

总体而言,由于我国农村转移劳动力自身能力障碍,难以适应我国产业结构转型升级的步伐,农村转移劳动力就业呈现出明显的结构性矛盾。主要表现为:一是"招工难"开始由沿海向内地扩散,中西部地区一些经济发展快的地区也出现了不同程度的缺工现象;二是季节性用功短缺与一些行业常年缺工并存,尤其是那些待遇低、工作生活条件差的企业,"招工难"已趋于常态化;三是不仅技工严重短缺,而且普工紧缺也呈现常态化。②

(二)城镇产业吸纳就业能力障碍

城镇化是我国扩大内需的重要着力点,也是我国劳动力转移的重要目的地。获得稳定的就业是农业转移人口融入城镇,转变为权利平等的城镇居民的基础。近年来,我国一些地区在推进城镇化战略时,土地城镇化速度快于人口城镇化速度,城镇化过多的注重人口比例的增加和城市面积扩张,而没有实现产业结构、就业方式、人居环境、社会保障等一系列由"乡"到"城"的重要转变,城镇产业就业吸纳能力的不足,成为我国劳动力转移的重要障碍。主要体现为:我国三次产业结构不合理,作为就业"最大容纳器"的服务业发展不足。第一产业规模小、专业化与产业化程度较低,仍占有较大比重;第二产业逐渐由高能耗、高污染、资本密集型向知识密集型和技术密集型转变,对劳动力的吸纳提出了更高的要求;以传统服务业为主、发展速度偏慢、发展相对滞后的第三产业抑制了农村转移人口向非农产业的转移。

(三)农业转移人口社会融合障碍

农业转移人口的社会融合主要是指,农业转移人口在城镇获得均等的生

---

① 《2012 年我国农民工调查监测报告》,见 http://www.stats.gov.cn/tjsj/zxfb/201305/t20130527_12978.html。

② 国务院发展研究中心课题组:《农民工市民化——制度创新与顶层政策设计》,中国发展出版社 2011 年版,第 66 页。

存和发展机会，公平公正地享受公共资源和社会福利，全面参与政治、经济、社会和文化生活，最终实现经济立足、社会接纳、身份认同和文化交融。① 当前，我国正处于社会转型时期，农业转移人口面临着显性的和隐性的制度和观念排斥，社会融合障碍成为制约劳动力转移的又一阶段性特征。

农村转移劳动力，不仅包括本区域内的农业转移人口，也包括其他区域内的农业转移人口。由于区域、城乡、体制内在公共服务和社会保障方面的政策制度差异，他们基本脱离户籍地而又没有真正融入现居住城市，表现为显性的制度排斥和隐性的观念排斥，阻碍了农业转移人口市民化的进程。显性的制度排斥主要体现在户籍、就业、教育、医疗、社会保障、公民权利等方面对农业转移人口的排斥。按照 2012 年流动人口动态监测调查数据显示，2012 年流动人口在现居住地参加城镇职工医疗保险的比例为 26%。71.9%的流动人口家庭租房生活，由政府提供廉租房居住的比例只有 0.4%，覆盖流动人口的城镇住房保障体系尚未建立。② 制度隔离客观上强化了农业转移人口的地缘、乡缘、亲缘关系，加剧了社会隔离，在一些城市形成了城市内部新的二元结构。

隐性的观念排斥主要体现在思想观念、社会认同等方面对农业转移人口的偏见和不同。如中部地区农耕文化、少数民族文化的多元化，以及农业文明、工业文明、生态文明的多样化，使得中部地区多元文化和多样文明的融合更加困难。同时，绝大部分流动人口因长期脱离户籍地，又没有城市正式户口和市民身份，既不能在流出地行使政治权利，也不能参与流入地的政治生活。使得农业转移人口面临着融入新社区文化、心理等多方面的束缚与冲突，可能遭受边缘化、制度性歧视和结构性异化的境况，处于一种接受与排斥的结构中。

二、劳动力转移面临的制度性障碍

我国是人口大国，农业人口比重较大，城乡结构的二元结构较为突出。我

---

① 国家卫生和计划生育委员会流动人口司：《中国流动人口发展报告 2013》，中国人口出版社 2013 年版，第 101 页。

② 国家卫生和计划生育委员会流动人口司：《中国流动人口发展报告 2013》，中国人口出版社 2013 年版，第 31 页。

国的户籍制度、土地制度、社会保障制度、就业制度之间存在明显的和长期形成的城市偏向政策，使得城乡在基本公共服务供给、社会保障等公共资源配置方面存在较大差异。但随着我国改革进程的不断深入，制度因素对于劳动力转移的影响正在随着时间的推延而逐步减弱。①

（一）我国农业转移人口市民化的过程中面临着明显的制度冲突

一是户籍制度与嵌入其中的就业和社会保障等福利性制度的冲突。一方面，统一了城乡户籍，农民工获得了城镇户口，但另一方面，嵌入户籍制度的其他福利性制度却没有跟上，如就业歧视和城市劳动力市场分割状况依然存在，农业转移人口社会保障与城镇职工的社会保障存在较大差异。户籍制度，及与其挂钩的公共服务制度和社会保障的“二元化”和“碎片化”，以及二者间的相互作用、相互强化，导致在不同区域之间、城乡之间以及职业之间，所享受的公共服务和社会保障差异很大，导致农业转移人口落户城市与其相关权益不能同时落地。如住房问题，流动人口在流入地无法享受廉租房，可以申请公租房。但公租房的租金多按略低于市场租金水平确定，价格优势不明显，且离就业地点较远，配套设施发展滞后，申请手续繁琐。据有关部门调查，农民工在城镇的住房，52%为用人单位提供的集体宿舍，47%为租住“城中村”城乡结合部或城近郊区的农民住房，自购住房的比重不足1%，缴纳住房公积金的农民工比重不足3%，2010年农民工月租房成本平均为421元，占月平均工资的四分之一。②

二是社会保障制度与土地制度、就业制度之间的冲突。城乡二元制度作为一套制度体系，内部各子制度之间必然存在着有机的联系。城乡二元制度内部的制度关联为制度冲突提供了可能，如由于制度创新目标选择、创新进程的快慢、阶段性重点的定位以及创新的地区差异都可能会扭曲或破坏制度之

① 唐茂华：《成本收益双重约束下的劳动力转移》，《中国农村经济》2007年第10期。
② 陈锡文：《我国城镇化进程中的“三农”问题》，《国家行政学院学报》2012年第6期。

间的关联,造成制度冲突。①

表 2-13　城镇户籍人口与外来人口享有基本公共服务比较

主要领域	户籍人口主要服务项目	外来人口主要服务项目
基本公共教育	免费九年义务教育 免费中等职业教育 普通高中教育	可以享有 可以享有,参加中考有限制 须缴纳借读费、赞助费;参加高考有限制
劳动就业服务	免费提供就业信息、政策咨询、职业指导、就业失业登记等服务 就业援助 职业技能培训和技能鉴定补贴 免费劳动关系协调、劳动人事争议调解仲裁和劳动保障监察执法维权等服务	可以享有,但部分就业岗位仍存在户籍限制 无 无 可以享有
社会保险	职工基本养老保险、基本医疗保险 城镇居民社会养老保险、基本医疗保险 失业保险、工伤保险、生育保险	可以享有,但参保率低,转移接续不畅 无 可以享受,但参保率低
基本社会服务	最低生活保障和专项救助 基本养老服务 免费的婚姻登记服务	无 可以享有,但须缴纳费用 无,须回户籍所在地
基本医疗卫生	免费的居民健康档案、预防接种、传染病防治、儿童保健、孕产妇保健、老年人保健、高血压等 艾滋病和结核病、血吸虫病等重大传染病防治,适龄妇女宫颈癌、乳腺癌检查等	可以享受 无
人口计划生育	免费的避孕药具和避孕、节育技术服务 免费的再生育技术服务 计划生育、优生优育、生殖健康等科普宣传教育和咨询服务 手术补助和独生子女奖励扶持	可以享受 可以享受 可以享受 无
基本住房保障	廉租房或租赁补贴 公共租赁住房 经济适用住房	无 可以享受 无

① 黄锟:《农民工市民化过程中的制度冲突与政策选择》,《21 世纪经济报道》2013 年 6 月 10 日。

续表

主要领域	户籍人口主要服务项目	外来人口主要服务项目
残疾人基本公共服务	免费的抢救性康复 免费的义务教育 免费的就业服务和就业援助	无 无 无

资料来源：国家发展和改革委员会：《人口和社会发展报告 2014——人口变动与公共服务》，2015 年。

三是承包式分税制财政关系固化与地方利益分割刚性之间的冲突。目前，我国分税制财政体制不同于国际市场经济相对规范的一般性分税制，是按财政供养人口而不是按常住人口实行再分配，地方政府接纳外来人口落户并不增加可用财力。因此，东部地区及城市发达地区不得不采取"劳动力承接、户籍拒绝"的政策。农业转移人口市民化的障碍，表面看来是城乡二元结构隔离的传统户籍制度，实质上是承包式分税制在形成地方刚性竞争力的同时，也固化了省级及市县级政府间财政利益关系，相应带来新的区域性城乡二元结构和人的城镇化滞后问题。①

（二）我国农业转移人口市民化过程中面临着制度供给不足

近年来，我国对户籍制度和土地制度进行了大幅的改革，取得了一定的成效。当前面临的主要问题是城镇基本公共服务供给不足和享受不均。据国务院发展研究中心 2010 年对 7 省市 6232 名农民工的调查显示，农民工不满意的方面，排第二的就是居住、社会保险，分别占 30.5%和 28.8%，排第三的就是医疗、子女教育、培训等；农民工最希望政府做什么？排在第二位的就是改善社会保险、提供保障住房，分别占 36.3%和 29.9%，排在第三位的就是改善医疗条件、工作环境、子女教育等。农民工不满意和期望解决的问题，排在第二位和第三位的是农民工可享受的社会保障和基本公共服务问题，是劳动权益问题。②

① 孙红玲、唐未兵、沈裕谋：《论人的城镇化与人均公共服务均等化》，《中国工业经济》2014 年第 5 期。

② 国务院发展研究中心课题组：《农民工市民化——制度创新与顶层政策设计》，中国发展出版社 2011 年版，第 76—78 页。

有序推进农业转移人口市民化，是推进以人为核心的城镇化的本质要求。“人的城镇化”就是要以广大居民的权益保障为最重要的支点，加快推进城乡一体化发展，实现城乡在经济社会结构上的高度融合与协调发展；加快推进城乡基本公共服务的均等化，让城乡居民平等参与现代化进程、共同分享现代化成果。推进农业转移人口市民化是“人的城镇化”的核心内容，其本质是城市公共服务水平的提升与人口数量的快速增长相匹配，即农业转移人口进入并落户于城市，同等享受就业、随迁子女教育、住房、基本医疗卫生、社会保障等方面的基本公共服务，实现三维转换，即从农业到非农业的职业转换，从农村到城镇的地域转移，从农民到市民的身份转变。当前，我国城镇基本公共服务供给不足和农业转移人口基本公共服务享受不均已构成农业转移人口市民化的重要障碍。农业转移人口顺利市民化离不开城市均等的公共服务体系。城市生活有别于乡村自给自足的生活，是一种高度分工的、相互依赖的社会化生活。在城市生活体系中，个体层面私人生活及群体层面集体活动均依赖于公共服务市场，包括医疗、社会保险、养老等公共服务内容。① 但由于城乡分割制度的存在，以及城乡之间公共资源配置的不均衡，我国户籍人口城镇化速度慢于常住人口城镇化速度，农业转移人口与城镇居民的经济社会地位长期不平等，大量的进城农业转移人口虽然被统计为城镇常住人口，但未能在教育、就业、医疗、养老、保障性住房等方面平等享受城市居民的基本公共服务和社会保障，使他们并没有真正成为所在城市的居民，而成为城乡、地区间巨大的流动群体，制约了农业转移人口市民化的进程。他们对政府与社会在合法权益保障、子女入学、社会保障等基本公共服务建设方面，以及融入新社区，突破遭受边缘化、制度性歧视和结构性异化的境况等方面，有着越来越强烈的期待。当前，如何建立均等化的公共服务体系和城市常住人口基本公共服务全覆盖，有序推进农业转移人口市民化，是我国加快推进城镇化进程中迫切需要

① 陈怡男、刘鸿渊:《农民工市民化公共属性与制度供给困境研究》,《经济体制改革》2013年第4期。

解决的核心问题。

三、劳动力转移由“体制排斥”转向“市场排斥”

体制排斥与市场排斥均是优势社会阶层“社会封闭”①的具体机制。在体制排斥过程中，社会优势阶层将排斥标准从生产性资源转换成体制身份；在市场排斥中，特权的来源也是排斥的标准，即生产性资源。此外，二者在形成、主体、标准、形式以及影响等方面，都存在着极大的区别。体制排斥是自上而下建立起来的、以群体为对象并以群体性特征为标准、常常是强制性的正式排斥体系。市场排斥则是基于市场竞争和市场选择形成的、以个人为对象并以个人属性为标准、非强制性的甚至是非正式的排斥体系。前者因为具有自上而下的强制性特征，所以更容易受到政治、政策的影响，给社会带来巨大的影响；后者则因为嵌入在市场体制之中，排斥的标准或因素反而相对稳定。②

随着我国经济社会体制改革的不断深化，户籍制度、社会保障制度等相关制度改革的进程也不断加快，其对我国农业转移人口在收入、社会福利、就业等方面的体制排斥逐渐减弱。2014 年政府工作报告提出，“推进以人为核心的新型城镇化，着重解决好现有‘三个 1 亿人’问题，即促进约 1 亿农业转移人口落户城镇，改造约 1 亿人居住的城镇棚户区和城中村，引导约 1 亿人在中西部地区就近城镇化”。③《国家新型城镇化规划(2014—2020)》明确提出，“推进符合条件农业转移人口落户城镇，推进农业转移人口享有城镇基本公共服务、建立健全农业转移人口市民化推进机制”。④ 2014 年 7 月，国务院印发《关于进一步推进户籍制度改革的意见》，明确要进一步调整户籍迁移政策，

---

① 按照李路路和朱斌的研究，韦伯将阶级形成的基本机制称为“社会封闭”群体，企图把报酬和机会限制在有限的人选范围内，并以此最大化自身的利益。帕金在此基础上进一步指出，存在两种社会封闭的策略：“社会排斥”和“社会内固”。由于社会内固对社会动员能力的要求较高，社会排斥往往是一个社会中的主要封闭机制，优势阶层主要通过“社会排斥”维持或增强自身特权，以实现自身利益的最大化。

② 李路路、朱斌：《当代中国代际流动模式及其变迁》，《中国社会科学》2015 年第 5 期。

③ 李克强：《政府工作报告——2014 年 3 月 5 日在第十二届全国人民代表大会第二次会议上》，人民出版社 2014 年版，第 19 页。

④ 《国家新型城镇化规划(2014—2020)》，人民出版社 2014 年版，第 21 页。

统一城乡户籍登记制度，全面实施居住证制度。提出全面放开建制镇和小城市落户限制、有序放开中等城市落户限制、合理确定大城市落户条件、严格控制特大城市人口规模和有效解决户口迁移中的重点问题五项措施。促进有能力在城镇稳定就业和生活的常住人口有序实现市民化，稳步推进城镇基本公共服务常住人口全覆盖。至2020年，基本建立与全面建成小康社会相适应，有效支撑社会管理和公共服务，依法保障公民权利，科学高效、规范有序的新型户籍制度，努力实现1亿左右农村转移人口和其他常住人口在城镇落户。①《国民经济和社会发展第十三个五年规划》也提出，要“健全财政转移支付同农业转移人口市民化挂钩机制，建立城镇建设用地增加规模同吸纳农业转移人口落户数量挂钩机制。维护进城落户农民土地承包权、宅基地使用权、集体收益分配权，支持引导其依法自愿有偿转让上述权益”。② 各地区的户籍改革方案也相继出台，要按城镇人口的不同规模，实行差别化的落户政策，即小城市和小城镇全面放开，不再设置其他门槛；中等城市有序放开，大城市合理放宽，这两类城市可以设置城镇社会保险参加年限等要求；特大城市严格控制人口规模，可采取积分制等方式设置阶梯式落户通道。各类城镇应根据综合承载能力制定具体的落户标准，对未落户城镇的农业转移人口，推行居住证制度，让义务教育、就业服务、基本养老、基本医疗卫生、保障性住房等基本公共服务逐步向城镇常住人口全覆盖。

随着农业转移人口体制身份的改变，劳动力转移的社会排斥主要体现为市场排斥。市场排斥的制度基础主要是产权制度与文凭。相对于产权制度，文凭对农业转移人口市民化的排斥显得尤为突出。其主要体现为代际之间的跨阶层流动，尤其长距离跨阶层流动越来越难，此时的代际流动主要集中在体力阶层与高级非体力阶层内部，以及低级非体力阶层与它们之间的交流。③

---

① 《国务院关于进一步推进户籍制度改革的意见》，人民出版社2014年版，第2页。

② 《中华人民共和国国民经济和社会发展第十三个五年规划纲要》，人民出版社2016年版，第79页。

③ 李路路、朱斌：《当代中国代际流动模式及其变迁》，《中国社会科学》2015年第5期。

市场经济体制下，农业转移人口将真正回归市场，技能水平和收入状况成为影响农业转移人口市民化的重要因素。

近年来，随着我国现代化进程的加快、经济社会体制改革的深化，我国总体社会流动率、社会开放性大幅提升，制约农业转移人口市民化的因素，逐渐由“体制排斥”转向“市场排斥”，制度约束对农业转移人口市民化的阻碍作用进一步减弱。一方面，基于个人能力的市场排斥在形式上是自由或平等的，既体现了“以人为核心城镇化”的理念，也体现了社会主义市场经济的法制精神。另一方面，随着市场经济体制的完善，市场选择必然会打破原有的阶层利益“固化”，公共服务的可及性和便利性将进一步提升，对满足异质性公共服务需求和农业转移人口合理空间选择具有重要的促进作用。

第三章

劳动力转移人口结构特征与公共服务资源配置

人口结构又称人口构成,依据各种不同(如自然的、社会经济的、地域的等)特征把人口划成各组成部分,[①]是反映一定地区、一定时期内,人口总体内部各种不同质的规定性数量和比例关系。人口学意义的人口结构通常分为三类,一是人口自然结构如年龄、性别结构;二是人口社会结构如文化教育结构、婚姻家庭结构、职业结构等;三是人口地域结构如城乡结构、行政地区结构等,[②]本章主要以人口年龄结构、人口家庭结构、人口城乡结构的变迁为分析的着力点。人口结构的变化,会影响到个体的收入水平和消费偏好,进而导致个体对基本公共服务需求总量和结构的变化。同时,公共服务资源的合理配置,有利于引导人口结构的优化。

第一节　人口结构特征与公共服务需求

一、人口年龄结构与公共服务需求

(一)我国人口年龄结构

新中国成立以来,我国人口生育政策进行了三次比较大的调整:20 世纪

---

① 刘铮:《人口学词典》,人民出版社 1986 年版,第 23 页。

② 李建新:《中国人口结构问题》,社会科学文献出版社 2009 年版,第 5 页。

50年代的鼓励生育政策,20世纪70年代后的节制生育政策,2013年党的十八届三中全会决定启动实施一方是独生子女的夫妇可生育两个孩子的政策。具体而言,20世纪五六十年代,我国人口政策的基调是鼓励生育,而1969年以后开始节制生育,1971年开始实行计划生育,1973年计划生育全面展开,1980年实行独生子女政策,①2013年12月,中共中央、国务院印发《关于调整完善生育政策的意见》,启动实施一方是独生子女的夫妇可以生育两个孩子政策。2015年10月,党的十八届五中全会允许普遍二孩政策,提出全面实施一对夫妇可生育两个孩子政策。2015年12月,全国人大常委会表决通过了《人口与计划生育法修正案》,草案明确指出:全国统一实施全面两孩政策,提倡一对夫妻生育两个子女,全面二孩将于2016年1月1日起正式实施。人口政策的调整,以及经济社会的发展和公共卫生条件的改善,使得我国的人口结构发生了历史性的变化。

我国生育率转变是在一代人身上完成的,高出生群体的低生育水平造就了我国当前及未来人口年龄结构的两个重大变化:一是人口年龄抚养比的大幅度下降和人口机会窗口的开启;二是人口老龄化的快速发展。虽然这两个变化几乎是同步发生的,但是从对社会和经济的实质性影响看,人口红利效应要先于老龄化效应出现。目前及未来一个时期既是人口老龄化水平快速提高的时期,也是人口年龄负担最轻的时期。②

按照人口过渡的一般规律,人口过渡通常相继经历三个阶段。第一阶段的特征是高出生率、高死亡率,从而导致低自然增长率。随着经济发展和收入水平的提高,人口过渡逐渐进入第二阶段,以高出生率、低死亡率从而高自然增长率为特征。当人均收入水平进一步提高,才进入低出生率、低死亡率,从而进入低自然增长率的第三个人口过渡阶段。③ 20世纪50年代始我国就进

① 陈仲常、郑良蔚、丁从明:《人口结构转型、市场化与国际产业转移的叠加效应分析——对中国“人口红利”的新解读》,《西北人口》2011年第5期。

② 李建民:《当代中国的人口转变》,《人口研究》2009年第5期。

③ 蔡昉:《中国流动人口问题》,社会科学文献出版社2007年版,第196页。

入人口过渡的第二阶段,即人口出生率保持较高,死亡率下降,人口自然增长率较高。1950—1957 年间,1962—1971 年间,人口出生率均保持在 30‰以上,年均增速分别为 34.95‰和 36.18‰,人口死亡率年均增速分别为 14.05‰和 8.99‰,人口自然增长率年均增长速度分别为 20.90‰和 27.20‰。进入 20 世纪 70 年代以来,我国计划生育政策的实施使得人口出生率逐年下降,且超过了死亡率的下降速度,人口自然增长率基本呈稳定下降的趋势。虽然 20 世纪 80 年代中后期人口自然增长率略有回弹,但进入 20 世纪 90 年代后,基本呈现出稳定下降的态势。例如 1990—2013 年间,年均人口出生率为 14.56‰,年均人口死亡率为 6.7‰,年均人口自然增长率为 7.86‰。

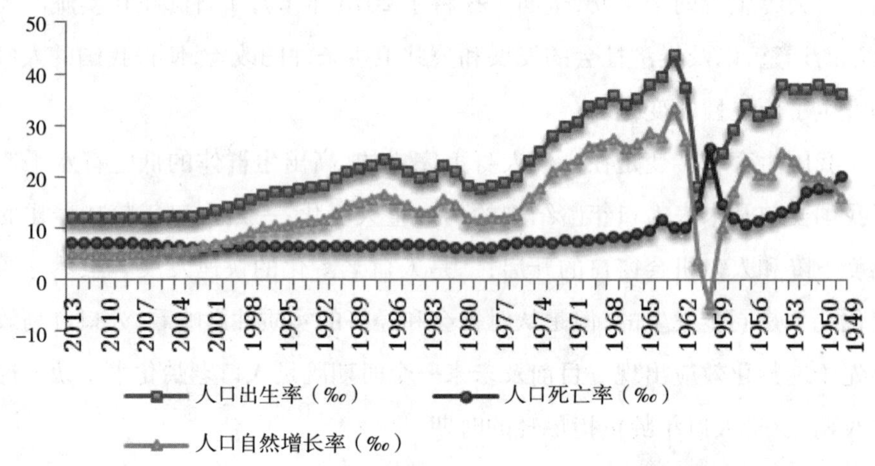

图 3-1　1949—2013 年我国人口出生率、死亡率和自然增长率

我国的人口再生产类型从"高出生率、低死亡率和高自然增长率"类型转变为"低出生率、低死亡率和低自然增长率",表现在实际中就是生育率的逐步下降和老龄化趋势的持续性加剧。① 从第一次至第六次的全国人口普查数据看,我国 0—14 岁的青少年人口比例呈下降趋势,由 1964 年第二次人口普查的 40.7%下降到 2010 年的 16.6%。15—64 岁的劳动适龄人口比例呈上升

① 郑长德:《中国各地区人口结构与储蓄率关系的实证研究》,《人口与经济》2007 年第 6 期。

的趋势，由 1964 年第二次人口普查的最低比例上升到 2010 年的 75.5%。65 岁及以上人口占人口的比重不断提升，由 1953 年的 4.4%上升到 2010 年的 8.9%。相比较而言，我国 15—64 岁劳动适龄人口的上升幅度更大些。按照联合国的新标准，如果该地区 65 岁老人占总人口的 7%，即该地区视为进入老龄化社会。到 2010 年，我国总人口为 13.41 亿人，其中少儿人口（0—14 岁）、劳动年龄人口（15—64 岁）、老年人口（65 岁及以上）的比重分别为 16.6%、74.5%和 8.9%，65 岁及以上人口占总人口比重超过 7%，已经步入了典型的老龄化社会。截至 2013 年底，我国 60 岁以上老年人口达到 2.0243 亿人，占总人口的 14.9%。其中男性占 48.7%，女性占 51.3%。65 岁以上人口 1.3161 亿人，占总人口的 9.7%。80 岁以上的人口达 2300 万人，占全部老年人口的 11.36%。其中男性高龄老人占 42.7%，女性高龄老人占 57.3%。

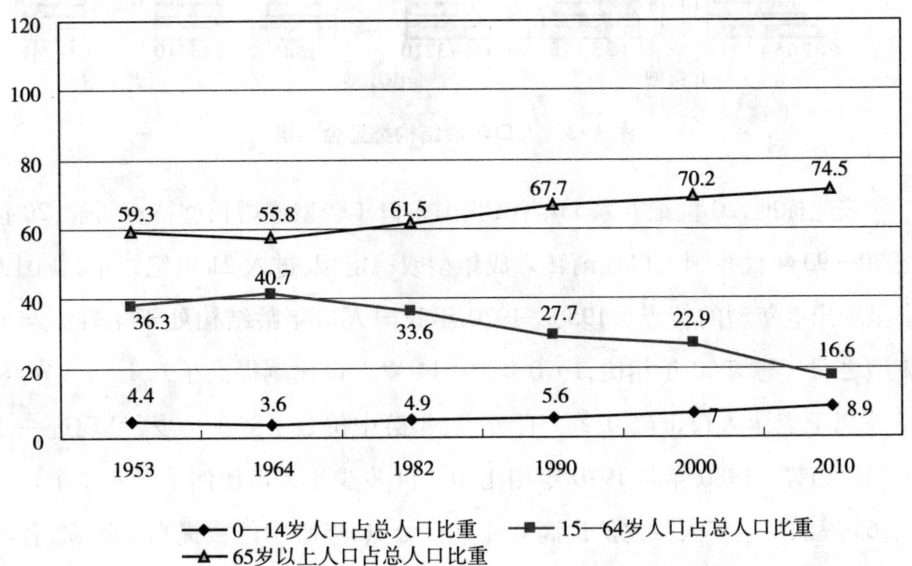

图 3-2　第一至第六次全国人口普查年龄结构（单位：%）

人口学粗略地将人口年龄结构分成三种类型，即年轻型或增长型、成年型或稳定性、老年型或减少型，其划分标准如下：

表 3-1 人口年龄结构三种类型划分标准

	年轻型	成年型	老年型
0—14 岁/总人口(%)	40 以上	30—40	30 以下
65 岁以上/总人口(%)	4 以下	4—7	7 以上
65 岁以上/0—14 岁(%)	15 以下	15—30	30 以上
年龄中位数(岁)	20 以下	20—30	30 以上

资料来源:田学原:《中国人口政策 60 年》,社会科学文献出版社 2009 年版。

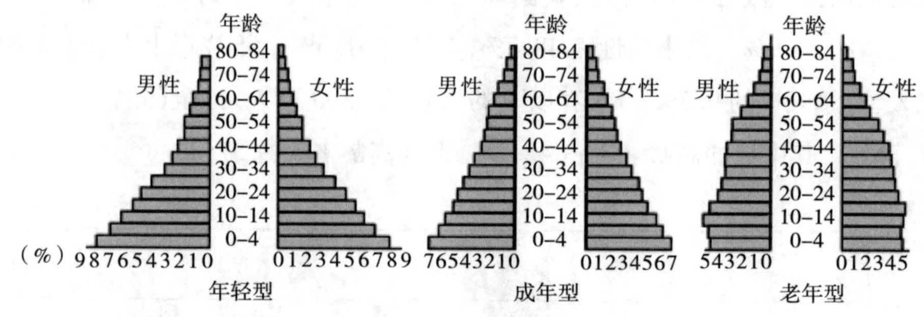

图 3-3 人口年龄结构类型金字塔

按此标准,20 世纪五六十年代,我国人口年轻型或增长型特点明显,20 世纪 70—90 年代我国人口逐渐转入成年型或稳定型,进入 21 世纪以来,我国人口呈现出老年型的特点。1950—1970 年我国人口年龄结构处于年轻型与成年型之间。与 1950 年相比,1970 年 0—14 岁人口比例提高了 6.1 个百分点,65 岁以上老年人口下降 0.2 个百分点,年龄中位数下降 1.7 岁,呈现进一步年轻化趋势。1980 年与 1970 年相比,0—14 岁少年人口比例下降 4.2 个百分点,65 岁以上老年人口比例提高 0.4 个百分点,年龄中位数提高 2.4 岁,各项指标均发生向成年型过渡并达到成年型标准的转变。① 2000 年与 1990 年相比,0—14 岁少年人口比例下降 4.8 个百分点,65 岁以上老年人口比例提高 1.4 个百分点,年龄中位数提高 5.5 岁,各项指标均已达到老年型的标准。

① 田学原:《中国人口政策 60 年》,社会科学文献出版社 2009 年版,第 205 页。

2010 年以来,老年型的特征趋势更加明显。

表 3-2　历次人口普查及 2013 年我国人口年龄结构

	1953 年	1964 年	1982 年	1990 年	2000 年	2010 年	2013 年
0—14 岁/总人口(%)	36.28	40.70	33.60	27.70	22.90	16.60	16.40
65 岁以上/总人口(%)	4.41	3.60	4.90	5.60	7.10	8.87	9.70
65 岁以上/0—14 岁(%)	12.16	8.85	14.58	20.22	31.00	53.43	59.15
年龄中位数①(岁)	22.7	20.2	22.9	25.3	30.8	35.2	

数据来源:《中国统计年鉴 2011》《中国统计年鉴 2014》,中国统计出版社,2011 年、2014 年。

根据历次人口普查资料及中国统计年鉴数据绘制的人口年龄结构金字塔图也可知,我国人口年龄结构实现了由年轻型经成年型向老年型的跨越。1953 年时,我国人口金字塔图上尖下宽,人口增长的潜力极大,属于典型的年轻型人口年龄结构。20 世纪 50 年代出现了我国历史上第一次人口增长高峰,人口增加了 1.3 亿人,平均每年出生人口 2000 万以上,人口增长 1300 多万人。1964 年第二次人口普查数据显示,我国总和生育率仍高达 6.18‰,年轻人比重较大,出现了年轻化的态势,人口年龄结构依然是一个典型的增长型人口结构。1964—1969 年以来,我国的人口自然增长率保持在 25‰以上,平均每年出生人口 2600 万人以上。受我国计划生育政策的限制,20 世纪 70 年代我国人口增长进入减速阶段,20 世纪 80 年代我国人口增长进入波动阶段。到 1982 年时我国人口年龄结构已经明显包括了两种再生产类型的人口年龄结构,一种是高出生、高增长型的年龄结构,一种是向低出生、低增长过渡型的年龄结构,人口年龄结构由年轻型的结构向成年型甚至老年型的方向演变。20 世纪 90 年代以来,特别是 1992 年以来,中国人口的生育率水平结束了 80

① 国际上通常用年龄中位数指标作为划分人口年龄构成类型的标准。年龄中位数在 20 岁以下为年轻型人口;在 20—30 岁之间为成年型人口;年龄中位数在 30 岁以上为老年型人口。年龄中位数向上移动的轨迹,反映了人口总体逐渐老化的过程。

年代的波动和徘徊，出现了新一轮的下降，总和生育率降到替代水平以下，人口进入了惯性增长阶段。① 1990 年我国的人口金字塔以 20—24 岁为界，此上人口呈现增长态势，此下人口呈现缩减态势，特别是 10—14 岁的年龄组缩减态势明显。到 2000 年时，人口的死亡率基本保持在与“四普”相同的水平上，但出生率则出现了明显的下降，由 1990 年的 21‰下降到 15‰的水平，0—14 岁人口及 15—29 岁的人口缩减明显，30—34 岁的人口大幅增加，人口老年型的特征明显。进入 21 世纪，我国的人口增长也开始了“低出生、低死亡、低增长”的时代。2000—2009 年期间，出生率和人口自然增长率持续下降，分别从 14.03‰和 7.58‰下降到 11.90‰和 4.79‰。到 2010 年，我国人口年龄结构金字塔基本相近，金字塔底部进一步缩减，逐渐演变成草垛形状，表现出明显的老年型特征。

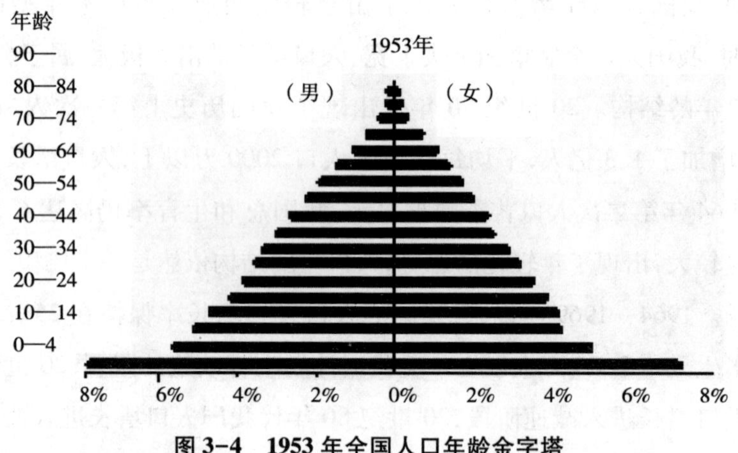

图 3-4　1953 年全国人口年龄金字塔

人口抚养比是描述人口年龄结构社会经济含义的一个基础性指标。社会总抚养比是指社会 0—14 岁和 65 岁以上的人口数之和相对于社会 15—64 岁人口数的比值，是社会人口负担的一个基本衡量指标。② 实际上劳动适龄人

① 李建民：《当代中国的人口转变》，《人口研究》2009 年第 5 期。

② 陈仲常、郑良蔚、丁从明：《人口结构转型、市场化与国际产业转移的叠加效应分析——对中国“人口红利”的新解读》，《西北人口》2011 年第 5 期。

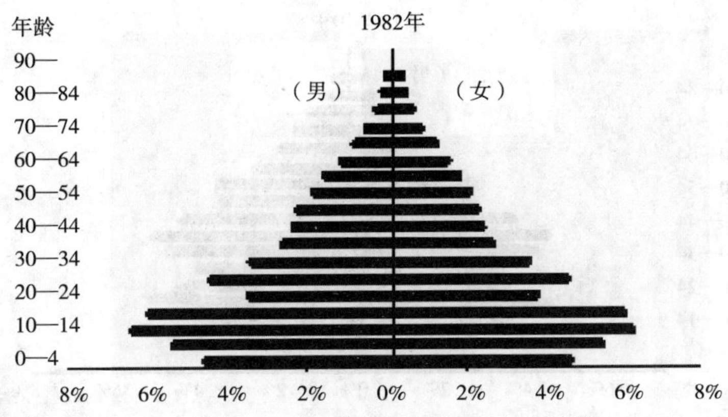

图 3-5　1982 年全国人口年龄金字塔

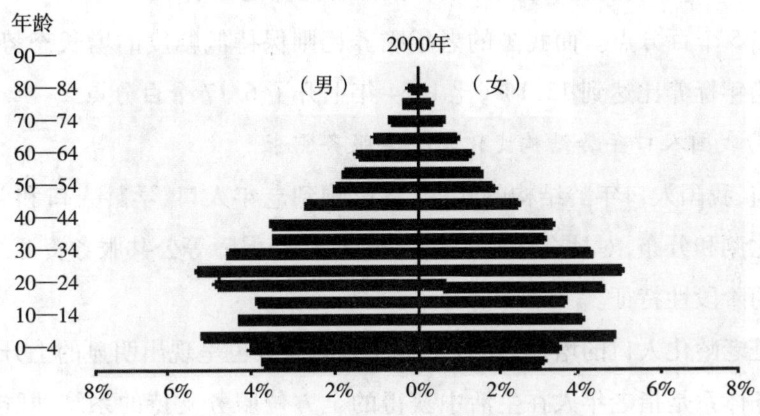

图 3-6　2000 年全国人口年龄金字塔

口与少儿人口和老年人口的负担关系是不一样的，前者准确说是抚养关系，后者则是赡养关系，总体上是负担关系。所以，本节将“老年抚养比”的说法修正为“老年赡养比”，将“总抚养比”的说法修正为“总负担比”。① 根据中国统计年鉴的数据显示，我国的社会少儿抚养比和人口负担比从 20 世纪 60 年代以来整体处于下降的趋势，分别由 1964 年的 73.02%、79.95%下降到 2013 年

① 路遇、翟振武：《新中国人口六十年》，中国人口出版社 2009 年版，第 323 页。

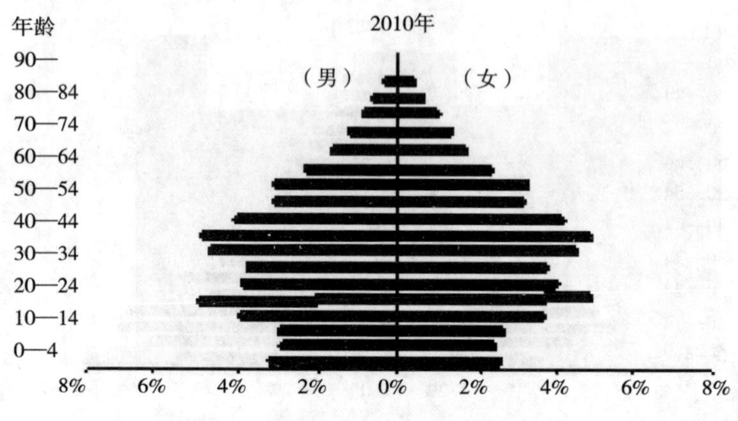

图 3-7　2010 年全国人口年龄金字塔

的 22.2%、35.3%,我国少儿抚养比和社会总抚养比分别下降了 50.82 个百分点和 44.65 个百分点。而我国的老年赡养比则保持低幅度的增长态势,2013 年社会老年抚养比达到 13.1%,比 1964 年上升了 6.17 个百分点。

(二)我国人口年龄结构变化与公共服务需求

当前,我国人口年龄结构的转变,将影响到老年人口、学龄人口和劳动力人口的比例和分布,对社会医疗、教育、养老、社会保障等公共服务资源的需求呈现新的阶段性特征。

一是老龄化人口的增加,其对老年社会的服务也呈现出明显的上升趋势。养老服务体系是指老年人在生活中获得的全方位服务支持的系统,既包括家庭提供的各种服务和条件,也包括政府、社会提供的有关服务的形式、制度、政策、机构等各种条件。养老服务的重点人群主要是 65 岁以上的老人。在 2000 年第五次人口普查时,我国已经进入老龄化国家的行列。随着人口平均年龄的延长,加上我国独有的国情因素,我国人口老龄化的速度明显快于世界上的大多数国家。① 2010 年第六次人口普查的数据显示,劳动年龄人口即将到达峰值并在此后开始下降,因此中国已出现比较明显的"未富先老"现象。

① 辛小柏:《人口老龄化城镇化,公共服务因需而变——以教育和养老服务为例》,《中国经济导报》2012 年第 8 期。

当前,我国已经进入人口老龄化快速发展阶段,2012 年底我国 60 周岁以上老年人口已达 1.94 亿,2020 年将达到 2.43 亿,2025 年将突破 3 亿,①这将对我国养老服务体系造成相当巨大的压力。老年人口的增加,对医疗卫生、养老、社会保障等需求也明显增加,包括养老护理服务、医疗保健服务、生活照料服务、心理健康服务、娱乐文化服务、老年服务设施等。特别是对社会养老机构,包括老年社会福利院、养老院或老人院、护老院、护养院、敬老院、老年公寓、托老所、老年人服务中心等服务机构的数量和类型提出了较高的要求。但我国目前的社会养老服务体系尚不健全,社会保障及福利水平不高,社会服务事业不能满足多数老年人的需要,养老服务发展滞后。

二是学龄人口的下降,主要对教育资源的结构和分布提出了新的挑战。2013 年 0—14 岁少年儿童人口占总人口的比例为 16.4%,比 2000 年下降了 6.5 个百分点。从 2006 年到 2010 年,生育率的下降使得小学适龄人口持续下降,五年内共减少约 1000 万人,初中适龄人口持续下降,五年内共减少约 800 万人,高中适龄人口持续下降,但比小学、初中适龄人口变化得较为平缓,五年内共减少近 700 万人,高等教育阶段适龄人口在这一时期持续增加,五年共增加约 1300 万人。不同受教育年龄人口在城乡、区域之间分布存在明显差异,学龄人口纵向变动对不同类别、不同级别的教育均衡发展产生影响;城镇化进程的加快以及学校布局结构的调整,学龄人口在横向区域间的变动对城乡教育均衡也有很大影响,并最终影响教育质量的均衡。②

表 3-3　2006—2010 年我国各学龄段人口变化趋势　　单位:万人

	2006 年	2007 年	2008 年	2009 年	2010 年
小学	12100	12000	11890	11700	11100

① 《国务院关于加快发展养老服务业的若干意见(国发〔2013〕35 号)》,2013 年 9 月 13 日。见 http://www.gov.cn/zwgk/2013-09/13/content_2487704.htm。

② 刘小强、王德清、伍小兵:《学龄人口变动对教育均衡发展的影响》,《教育与经济》2011 年第 3 期。

续表

	2006 年	2007 年	2008 年	2009 年	2010 年
初中	6850	6650	6300	6100	6050
高中	7000	6900	6700	6400	6300
高等	8000	8300	9000	9200	9300

不同地方学龄人口规模和学龄人口密度的变化,对教育服务需求总量和结构发生了明显的变化。主要体现为:一是学历教育资源紧张的局面会有所缓解,同时也会出现资源闲置的问题。二是受社会劳动生产率提升的客观需求,回归教育、继续教育等需求也会逐步上升,职业培训的覆盖范围和力度也将明显扩大和增强,适应人口老龄化的终生教育体系建设迫在眉睫。三是劳动力人口的持续增长,对就业、住房、培训等公共服务需求数量明显增加。随着我国人口规模的不断扩大,劳动力人口也在迅速增长,在总人口中的比例增大。2013 年我国劳动适龄人口已经达到 10 亿人,占总人口的 73.9%,比 1982 年和 2010 年分别增加了 3.8 亿人和 619 万人,占总人口比重比 1982 年提高了 12.31 个百分点,比 2010 年降低了 0.53 个百分点。劳动适龄人口的增加,全国的劳动适龄人口劳动参与率自 1990 年达到峰值以来呈现总体平稳下降态势,到 2010 年后保持相对稳定。城镇人口劳动参与率逐年增加,由 1982 年的 18.28%增加到 2012 年的 36.95%,这主要是由于大量农业转移人口的迁入,增加了城市的就业量。但农村的就业参与率呈现下降的趋势,在 1992 年达到峰值后逐年下降,2012 年降为 39.44%,比 1992 年下降了 23.08 个百分点。总体来说城乡的劳动适龄人口劳动参与率较低,创造更多的就业岗位成为这一年龄人口的最大需求,与之相伴的是对住房、职业培训、社会保障等公共服务的需求大幅增加。

(三)转移劳动力人口年龄结构与公共服务需求

1. 转移劳动力人口年龄结构

劳动力转移在个体特征上具有鲜明的选择性,年龄选择性是迁移中最基

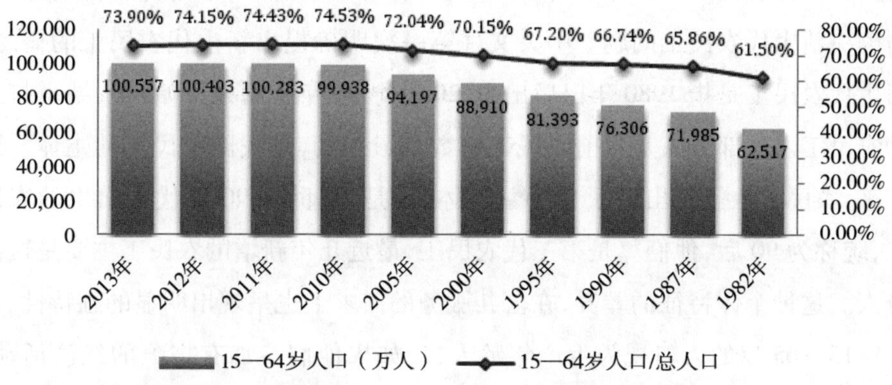

图 3-8 1982—2013 年 15—64 岁人口总量及占总人口比重

本的也是最重要的内容之一。大量的研究表明年龄结构与劳动力转移二者间具有较强的相关性，往往是年轻的、受过教育的男性人口比其他人更易作出转移的决策。1978 年，Rogers、Raquillet 和 Castro 提出了年龄进度模型。① 该模型根据不同的年龄别迁移率将迁移人口划分为不同的部分，此后根据这个模型将迁移人口划分为不同的劳动力人口，并逐渐用指数曲线来代替。

年龄别迁移率公式为：

$$\bar{n} = \sum_{x=0}^{z} (x + 2.5) M(x) / \sum_{x=0}^{z} M(x)$$

不同时代背景下出生和成长起来的农民工，存在着明显的个体特征差异。计划经济时代成长起来的农民工和改革开放以后出生的农民工不论成长的社会环境还是家庭环境都发生了根本性的变化，劳动力转移的动因、模式等都存在显著差异。基于此，可以将我国劳动力转移的主体农民工分别称之为第一代农民工、第二代农民工、第三代农民工。第一代农民工是我国 20 世纪 80 年代农村实行家庭联产承包经营以后，由于生产效率的提高，劳动力有富余，同时农民又有了自由支配劳动的权利，一部分农民就出来打工。第二代农民工，

① Andrei Rogers, Richard Raquillet and Luis J. Castro. "Modle Migration Schedules and Their Applications", Environment and Planning A, Vol.10, No.5, (1978), pp.475-502.

也称新生代农民工。2010年中央一号文件明确提出要采取有针对性措施，着力解决新生代农民工问题。中央文件第一次明确提出新生代农民工的概念。新生代农民工是指1980年以后出生、20世纪90年代后期开始进入城市打工的农民工。这部分人是目前农民工中数量最多的，是我国农民工的主体。近年来，农民工队伍中出现了一个新群体，就是20世纪90年代后出生的农民工，统称为90后，他们算是第三代农民工，最近几年新增的农民工主要是这部分人。这种个体特征的差异，在公共服务的需求上也呈现出明显的独特性。

15—65岁的人口视为生产年龄人口，如果他们参加有报酬的经济活动，则他们就成为统计意义上的劳动力。① 改革开放以来，我国劳动力转移人口的年龄结构发生了明显的变化。劳动力转移人口成年人数量占主体，青少年和老年人口数量逐渐减少；不同年龄组的性别比存在明显差异。

由1982—1987年全部移民在迁移时点上的年龄②可知（见表3-4），这一时期迁移人口年龄高度集中，15—29岁组在全部移民中占比较大，其中女性迁移年龄集中的趋势更为明显。

表3-4　分性别的迁移年龄构成

年龄	男 年龄构成（%）	女 年龄构成（%）	合计 年龄构成（%）
0—4	5.46	4.72	5.05
5—9	6.09	4.76	5.36
10—14	6.49	5.45	5.92
15—19	18.69	19.65	19.22
20—24	24.02	37.48	31.47
25—29	10.45	8.98	9.63
30—34	8.10	5.50	6.66
35—39	4.70	3.97	4.30

① 蔡昉：《中国流动人口问题》，社会科学文献出版社2007年版，第29页。

② 1987年全国1%抽样调查中没有直接调查人口年龄，迁移人口的年龄是由移民在迁移时点上的年龄减去其在本地居住的时间所得。

续表

年龄	男 年龄构成(%)	女 年龄构成(%)	合计 年龄构成(%)
40—44	3.96	2.33	3.06
45—49	3.05	1.679	2.29
50—54	2.86	1.45	2.08
55—59	2.36	1.10	1.66
60—64	1.55	0.94	1.21

资料来源:杨云颜:《中国人口迁移与发展的长期战略》,武汉出版社1994年版。数据根据1987年全国1%人口抽样调查5%原始资料汇总。

由图3-9可见,从0—4岁组起,迁移率由低到高开始逐渐上升,20—24岁组迁移率达到最高峰,其中10—14岁组和15—19岁组迁移率上升较快。25—29岁组以后移民迁移率逐渐下降,但25—29岁组和30—34岁组仍占有较大比例,分别占到9.63%和6.66%。其中,女性和男性表现出明显的差异。15—19岁组和20—24岁组,女性迁移率明显高于男性迁移率,而其他各年龄组都低于男性迁移率。

这一时期的年龄选择特征,具有明显的时代烙印。1990年以后,我国迁移劳动力的年龄分布更表现出向成年人集中的趋势。以2005年为例,迁移人口大多集中在15—45岁之间。其中,0—14岁占全部迁移人口的12.45%,15岁以上的人口迅速增加,而且女性比男性增加更快。15—19岁组、20—24岁组、25—30岁组分别占迁移人口的10.33%、14.39%和13.37%,其中,性别比分别为80.55、75.1和90.35。30岁以上年龄组的迁移人口开始逐渐减少,性别比逐渐升高,迁移人口中的中老年人和男性多于女性。15—59岁的迁移人口占总全部迁移人口的81.82%,60岁以上的迁移人口占全部迁移人口的比重为5.57%。①

从流动人口的统计口径分析可见,到2012年,流动人口的平均年龄约为

① 段成荣、杨舸、马学阳:《中国流动人口研究》,中国人口出版社2012年版,第62页。

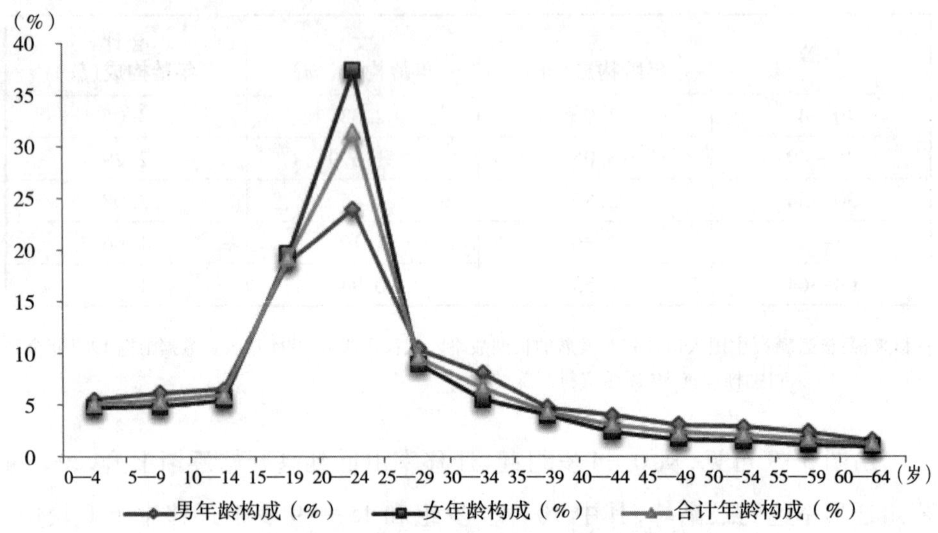

图 3-9　1987 年迁移人口年龄构成比例

28 岁,近六成的流动人口出生于 1980 年及以后。其中占据主体的新生代农村户籍流动人口,大多数在城市长大。与上一代流动人口相比,他们的思想观念、行为方式与城市局面更加接近,利益诉求更加明确,他们在城镇工作不仅是为了打工挣钱,更是为了追求体面就业和发展机会。2010 年以来,流动人口性别比先降后升。如 2000 年流动人口性别比为 107.3,男性略多于女性,2005 年下降到 101.2,男女趋于平衡,到 2010 年又上升到 113.5,男性比重明显增加。新生代流动人口的整体性别比为 103.3,分年龄组差异明显。按照六普数据显示,0—13 岁流动人口性别比在 120 以上徘徊,从 14 岁开始呈现下降趋势,24 岁以后开始回升,27 岁以后男性多于女性。这表明成年流动人口携带的子女中男孩多于女孩,女性在完成义务教育以后更多、更快地进入了劳动力市场,而男性同龄人则更多地留在学校继续读书。①

① 国际卫生和计划生育委员会流动人口司:《2013 中国流动人口发展报告》,中国人口出版社 2013 年版,第 25 页。

表 3-5　2010 年和 2014 年流动人口年龄构成

	年龄组	2010 年			2014 年		
		男	女	总	男	女	总
年龄构成（%）	0—14 岁	20.6	16.3	18.5	22.5	19.7	21.1
	15—24 岁	15.5	19.7	17.5	13.3	14.4	13.8
	25—34 岁	28.3	31.4	29.8	27.3	31.4	29.3
	35—44 岁	25.9	24.4	25.2	23.4	22.3	22.9
	45—54 岁	8.1	6.5	7.3	11.4	10.3	10.9
	55—64 岁	1.4	1.4	1.4	2.0	1.5	1.8
	65 岁及以上	0.2	0.4	0.3	0.2	0.2	0.2
平均年龄（岁）	27.72	27.96	27.83	28.08	28.17	28.13	
中位年龄（岁）	29.62	28.79	29.20	29.73	29.23	29.47	

数据来源：国家卫生和计划生育委员会流动人口司：《中国流动人口发展报告 2015》，中国人口出版社 2015 年版。

2. *劳动力转移人口年龄结构对公共服务的需求*

转移劳动力与农村未转移劳动力的年龄结构存在明显差别，因而劳动力的转移势必会对迁出地和迁入地的人口年龄结构产生较大影响，从而对教育、医疗、就业等公共服务需求，以及婚姻、人口再生产等产生重要影响。随着劳动力转移目标逐渐由生存型向发展型转变，转移人口对基本公共服务的需求和期望也发生着明显的变化。据 2010 年国务院发展研究中心课题组的一项意愿调查显示，参与调查的 13350 个农民工中对给定的选项，按照其想获得的公共服务除有 69.9%希望政府提高最低工资外，其他意愿均为公共服务方面的内容。如有 37.7%希望改善社会保险，29.7%的人希望提供保障住房或廉租房，25.4%的人希望改善医疗条件，分别有 24.4%、22.8%、18.5%的人希望能改善工作和生活环境、加强权益保障、改善子女教育条件（见图 3-10）。

与上一代农业转移人口相比，新生代农业转移人口对基本公共服务的需求更趋多元化。新生代农业转移人口更加追求家庭团聚、更加追求学习知识和掌握技能、更加追求自身的长远发展。当前,我国大量的流动人口未被纳入城市住房保障体系,大多数居住在设施条件较差的廉价出租房或集体宿舍,对体面的生活空间需求更为迫切。一些随迁家庭成员,如家庭妇女、老年人、儿童没有参加城镇的医疗保险、养老保险,社会保障政策尚未全覆盖。农业转移人口失业问题开始显现,但未被纳入失业保险和失业救助。因此,新生代农业转移人口对公共服务和社会保障提出了更高的要求。

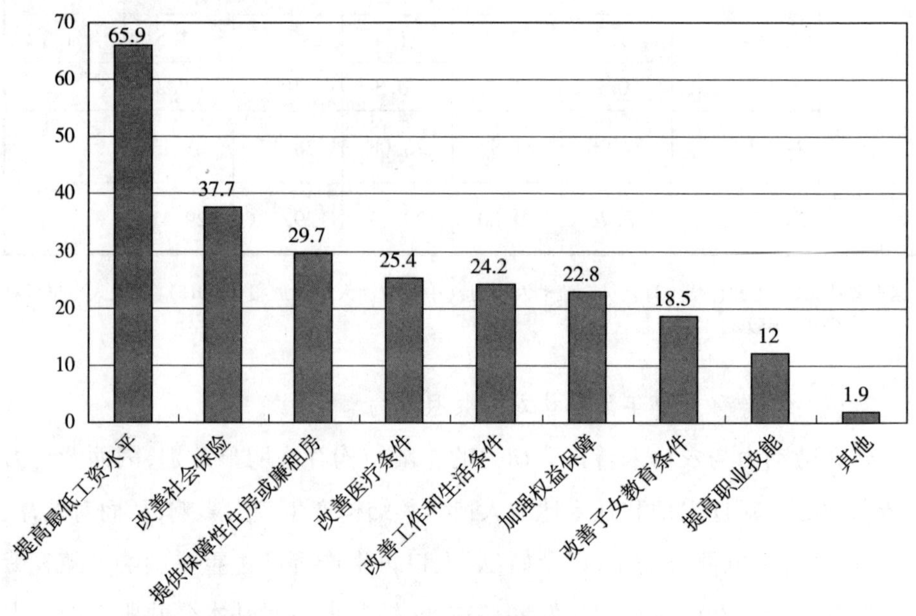

图 3-10　农民工最希望政府做的事情排名(单位:%)

二、人口家庭结构与公共服务需求

(一)转移劳动力人口家庭结构

家庭结构是指家庭中成员的构成及其相互作用、相互影响的状态,以及由这种状态形成的相对稳定的联系模式。家庭结构是家庭成员关系、生存方式和家庭功能的直接体现,可显示民众的居住偏好和趋向,并具有多方面的社会指向意义。具体包括家庭人口要素,即家庭由多少人组成,家庭规模大小;家庭模式要素，即家庭成员之间怎样相互联系，以及因联系方式不同而形成的不同的家庭模式。

2000 年以来我国家庭结构变动主要表现为：核心家庭比例明显下降，单人户显著上升，直系家庭没有降低反而略有增加。城乡家庭结构变动有别：城市核心家庭构成缩小，单人户明显增加，直系家庭稍有降低；农村核心家庭构成降幅较大，单人户提高，直系家庭上升。城乡二级家庭结构变动也不尽相同。家庭结构变动深受人口、社会和经济发展等因素影响，且不同时期的具体影响因素有别。数据显示，人口流动、子女数量、人口老龄化、婚姻和住房情况对家庭结构及其变动有显著影响。①

当前，家庭化迁移成为劳动力转移的重要模式，并日益成为迁移的主体，但不同的家庭结构对于劳动力转移的模式和路径存在明显差异。2013 年全国农民工监测调查报告显示，2013 年全国外出农民工 16610 万人，增加 274 万人，增长 1.7%。其中，举家外出农民工 3525 万人，增加 150 万人，增长 4.4%。2010 年国务院发展研究中心的一项调查显示，参与调查的农民工家庭成员数量平均为 4.19 人，家庭劳动力平均为 2.61 人，2009 年外出就业的家庭成员平均为 1.84 人。调查数据显示，0.5%的家庭只有 1 口人，2.9%的家庭有 2 口人，29.5%的家庭有 3 口人，29.7%的家庭有 4 口人，25.3%的家庭有 5 口人，12.1%的家庭有 6 口及以上的人口。有 0.4%的家庭没有劳动力，8.3%的家庭有 1 个劳动力，47.2%的家庭有 2 个劳动力，24%的家庭有 3 个劳动力，15.9%的家庭有 4 个劳动力，4.3%的家庭有 5 个及以上的劳动力。就其子女数而言，3.1%的人已婚而无子女，34%的人属于未婚无子女，42.7%的人有 1 个子女，15.1%的人有 2 个子女，2.3%的人有 3 个子女，0.8%的人有 4 个及以上的子女。②

① 王跃生：《中国城乡家庭结构变动分析——基于 2010 年人口普查数据》，《中国社会科学》2013 年第 12 期。

② 国务院发展研究中心课题组：《农民工市民化——制度创新与顶层政策设计》，中国发展出版社 2011 年版，第 81 页。

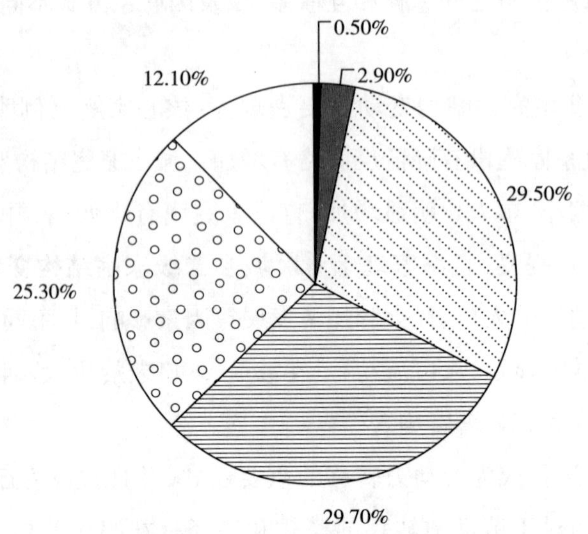

图 3-11　家庭成员数量

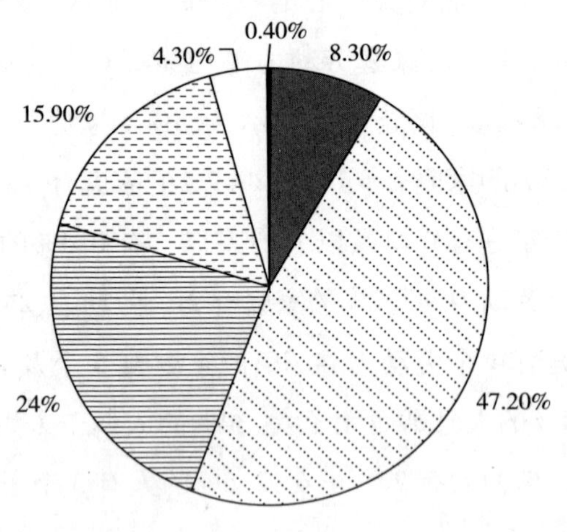

图 3-12　家中劳动力数量

按照 2011 年全国流动人口动态监测数据显示，新生代农民工中，已婚比例达到 55. 8%，已婚人口中 85. 9%育有子女。这部分流动人口与配偶及所有子女同住的比例为58.2%，与部分核心家庭成员同住的比例为30.9%，单独流动的比例仅为11%。①

（二）转移劳动力人口家庭结构对公共服务的需求

劳动力迁移家庭的规模和劳动力数量的差异，对基本公共服务的需求也呈现出多层次性和多元化。迁移人口同主要家庭成员共同生活，住房是首要解决的问题。让随迁子女接受良好的教育是人口迁移的重要因素，因此对教育资源的配置提出了新的挑战。同时，家庭成员的社会保障、就业、就业培训等公共服务的需求日益增长，成为影响劳动力作出转移决策的重要依据。

三、人口城乡结构与公共服务需求

根据配第—克拉克定理，工业化进程中由于产业的演进，劳动力要素在产业间的配置经历着一个动态的调整过程。即随着第一产业产值占三次产业总产值比例的逐渐下降，第一产业劳动力资源不断流向第二、三产业寻求优化配置，表现为一种时间序列上的动态调整过程，而在空间上表现为劳动力资源跨城乡区际流动。随着我国产业升级和制度创新进程的加快，现阶段劳动力城乡区际转移，呈现出“双二元结构”下的动力扩张过程。从20世纪80年代开始的农业制度变革和开放型的工业化进程，工业化、市场化思维不仅改造传统工业向现代工业转型，也引起了农村传统经营的市场化变革。这种强制性体制变革不仅使农村现存有传统的农业部门，也有劳动密集型的乡镇工业，城市不仅有现代的产业集群也存在着歧视性的非正规产业。②

由于户籍制度所形成的“制度壁垒”，城乡劳动力转移“两阶段模式”是我国目前要素配置的主要形式和路径依赖。劳动力的转移先要经过第一阶段，即劳动力要素区际流动，“短期”“非职业转换”性质的劳动力资源市场化配置，称之为“职业—户籍错位型阶段”。第二阶段城市劳动力最终完成“职业

① 国家卫生和计划生育委员会流动人口司：《2013中国流动人口发展报告》，中国人口出版社2013年版，第25页。

② 程世勇、张克听：《经济转型中城乡劳动力转移机制分析》，《经济学动态》2005年第6期。

转换"和城乡"户籍转换",称之为"职业—户籍匹配型阶段"。但在城市化、工业化进程中,受外部因素和个体因素的影响,农村劳动力进入城市务工就业,一直伴随着大量的回流现象。无论是美国、加拿大和日本等发达国家,还是巴西、墨西哥、土耳其等发展中国家,劳动力的迁出总是和劳动力的回流相伴。① 20世纪80年代后期,特别是90年代初以来,我国农村劳动力流动交织着外流与回流并行的势头。农村大量的劳动力由农村流向城镇是主流,是前提。但在强调这一主流的同时也不容忽视"逆潮回流"这一现象。②

人口城乡结构变化的城镇化趋势是我国当前人口结构的变动呈现的显著特征之一,劳动力转移是城镇人口结构变动的重要组成部分,也会对公共服务资源布局和配置产生重要的影响。

(一)农村人口向城市转移特征及公共服务需求

城镇人口的变动包括以下几个部分:一是城镇人口的自然变动;二是城镇人口的机械变动;三是由迁入城镇的人口的自然增长所引起的人口变动;四是行政区化变动及统计口径变动所引起的城镇人口变动。③ 乡城净迁移是城镇人口的规模和结构变化的主体。但我国从农村转移到城镇的人口统计情况较为复杂,大体上主要包括以下两部分,一是向城镇迁移流动的人口,二是由于城镇行政区划的改变,从农村就地转变为城镇的人口。这其中,既包括到城镇务工、经商、从事社会服务等各种经济活动,部分人携带家属,没有办理户口迁移手续的流动人口;也包括通过招工进城、毕业后留城工作、军人复员转业安置及随迁家属留城等途径,办理了户口迁移手续在城镇"安家落户"的迁移人口;还包括城镇地域扩张或农村就地城镇化的人口。④ 20世纪80年代以来,农村劳动力向城镇转移的进程不断加快,城乡人口结构发生明显变化,逐渐由

---

① 石智雷:《国外迁移劳动力回流理论研究述评》,《人口与发展》2013年第1期。

② 陈秋红、黄颖:《我国农村劳动力回流的原因及对策》,《农业经济》2011年第8期。

③ 杨云彦:《中国人口迁移与发展的长期战略》,武汉出版社1994年版,第239页。

④ 胡英:《城镇化进程中农村向城镇转移人口数量分析》,《统计研究》2003年第7期。

乡村型向城乡型和城镇型转变。① 城镇人口数逐渐增加，由 1953 年的 7726 万人，增加到 2010 年的 66557 万人。到 2011 年，城镇人口首次超过农村人口，城镇人口达到 69079 万人，占总人口比重为 51.27%，与上年相比，上升 1.32 个百分点；乡村人口为 65656 万人，比上年减少 1456 万人。

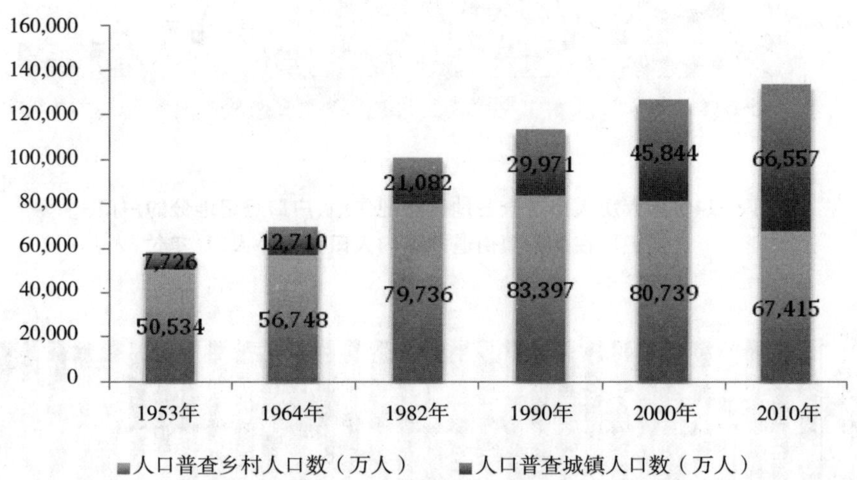

图 3-13　历次人口普查城乡人口数

按照第六次人口普查数据，2010 年人户分离的总人口达 2.6 亿人，其中省内迁移的人口为 1.75 亿人，省外迁移的人口为 0.86 亿人。分地区而言，广东、浙江、上海、北京、天津省外迁入人口大于省内流动人口，省外迁入人口分别占到全省流动人口的 58%、59%、71%、67%和 60%，而其他省份的省内迁移人口大于省外迁入人口，特别是山东、四川、江苏、河南、湖北等省内迁移人口较多，分别达到 0.12 亿人、0.11 亿人、0.11 亿人、0.09 亿人和 0.08 亿人。

城镇人口的快速增加或城镇化水平的提高，离不开人口迁移流动作出的贡献。1949—1986 年间，农业转移人口对城镇人口增长的贡献率达到

① 根据《人口科学词典》，人口城乡结构可分为：乡村型、城乡型和城镇型。城镇人口比重为 1%—39%，定为乡村型人口城乡结构，其中城镇人口比重为 1%—19%是低乡村型的，20%—39%是高乡村型的；城镇人口比重为 40%—59%，定为城乡型的；城镇人口比重为 60%以上的，定为城镇型的。

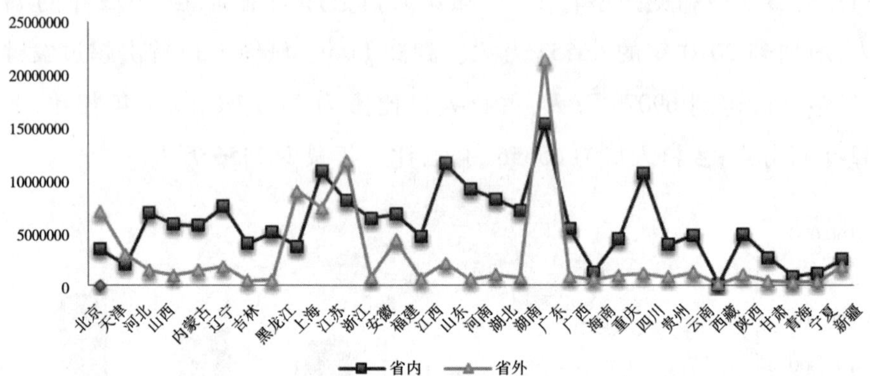

图 3-14　第六次人口普查各地区按现住地、户口登记地分的户口登记地在外乡镇街道的省内人口和省外人口(单位:人)

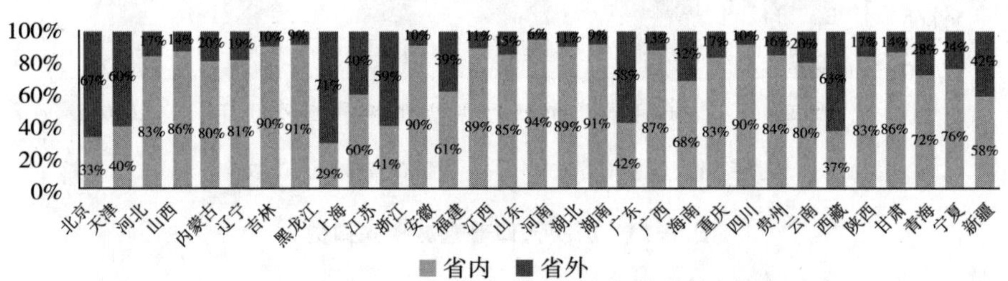

图 3-15　第六次人口普查各地区按现住地、户口登记地分的户口登记地在外乡镇街道的省内人口和省外人口比例(单位:%)

39.5%,新建扩建城镇而划入城镇的人口贡献率为27%;①而1976—1987年间城镇人口自然增长的贡献率为22.08%,城镇人口机械增长的贡献率高达77.92%。② 2000年我国城镇化率达到36.5%,2010年上升到49.68%,城镇人口从4.6亿增加到6.7亿。人口迁移流动对于城镇化水平提高的贡献率为45%左右,城镇人口自然增长对城镇化率的贡献率为5%左右,而城市区划扩

① 根据马侠《当代中国农村向城镇的大迁移》(《中国人口科学》,1987/3)和中国城镇人口增长数据分析,城市化现有资料数据分析研讨会论文(1991年)提供数据计算所得。

② 根据辜胜阻《非农化与城镇化研究》,浙江人民出版社1991年,第134页的数据计算所得。

大和建成区面积扩大对城镇化的贡献率约为30%,另外,农村人口进入所在地城镇的就地城镇化对城镇化水平提高的贡献率约为20%。我国城镇人口中的迁移流动人口数量已经达到2.3亿,城镇中34.3%的人口是外来的迁移流动人口。在东部地区的不少城市,迁移流动人口已经超过本地人口,甚至一些地区的外来迁移流动人口达到本地人口的5—10倍。[①] 如广东、江苏、浙江、上海、北京等省市,城市中迁移流动人口数分别达到2985万人、1158万人、1081万人、980万人和901万人,分别占到全省(市)总人口的28.6%、14.7%、19.9%、42.6%和45.9%。

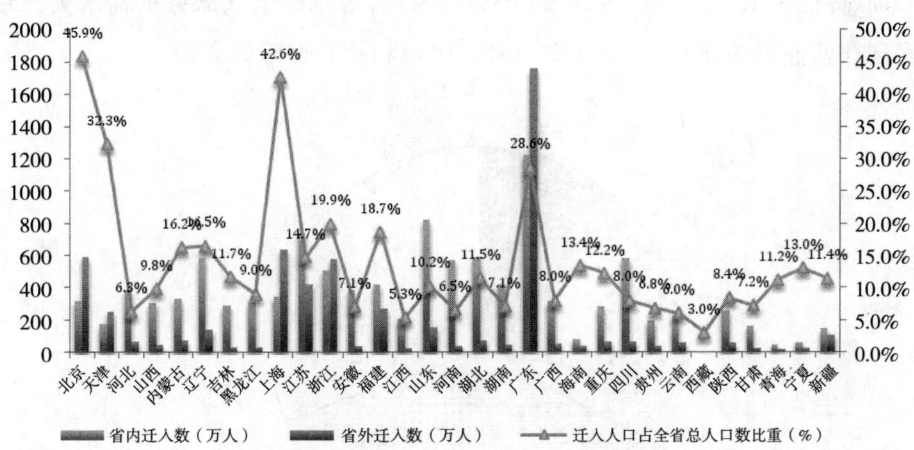

图3-16　第六次人口普查各地区按现住地、户口登记地分的户口登记地在外乡镇街道的省内人口、省外人口及占全省总人口比重(单位:万人,%)

从各国人口发展规律看,在城镇化快速推进过程中,劳动力一般优先向特大城市聚集,特大城市人口规模在城镇化过程基本完成时才趋于稳定。大量农业人口向城市的转移,对城市公共服务的需求总量和结构造成较大压力,对城市公共服务的供给提出了新的要求。从总量上讲,城市人口资源环境矛盾日益突出,特别是大城市交通拥堵、环境污染、资源匮乏等问题。同时,由于一

① 任远:《我国人口迁移和城镇化新特点》,2013年2月4日,见http://finance.china.com.cn/roll/20130204/1273089.shtml。

些大城市内部优质资源分布不均衡，大量人口居住在郊区，却在城市中心地区就业、上学、就医，放大了人口快速增长带来的交通拥堵、环境污染等问题。城市人均公共服务资源占有率大幅下降，人口在住房、就业、医疗、教育培训等方面的机会不均等明显增多。从结构上看，由于迁入城市的农业转移人口存在较鲜明的个体特征，加之迁入原因的多样化，其对公共服务的需求呈现出多元化、层次化特征。就其迁移原因而言，按第六次人口普查数据显示，省内迁移者有31%的源于务工经商，17%的为随迁家属，15%的为学习培训，13%的为拆迁搬家。而省际间的迁移者75%的源于务工经商，其次为随迁家属、学习培训、拆迁搬家，分别占9%、4%和3%。因此，对基本公共服务的需求突出地表现在就业服务、随迁子女教育、住房、医疗和社会保障等方面。

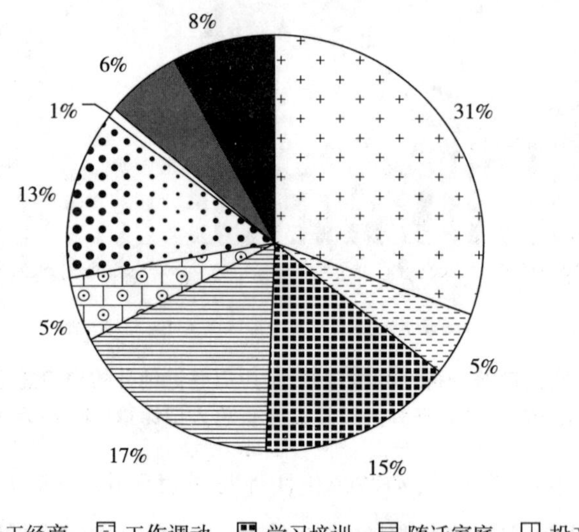

图 3-17　第六次人口普查数据全国按现住地、迁移原因分的户口登记地在本省其他乡镇街道人口(单位:%)

(二)农业转移人口回流特征及公共服务需求

劳动力转移与回流是相伴相随的社会现象。国内外诸多学者运用古典劳动力迁移理论、结构主义理论、成本—收益理论、新迁移经济理论、人力资本投

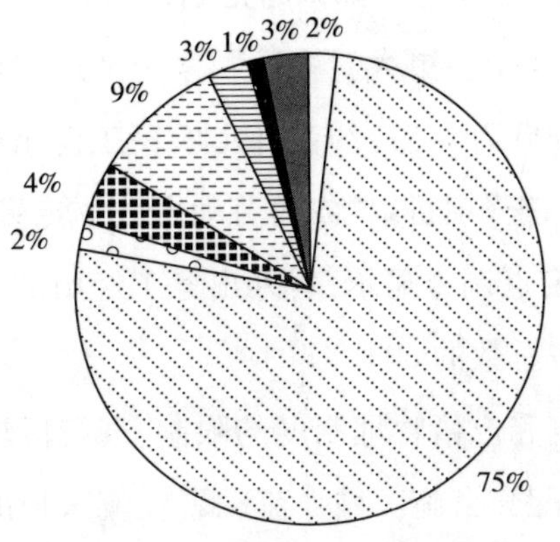

图 3-18　第六次人口普查数据全国按现住地、迁移原因分的户口登记地在省外其他乡镇街道人口(单位:%)

资理论、推拉理论、生命周期理论、社会网络理论等对此现象进行了分析。实证研究表明,年老、受教育程度较高、有一个未外出伴侣、家里责任田多、家乡非农就业机会多的外出劳动力更倾向于回流。① 在从事农业生产的预期收益不断提高,而外出打工的收益常年得不到改善,打工还要承担很多潜在风险的背景下,农村剩余劳动力必将选择风险小、收益高、还可以享受天伦之乐的回乡务农。② 也有的学者从回流的效应、制度成因、回流的类型、回流与创业的关系等角度对农业转移劳动力回流进行了研究。

近年来,受国际金融危机和我国产业结构升级步伐加快、城市就业压力及生活成本提升、国家大力推广惠农政策、返乡创业环境改善等因素的影响,以及国家创新驱动战略的实施,迁移劳动力回流趋势明显。据国家人口计生委调查结果显示,截至 2008 年 12 月 20 日,全国返乡农民工 1361.8 万人,占农

① Zhao Yaohui,"Causes and Consequences of Return Migration:Recent Evidence from China". Journal of Comparative Economics,2002(30):376-396.

② 刘铮:《劳动力无限供给的现实悖论——"农民工回流"的成因及效应分析》,《清华大学学报(哲学社会科学版)》2006 年第 3 期。

村外出务工人员总数的9%左右。① 如果考虑暂时性回流或者往复式流动的农民工，则回流劳动力的规模会更大。根据国家统计局2009年的调查，春节前返乡农民工，大体是7000万左右，约占外出农民工总量的50%。② 上海财经大学2013年度"千村调查"项目以"农村劳动力城乡转移状况"为主题进行的全国范围的随机抽样定点调查显示，有外出务工经历的人数是6900人，其中有4761人曾经返乡，占总数的69%。③

受我国城乡二元分割和户籍管理制度的限制，现阶段城乡劳动力资源转移的过程中，缺乏相应的配套措施。城乡流动者在流入地的劳动力市场和社会生活中，难以获得当地户籍人口所拥有的机会、福利、保障与服务，其主要社会服务和保障需求在相当大程度上仍需诉诸户籍所在农村。④ 据上海财经大学课题组2013年度调查数据显示，留守儿童、留守老人是促使农民工返乡的重要原因。我国长期实行的城乡二元户籍制度及其背后所享有的权利失衡和福利落差，致使随迁子女的受教育权缺乏保障，而农民工自身亦面临社保便携性不够、转移接续难等问题，更不用说老人的养老问题。在户籍限制真正消除之前，城乡人口流动不可避免地将一部分健康风险和疾病负担转移给农村，这不仅制约农村地区社会经济的发展和居民生活质量的提高，也在一定程度上加剧了城乡卫生资源配置与需求的矛盾。⑤ 因此，农业转移劳动力的回流，对农村地区的公共服务的需求呈现出更明显的特征。

一是对农村地区的教育、卫生、养老、就业等基本社会服务需求增加，特别是对回流地义务教育、职业教育、高等职业教育等初中后教育，农村互助养老

---

① 国家人口计生委流动人口服务管理司:《提前返乡流动人口调查报告》,《人口研究》2009年第2期。

② 国家统计局:《2008年全国农民工总量为22542万人》,2009年3月25日,见http://www.stats.gov.cn/tjfx/fxbg/t20090325_402547406.htm。

③ 上海财经大学"千村调查"课题组:《如何让农民工真正"进城"——由农村劳动力城乡转移状况调查引发的思考》,《光明日报》2014年6月17日。

④ 牛建林:《人口流动对中国城乡居民健康差异的影响》,《中国社会科学》2013年第2期。

⑤ 牛建林:《人口流动对中国城乡居民健康差异的影响》,《中国社会科学》2013年第2期。

中心,养老和医疗保险的接续、流转和异地结算等需求更为紧迫。二是劳动力回流地区基本公共服务制度的建设和保障体系的完善,特别是城乡一体化基本公共服务体系的建设尤为迫切。三是对农村地区农田、水利、道路、电力等基础设施建设的需求,以及银行、税务等与创业相关的公共服务需求日益增加。

第二节　人口结构变动与公共服务资源配置①

大规模人口流动是我国城镇化快速推进阶段最显著的人口现象,已成为推动社会结构调整、公共服务资源优化配置的重要因素。长期以来,受城乡二元体制和制度因素的制约,以及城市偏向政策的影响,我国形成了城乡差异化的公共服务供给机制和成本分担机制,使得城乡基本公共服务存在较大差异,出现了城乡公共服务各自所占有的社会资源份额与城乡人口比例不对称的格局。② 与人口流动不相适配的城乡公共服务资源配置格局,将严重影响人口流动的行为决策和社会的和谐稳定。

一、人口结构变动与公共资源配置内在逻辑

生命周期理论假定消费者是理性的,能以合理的方式使用自己的收入进行消费;以效用最大化为原则,认为理性的消费者为追求效用最大化。个体总是根据其预期寿命和预期总收入来平衡自己在各期内的消费和储蓄,消费不是取决于个人现期收入,而是取决于其一生的收入,根据边际效用递减规律,要使效用达到极大,消费者必须均匀地消费其一生的财富。③ 由于组成社会的各个家庭处在不同的生命周期阶段,在人口结构没有发生重大变化的情况下,消费支出和实际国内生产总值之间存在一种稳定的关系。但是当人口结

① 本节的内容已发表于:杨刚强、孟霞:《城乡流动人口结构分层与基本公共服务供给的结构优化》,《湖北社会科学》2015 年第 11 期。

② 王玮:《基于人口视角的公共服务均等化改革》,《中国人口·资源与环境》2011 年第 6 期。

③ 王霞:《中国各地区人口年龄结构变动的消费效应分析》,《西北人口》2011 年第 6 期。

构发生变化时,其消费的边际倾向也会发生明显的变化,如果社会中儿童和老年人的比例增大,则消费倾向会提高,如果处于劳动阶段的中青年的比例增大,则消费倾向会降低。①

教育、医疗、卫生是一个家庭重要的公共消费产品,影响家庭对这些产品消费倾向的一个重要因素就是人口结构的变动。特别自1999年以来,我国已经步入了老龄化社会,人口老龄化加速发展,老年人口基数大、增长快,并日益呈现高龄化、空巢化趋势。第六次全国人口普查显示,中国60岁及以上老年人口已达1.78亿,占总人口的13.26%,对我国的社会养老服务、医疗服务等公共产品的需求呈现明显的上升趋势。同时,随着我国城镇化进程的加快,使得城乡人口结构、家庭结构也发生了明显的变化,其对社会公共服务的需求呈现出明显的社会分化,形成了多样化、多层次的公共服务产品的消费倾向。

现有关于人口结构流动与城乡基本公共服务配置关系的研究,主要集中在以下两个方面:

一是基本公共服务差异对人口流动的影响。基本公共服务差异是影响流动人口做出长期转移决策的重要因素,但基本公共服务资源的有限性和配置方式,决定着人口流动的方向和流动人口的结构。一方面,流动人口具有流动性选择特征。流动人口除为获得更好的经济收入外,他们对基本公共服务有着较高的支付意愿。即流动人口除了理性地选择更好收入外,还会出现寻租的行为,也就是仅仅为了不同的生活方式、不同的福利待遇而流动和迁移。受城乡基本公共服务配置的空间差异,大量的农村人口向城市转移,并呈现家庭化、长期化趋势。但也有学者认为,城市基本公共服务的不均等化阻碍了农村人口向城市的流动。② 另一方面,流动人口具有明显的人口学特征。基于不同个体特征和家庭特征的城乡人口流动,将引起城乡人口的结构分层。人口结构可用多种方式来表征,如性别结构、年龄结构、教育结构、职业结构、城乡

① 陈冲:《人口结果变动与农村居民消费——基于生命周期假说理论》,《农业技术经济》2011年第4期。

② 黄文正:《城市化、基本公共服务不均等化与劳动力转移》,《学术论坛》2012年第7期。

结构等。由于人口的异质性,以及家庭禀赋和家庭结构的差异,使得城乡流动人口结构的分化呈现出具有相似的群体性特征,总体而言形成三个类型的人口结构:农村非流动人口、返乡流动人口和城镇常住流动人口。城乡间具有不同人口结构特征的流动人口,其对公共服务的需求呈现出明显的异质性特征。

二是人口流动对于自身及其他社会群体享有公共服务的影响,尤其是农村劳动力转移对农村留守人口的影响等。首先,人口流动对人口流入地的公共服务支出带来了深刻的影响。随着城市非本地户籍常住人口的增加,会降低当地医疗卫生、教育、社会保障等这些以户籍为分配依据的公共服务平均支出水平,导致当地基本公共服务供给总量不足和结构失衡。同时,也降低了人口流入地居民享有基本公共服务总体效应。而与城市本地户籍居民相比,农村迁移人口或农民工参与社会保险、享有城市医疗卫生、教育等公共服务的概率仍然很低,而这种参与度又与他们所从事的职业紧密相关。① 其次,农村劳动力转移对农村非流动人口的健康、卫生资源配置也产生了重要影响。就农村家庭留守老人的健康而言,存在显著的促进作用,即农村劳动力转移对农村留守老人健康的正向影响大于负向影响,但在农村养老公共服务缺失的条件下,农村劳动力转移对留守老人健康的不利影响也不容忽视。② 就学龄儿童的健康而言,父母外出打工对6—18岁学龄儿童健康有显著的负面影响,特别是母亲外出打工对留守儿童健康的负面影响较为显著,③尽管外出收入增加对孩子健康状况有显著的正向影响,但难以抵消劳动时间增加所带来的负面效果。④ 此外,由于人口流动的健康选择效应与城乡流动经历的内在健康损耗效应共同发挥作用,影响着城乡常住居民的健康差异。在户籍限制真正消

① 郭菲、张展新:《农民工新政下的流动人口社会保险:来自中国四大城市的证据》,《人口研究》2013年第3期。

② 王小龙、兰永生:《劳动力转移、留守老人健康与农村养老公共服务供给》,《南开经济研究》2011年第4期。

③ 刘靖:《非农就业、母亲照料与儿童健康——来自中国乡村的证据》,《经济研究》2008年第9期。

④ 陈在余:《中国农村留守儿童健康与营养分析》,《中国人口科学》2009年第5期。

除之前，城乡人口流动不可避免地将一部分健康风险和疾病负担转移给农村，一定程度上加剧了城乡卫生资源配置与需求的矛盾。

人口流动与基本公共服务配置的相依关系意味着，大规模的人口流动必然会对人口流出地和流入地基本公共服务供给的有效性产生明显的影响。现有文献从供给和需求的角度都已经注意到，流动人口对流出地和流入地居民在教育、卫生、健康等公共服务资源配置方面的影响。但是，很少有研究从人口结构的视角，分析城乡人口流动形成的不同人口结构特征与基本公共服务资源配置问题。

二、人口结构变动与公共服务资源配置矛盾

人口结构的变动会直接影响到个体的收入水平和消费偏好，进而导致个体消费水平和消费结构的变化。以人口结构分层为基础形成的具有相似特征的群体，其对社会公共服务资源的需求具有鲜明的群体特征，并具有明显的"福利刚性"。受我国制度性约束和市场机制不完善的影响，我国基本公共服务供给难以满足（适应）城乡人口结构变动引致的需求，二者存在明显的供需矛盾。

（一）公共服务供给的数量和质量与人口结构变动的矛盾

在人口自由流动的情况下，如果地区间或城乡间公共服务水平存在差异，那么受不平等对待的人就会选择"以足投票"，引起人口分布格局和规模的变化，加大了对流入地基础设施、教育、住房、医疗卫生等供给总量的压力。同时，社会公共服务资源具有较高的收入弹性，随着流动人口收入水平的阶梯性差异，对基本公共服务的需求呈现结构性分层，且随着收入水平的提高，使得原有的消费模式升级，他们倾向于享受更高的生活水平和更好的医疗、社会保障的公共服务。

（二）公共服务供给结构与模式与人口结构变动的矛盾

一方面，人口结构的分层形成了差异化的群体，人口结构的多元化对公共品需求呈现出多样化。如不同年龄段人口具有差异性的消费结构，老年人口的增加会加大对医疗保健、养老、护理以及生活服务等基本需求，而青年人口

比重的提升会导致住房、就业需求的提高。人口城乡结构变化的城镇化趋势，使城乡失衡的公共资源配置结构性矛盾更加突出。另一方面，流动人口对公共产品需求呈现的多样化结构特征，加快了对公共品供给模式变革的进程。原有的以政府为主体自上而下的公共资源配置模式，受政府财政资金积累程度、需求多样化的影响，社会公共资源配置长期面临着供需不平衡的矛盾。迫切需要建立由政府主导、社会参与、公办民办并举的基本公共服务供给模式，推动基本公共服务提供主体和提供方式多元化，以扭转政府在公共品供给上的错位、缺位、越位现象，以适应人口结构变动引发的多样化需求。

（三）公共服务供给效率与公平同人口结构变动的矛盾

使城乡居民获得与经济发展水平相适应、均等化的基本公共服务，是我国社会公共资源配置的目标，也是我国社会公平和正义的必然要求。我国正处于社会转型时期和城镇化快速发展时期，城乡区域人口流动更加频繁，客观上要求社会公共资源的合理配置和公共服务的有效供给，对公共资源配置效率和居民对公共服务享有公平提出了新要求。政府在社会公共品供给中处于主体地位，但在市场运行机制之下，政府不可能也不应当完全替代市场而存在。由于受政府自身财政体制、社会保障制度等不完善的影响，特别是我国人口结构的快速变动，以及与之相伴的需求的多样化，如果全部由政府承担公共服务的供给，既会增加政府的负担，也不能充分调动社会资源达到最优效果，使得公共服务供给往往具有低效率与低质量。同时，在流动人口公共品偏好表达机制不完善的情况下，政府自上而下的公共品供给模式，容易导致公共品供给的地区差距和群体分割。因此，适应人口结构变动的社会公共资源配置，应在坚持政府负责的前提下，充分发挥市场机制作用，鼓励社会力量参与，推动基本公共服务提供主体和提供方式多元化。①

（四）人口结构变动与社会公共服务资源配置矛盾产生缘由

社会公共资源配置不适应人口结构变动的传导机制主要通过基于制度内

① 吴瑞君：《人口变动与社会公共资源协同的新思路》，《东方早报》2012 年 6 月 12 日。

的约束和制度外的市场机制来实现。

首先,制度内约束主要体现为我国就业制度、教育制度、住房保障制度、社会保障制度等和公共服务供给体系的不完善,使得社会公共资源的规划及资源配置与人口结构变动的关联度不够,导致公共服务享受不均。同时,社会公共资源管理体制机制的滞后,造成公共服务资源配置部门分割和地区分割,导致社会公共服务地区和群体的配置不均衡。

其次,制度外因素主要是社会公共资源市场作用机制的不完善和公共服务资源供给主体的单一,难以满足流动居民对公共产品的多样化、个性化需求。同时,政府财政投入不足,或财政投入公共服务领域的结构偏差,都会引起人口结构与社会公共资源配置不协调的问题。因此,与人口构成和空间变动及居民多样化的需求相比,我国社会公共资源的配置在一定程度上还存在着不匹配、不协调、不均匀等问题。①

三、城乡人口结构分层及其对公共服务需求

由人口流动形成的城乡不同人口结构,其对基本公共服务的需求呈现出明显的差异性特征。现阶段城乡人口流动的过程中缺乏相应的配套设施,通过流动人口对公共服务的选择效应和流动经历对公共服务的内在损耗效应,使得人口结构变动与公共服务资源配置的结构性矛盾更为明显。

(一)农村非流动人口特征及其公共服务需求

由于城市生活成本高,小孩上学难等问题阻隔,以及妇女在城镇就业中的弱势地位,农村家庭举家外出的困难增大,使得农村非流动人口主要以妇女、儿童、老人为主,形成了“空巢妇女”“空巢儿童”“空巢老人”三位一体的“空巢村”人口结构。据第三期中国妇女社会地位调查数据显示,农村非流动人口中女性占有较大比例,达到54.88%,非流动人口的平均年龄为39.16岁。②将非流动人口按“17—30岁”“31—45岁”“46—60岁”“61岁及以上”分组,

① 吴瑞君:《人口变动与社会公共资源协同的新思路》,《东方早报》2012年6月12日。

② 牛建林(2013)使用第三期中国妇女社会地位调查数据,对9432个调查样本计算得出的结论。

务农者以46岁及以上为主，占全部务农者的60.6%。其中61岁及以上的占全部务农者的14.1%，17—30岁务农者占全部务农者的12.2%。[①]

非流动人口结构的分化，进一步加剧了农村公共服务资源配置的结构性矛盾。首先，传统的家庭保障模式，已不能适应现代风险社会的挑战。由于身体素质下降和精力不足，农村老年人口相对于青壮年人口而言更容易过早地面临医疗、养老的困境。虽然我国实施了新农村合作医疗保险、新型农村社会养老保险、贫困人口医疗救助等，但是由于医疗卫生等资源配置的不均衡及相关体制和运营机制的不完善，使得医疗服务的可及性、医疗保险和养老保险的保障水平有限。有学者研究表明，新农合实施显著提高了高收入农民的健康水平，但对低收入参合农民的影响不显著，加剧了农民健康的不平等，[②]并具有效率不高，影响有限，[③]以及道德风险的倾向。[④] 因此，迫切需要在医疗保险、养老保险等领域建立完善的国家社会保障体系。其次，农村留守儿童的受教育需求与教育设施配置不均矛盾突出。据一项调查显示，超过50%的空巢儿童不能和父亲一起生活，有近40%和祖父母一起留守，[⑤]他们对良好的教育环境充满渴望。由于农村公共品供给的规模效应空间受限，使得公共服务供给利益递减，教育等公共服务设施的供给效率低下，留守儿童的教育弱化和中途辍学的情况有所增长。在弱势的教育环境下，空巢儿童面临严重的成长问题。最后，农村公共服务供给与非流动人口的公共服务需求矛盾明显。公共品的供给除了政府主导作用之外，还离不开广大村民的参与。随着大量人才外流和资本进城，农村公共积累能力被削弱，乡村治理由于主体缺失，农村公

① 数据来源于《2012年中国农村状况调查报告》，中国经济体制改革研究会农村状况调查课题组于2013年1月进行的一次全国范围的大型农村问卷调查。

② 李湘君、王中华、林振平：《新型农村合作医疗对农民就医行为及健康的影响——基于不同收入层次的分析》，《世界经济文汇》2012年第3期。

③ 吴联灿、申曙光：《新型农村合作医疗制度对农民健康影响的实证研究》，《保险研究》2010年第6期。

④ 孟德锋等：《新型农村合作医疗保险对农民健康状况的影响分析——基于江苏农村居民的实证研究》，《上海金融》2011年第4期。

⑤ 梁亚敏：《梯度模式、跳跃模式与雁阵模式比较研究》，《社会科学研究》2011年第2期。

共品的供给主要取决于政府官员的个人偏好。在供给总量不足的情况下,更呈现出公共产品供给结构失衡和供给的偏差。

(二)返乡流动人口特征及其公共服务需求

农村人口迁出和回流是相伴的社会现象。我国农村迁移人口是收入和消费与长期保障或者养老保障相分离的特殊群体,他们在城市里赚取工资并在城市消费,但还是需要农村家庭为其提供保障支持系统。① 当流入到城市的农村劳动力在城市中的生活条件并没有得到改善,或者迁移者家乡有更好的投资机会时,他们往往会做出返乡的决定。②

返乡者具有明显的个体特征和经济社会特征。调查统计表明,返乡者的平均年龄为36岁,低于农村非流动人口;性别比最高,这与过去几十年城乡流动人口中男性多于女性有关。其平均受教育程度明显低于城乡流动人口,但高于农村非流动人口。有86.19%的返乡者依然从事生产劳动,从事职业比较单一,主要集中于大农业生产、生产运输和设备操作,但返乡者从事生产劳动的比例低于农村非流动居民,收入高于农村非流动人口、低于城乡流动人口。③ 对于流动人口来说,他们是从自己的预期收益、发展目标、生活安排等出发,有差异地选择对城市的认同和融入,当对城市不满意,或是能够寻找到更好的发展机会,或是自己的生活目标发生改变时,就会再次流动或者返回农村。④ 一方面,由于流动人口就业的不稳定性,限制了企业对其进行职业培训的动力,而流动人口相对较低的经济收入和自身对城市预期的不稳定性,使其本身对人力资本投入的意愿和能力都不足。同时,大量的流动人口往往在职业阶梯的底端、非正规部门就业,处于短期用工的状态,其在获得经济收入的同时,也消耗了自身大量的健康积累。另一方面,流动人口在城市社会福利和

---

① Murphy, R. 2002, “How Migrant Labor is Changing Rural China”. Cambridge: Cambridge University Press.

② 石智雷、杨云彦:《家庭禀赋、家庭决策与农村迁移劳动力回流》,《社会学研究》2012年第3期。

③ 牛建林:《人口流动对中国城乡居民健康差异的影响》,《中国社会科学》2013年第2期。

④ 任远:《由“进城”和“返乡”共同构成的城市化》,《江苏社会科学》2010年第3期。

服务体系中处于边缘化位置，在自身健康状况明显变差、年龄较高后，或受农村非流动家庭结构、家庭禀赋变化的影响，他们更倾向于返回户籍所在地农村，以节省医疗费用和生活成本、寻求社会和家庭支持。

因此，返乡流动人口对公共服务需求有着明显偏向性，他们既对医疗卫生、养老、农村社区文化等生活型公共品供给有着强烈的渴望，也对适宜于务农、务工或经商的生产型公共服务有着强烈的需求。同时，内生于流动经历的各种因素对返乡者的健康等具有损耗作用，通过返乡这一选择机制，将相应的基本医疗和养老等公共服务供给负担转移给农村，客观上增加了农村基本公共服供给的脆弱性，加剧了农村医疗卫生等公共服务资源的供求矛盾。

（三）城镇流动人口特征及其公共服务需求

城镇流动人口已经成为我国城市常住居民的重要组成部分，农民工已成为我国产业工人的主体。城镇流动人口呈现明显的青壮年主体性，新生代农民工成为绝对主力。根据我国第六次人口普查数据对迁移人口的规模进行估计，居住地与户口登记地所在的乡镇街道不一致且离开户口登记地半年以上的人口为 2.61 亿人，不包括市辖区内人户分离的人口为 2.21 亿人。① 城乡人口流动中能够克服各种制度性障碍和现实困难、进入并保留在城市劳动力市场中的，往往是健康的青壮年劳动力，其一般平均年龄结构较低、经济活动参与比例较高。② 有研究表明，城镇流动人口的平均年龄为 32.10 岁，平均年龄比农村非流动人口和城镇人口低 7—8 岁。据 2013 全国农民工监测调查报告显示，1980 年及以后出生的新生代农民工 12528 万人，占农民工总量的 46.6%，占 1980 年及以后出生的农村从业劳动力的比重为 65.5%。③ 他们具有较高的受教育程度、就地消费倾向和参加社会保障的比例，但他们也面临着新的城市二元结构。如大量的城镇流动人口虽然被统计为城镇常住人口，但

① 《2010 年第六次全国人口普查主要数据公报》，2011 年 4 月 28 日，见 http://www.stats.gov.cn/tjgb/rk-pcgb/qgrkpcgb/t20110428_402722232htm。

② 牛建林：《人口流动对中国城乡居民健康差异的影响》，《中国社会科学》2013 年第 2 期。

③ 《2013 年全国农民工监测调查报告》，2014 年 5 月 12 日，见 http://www.stats.gov.cn/tjsj/zxfb/201405/t20140512_551585.html。

非本地户籍城镇流动人口难以获得与当地户口居民同等条件与待遇的教育、医疗、住房保障、社会保障等服务，使他们并没有真正成为所在城市的居民，而成为城乡、地区间巨大的流动群体。

同时，由于我国公共服务配置缺乏税收调节和价格引导，地方政府的财力难以负荷人口激增而产生的公共支出，造成人口变动与社会公共资源配置的不协调、不匹配、不均衡等矛盾和问题。一方面，大量城镇流动人口的增加，导致部分区域社会基本公共服务资源有效供给的不足。人口规模的持续增加，对城市道路、桥梁、公园、广场等城市公共设施，以及教育、医疗、文化、住房、养老等社会公共资源的刚性需求不断增大，导致城市明显的拥挤效应。虽然政府将流动人口的公共服务纳入本地财政，不断加大社会公共服务的财政投入，但相对于人口规模的快速增加，社会公共服务资源的供给相对滞后，既降低了城市人口人均公共服务的水平，也降低了社会的总体福利效用水平。另一方面，大量城镇流动人口空间流动，加剧了社会公共服务资源配置的结构性矛盾。公共服务可化为两类：第一类是以户籍来区隔的公共服务，户籍具有决定居民能否得到公共服务，或者得到多少数量服务的甄别功能。第二类是不以户籍来区隔的公共服务，流动人口可不受身份限制自愿进行消费。① 受当前社会公共服务供给模式的制约，第一类社会公共服务资源无法通过市场的激励提高其配置效率，其可及性、可获得性较差。第二类社会公共服务资源可以通过城镇流动人口的需求偏好表达机制，有效激励社会主体参与供给，通过货币化方式满足城镇流动人口的公共服务需求。两种社会公共资源配置机制的差异，导致两类公共资源间配置的结构失衡。同时，受区域经济发展水平和城镇流动人口收入水平的差异，导致公共服务资源配置的区域结构失衡和群体分化。

四、适应城乡人口结构变动的公共服务供给政策

改善基本公共服务供给的有效性，缓解城乡流动人口公共服务需求与供

① 江依妮：《外来人口集聚地区公共服务支出研究——以广东省为例》，《人口与经济》2013年第5期。

给的不协调问题，既需要总体的制度设计和政策调整，也需要分类科学配置不同流动人口结构对公共服务的需求。

（一）加大财政投入力度和优化投入结构

人口流出地和流入地公共服务资源总量和质量的提升，有赖于一定的物质积累。改革开放以来，我国经济发展取得了巨大成就，财政收入连年增长，基本公共服务供给有了财力的保障。一方面应加大财政投入的力度。建立与城乡、区域经济发展和政府财力增长相适应的基本公共服务财政支出增长机制，推进实施按照地区常住人口安排基本公共服务支出，解决大量人口流入地资源短缺、生态环境破坏、住房交通拥挤、教育医疗资源不足等公共服务供给不足问题。另一方面要进一步优化财政投入的结构。适应人口结构变动对公共服务需求的空间结构、群体结构，提高公共财政投入的针对性和投入效率。加大农村养老、医疗、教育、基础设施建设等基础保障型的投入，调整传统的公共品供给结构，变过去重有形公共品供给到有形公共品和无形公共品协调供给，变重生产型公共品供给到生产和生活型公共品并举①，更好适应农村非流动人口和返乡流动人口对公共品需求偏好的变化。进一步细化财政转移支付同城镇流动人口市民化的挂钩机制，加大城市人口集聚区内流动人口子女上学、就业、住房保障、医疗卫生等投入力度，提升人均公共服务水平，改善城市常住人口的总体福利。

（二）推进社会公共服务供给主体和方式的多元化

流动人口多样化的公共服务需求，需要多元的供给主体和供给方式，以解决公共服务供给的效率和公平问题。一是要构建以政府主导、社会参与、公办民办并举的基本公共服务供给模式，实现各公共服务供给主体在不同层次、不同领域供给的优势地位。拓宽公共服务供给的成本分摊机制，形成针对城乡流动人口公共服务需求全覆盖的公共服务供给格局，提高不同人口结构群体

---

① 何卫平：《空壳化背景下农村公共产品供给困境及出路》，《西华大学学报（哲学社会科学版）》2013年第7期。

对公共服务需求的可及性和可获得性。二是发挥市场机制的作用，实现公共服务的货币化。建立公共财政对社会组织的资助和奖励机制，保障社会组织依法享受税收优惠待遇，鼓励和引导社会资本参与基本公共服务设施建设和运用管理，举办医疗机构和参与公立医院改制，推动社会资本兴办养老和托老等服务，实现基本公共服务多元化供给，最大限度地推进社会协同和公众参与，以满足快速城镇化进程中城乡流动人口多样化的公共服务需求。

（三）进一步加快公共服务供给体制机制的创新

人口结构变动与投资、消费、经济增长密切相关，配置适应人口结构变动的公共服务供给机制，需要加快相关领域体制机制的整体配套改革，寻求新的公共服务供给结构与模式。我国的户籍制度备受诟病，成为影响我国人口流动和公共服务资源配置的重要制度性障碍。创新人口管理，加快户籍制度改革，完善细化不同类型城市落户的条件和政策，逐步弱化其“城乡二元结构”“城市新二元结构”的功能，剥离依附在户籍制度之上的各种城乡差别权益，如教育和培训权利、医疗卫生权利、社会保障权利、居住权利等，努力实现农业转移人口落户城市与其相关权益同时落地。但也有研究表明，在有的基于单一城市的研究中，城乡分割已经不再是造成非农业户口外来市民和农民工收入差异和参加社会保险差异的重要因素，这表明我国城市流动人口问题在很大程度上是一个区域均衡发展问题，而不是一个单纯的重新定义制度规则问题。① 因此，我国基本公共服务要跟户口、户籍地逐步分离后，更重要的是加快完善城乡就业制度、医疗卫生制度、社会保障制度、住房保障制度等，加快形成全国一体化的保障机制，探索多样化公共服务供给模式。加快建立全国统一的人口与社会资源配置预警机制，使得政府及时有效地根据城乡人口结构的变动，来配置社会公共服务资源，满足流动人口多样化的公共服务需求，“为人们自由迁徙、安居乐业创造公平的制度环境”。

---

① 郭菲、张展新：《农民工新政下的流动人口社会保险：来自中国四大城市的证据》，《人口研究》2013 年第 5 期。

（四）加快推进城乡基本公共服务均等化

城乡人口结构的变动，一个重要的原因在于城乡基本公共服务供给的巨大差异。同时，流动人口的公共服务需求是重要的引致需求，城乡基本公共服务供给的优化，也对人口结构的优化具有重要的引导作用。因此，一是要加大公共资源向农村、贫困地区非流动人口等社会弱势群体倾斜力度，把更多的财力、物力投向基层，促进农村水利、道路、治污等生产型设施资源的优化配置，完善农村非流动人口教育、医疗卫生、养老等生活型公共服务的供给，缩小基本公共服务水平差距，促进资源均衡配置和发展机会均等。二是要以人的城镇化和农民工的市民化为核心，全面加快城镇流动人口的市民化。要以权益保障为最重要的支点，加快推进城乡一体化发展，实现城乡在经济社会结构上的高度融合与协调发展。积极融入城市新社区，获得城市居民心理的认同，实现公共服务发展水平需要与人口数量的快速增长相匹配，逐步实现城乡流动人口就业、教育、住房保障、社会保障等方面的全覆盖。三是要解决并消除农村和城市之间公共服务制度的不衔接问题，改变管理属地化、制度碎片化的公共服务配置模式。

第四章
公共服务对劳动力转移的影响及作用机制

第一节　公共服务对农村劳动力转移的影响[①]

劳动力的转移主要关注于解决两个问题:一是在家庭决策情况下,哪些因素影响劳动者做出转移的决策;二是在家庭决策视角下,哪些因素影响了劳动者对转移目的地的选择。本节以家庭成员福利效用最大化为研究视角,分析基本公共服务因素在家庭做出转移决策和转移目的地选择中的贡献,为实现城乡公共资源均衡配置和农村劳动力有序转移,提供理论和经验上的支撑。

一、数据、变量说明与方法

(一)数据来源

数据来自于2010年的中国家庭追踪调查(CFPS2010),样本覆盖全国25个省、自治区、直辖市(不含香港、澳门、台湾、内蒙古、青海、宁夏、西藏、新疆、海南),完访样本包括村委会和居委会635个、家庭14798户。数据包含了家庭的人口结构和经济情况,以及村委会和社区的地理特征和人口、经济情况、基本公共服务供给情况。研究对象限定为具有农村户籍、居住在农村或城市的家庭。在数据处理中去掉了一些有缺失变量的样本和一些有异常值的样

① 本节部分内容发表于:杨刚强、孟霞、孙元元、范斐:《家庭决策、公共服务差异与劳动力转移》,《宏观经济研究》2016年第6期。

本，选取适合本文研究内容的村委会和居委会样本数共为465个，家庭有效样本数为4815户，其中家庭成员均未迁移、部分家庭成员迁移和举家迁移的样本分别占样本总数的53.55%、34.07%和12.38%。

（二）变量说明

根据家庭成员外出就业的情况，本文将家庭决策视角下的劳动力转移策略分为两个类型：是否移民和是否全家移民，①结合这些选项的含义及其取值分布，不移民编码为0，移民编码为1，在计量模型中，以编码0作为参照组，是一个离散变量，作为本文的被解释变量。

解释变量主要有两部分：一是核心自变量"基本公共服务"，为分类变量。在我国户籍制度改革的背景下，我们可以将影响劳动力转移的基本公共服务范围界定为以下两个方面：一是保障基本民生需求的公共服务，主要包括教育、社会保障、医疗卫生、住房保障等；二是与人民生活环境紧密关联的交通、公用设施、环境保护等领域的公共服务。基本公共服务对劳动力转移的影响，主要体现在劳动力对基本公共服务的可及性和可获得性，但受限于调查数据的可得性，部分指标未获得被调查对象的自评数据，本文将利用相关的哑变量来代表。文中基本民生需求的基本公共服务指标，用小学数量、与最近高中的距离、新型农村合作医疗的覆盖率、医院/医疗点数量、与最近医院/医疗点的距离来表示；与人民生活环境相关的公共服务指标，用房屋的拥挤程度、方圆五公里内是否有（化工厂、冶炼厂、造纸厂等）高污染企业来表示。

二是稳健性控制变量：家庭特征变量和区域经济社会特征变量。家庭特征变量包括家庭人口规模、家庭成员最高受教育程度。这些家庭特征将直接影响迁移家庭的效用水平，但并不会因选择的目的地的差异而变化。由于不同地区在经济发展水平、公共服务供给能力等方面存在较大差异，会在很大程度上影响劳动力转移目的地的选择。区域经济社会可观察变量以被访者所在

① 目前我国城乡公共服务仍存在较大差异，为突出基本公共服务对劳动力转移的影响，本文所指迁移主要是劳动力从农村向城市迁移，不包括劳动力返乡的部分。

居委会/社区经济社会特征来度量，主要包括：社区经济状况、与省城的距离。

表 4-1 变量定义、说明与统计性描述

变量名称	变量说明	均值	标准差	最小值	最大值	样本数
被解释变量						
是否移民	家庭成员：举家迁移或部分迁移=1，未迁移=0	0.4158	0.7071	0	1	4815
是否全家移民	家庭成员：举家迁移=1，其他=0	0.0656	0.2744	0	1	4815
核心解释变量（基本公共服务指标）						
小学数量	村/居地界内小学数量（个）	4.7531	2.5784	1	13	4815
与最近高中的距离	村/居地界内离最近高中的距离（公里）	12.9089	15.1139	0.007	100	4815
农村合作医疗覆盖率（就医成本）	2009 年参加新型农村合作医疗人数与村/居全部人口比例（%）	0.7866	0.2549	0.0025	1	4815
医院数量（就医便利性与生活成本）	村/居地界内医院/医疗点数量（个）	7.1986	3.5969	4	15	4815
与最近医院/医疗点的距离	村/居地界内离最近医院距离（公里）	0.7054	0.9720	0.001	10	4815
房屋拥挤程度	如果房屋拥挤程度为拥挤和很拥挤，则房屋拥挤程度（拥挤）= 1；如果房屋拥挤程度为一般或宽松，则房屋的拥挤程度（一般或宽松）= 0	0.8034	0.3967	0	1	4815
方圆五公里内是否有（化工厂、冶炼厂、造纸厂等）高污染企业	如果有一个或一个以上高污染企业，则有高污染企业=1，否则为0	0.2694	0.4437	0	1	4815

续表

变量名称	变量说明	均值	标准差	最小值	最大值	样本数
控制变量（家庭与区域特征变量）						
家庭人口规模	同住家庭有血缘关系成员数（人）	4.1913	1.7364	2	27	4815
家庭受教育程度	家庭成员中已经完成的最高学历：文盲/半文盲、小学、初中、高中、大专、大学本科、硕士、博士，依次取值1—8	2.9786	1.3408	1	8	4815
社区经济状况	如果经济状况为很穷和比较穷，则经济状况（穷或一般）= 0；如果经济状况为富裕和很富，则经济状况（富裕）= 1	0.4387	0.4968	0	1	465
与省城的距离	村/居地界距离省城的距离（公里）	161.3247	152.7522	0	500	465

（三）研究方法

大量的实证研究表明，多项逻辑特模型（multinomial logistic）是分析异质性劳动力多样化偏好选择的重要方法（Falaris,1987），本文实证分析采用多项logit回归模型。将家庭因素和公共因素联系起来，在分析公共因素时，家庭因素则作为控制变量进入模型。首先分析两类不同的公共服务对劳动力转移的影响，然后再逐步加入上述每项影响劳动力转移的控制变量，分别拟合出一组嵌套模型，将公共服务的影响同家庭、区域特征变量结合起来分析。为保证结果的稳健性，本文同时用probit模型估计。

二、实证结果分析

（一）公共服务影响劳动力转移的初步分析

表4-2回归结果的被解释变量为劳动力是否转移。其中，（1）—（3）列是Logit模型的估计结果，（4）—（6）列是Probit模型的估计结果。模型分析的拟合优度较好，具有较强的显著性。

教育方面，小学的数量与劳动力转移正相关，与距离最近高中距离显著负相关，表明家庭对孩子的教育越来越重视，为子女寻求良好的教育成为家庭做出转移决策的重要动力。在我国现行户籍制度下，虽然小学数量的增加有助于提升入学的机会，但家庭需要有足够的勇气选择“用足投票”。相对于小学教育，高中在教育机会分配中相对公平。

医疗卫生方面，新型农村合作医疗覆盖率与劳动力转移显著负相关。一方面，新农合显著提高了参合者的健康水平，改善了参合者“有病不医”的状况，提高了其医疗服务利用率。另一方面，新农合覆盖率的提高，在一定程度上降低了农民的医疗卫生支出，提高了农村的基本医疗服务水平。在我国现行新农合异地差别化报销比例和报销流程规定下，①各地区新农合补偿标准的逐年提高，大幅提高了农村劳动力转移的机会成本。在医疗支出不变的情况下，补偿标准的提高能够有效降低农民的医疗支出，这也就增加了农民外出务工的机会成本，会抑制农民工外出务工的积极性。同时，县内和县外报销比例的差异，也有可能加剧农民工在选择务工地点时更加偏好在本县务工或本市务工。医院数量与劳动力转移显著负相关，与医院或医疗点的距离显著正相关。医院数量、与医院或医疗点的距离，反映居民就医便利程度和基本医疗卫生服务的可及性，对居民的健康和医疗成本具有重要影响，特别是对转移劳动力而言，获得及时有效的医疗卫生服务，是长期农村基本医疗卫生供给不足的客观反映。

房屋拥挤程度与劳动力转移显著的负相关。房屋拥挤程度越高表明人口密度较高、居住环境较差。第一代农民工居住环境往往具有明显的临时性特征，居住条件拥挤、简陋。但随着新农村建设和城镇化进程的加快，城乡总体居住环境有所改善，新生代农业转移人口对居住环境提出了新的要求。特别是在举家迁移的情况下，较多的迁移人口对人均住房面积、居住区配套基础设

① 新农合要求农民在户籍所在地缴费，并鼓励农民在当地卫生医疗机构看病、报销。对于异地就诊的情况，在大多数地方新农合虽然原则上允许报销，却对其报销设置了复杂的手续和较低的补偿标准。

施建设有着较高的要求。

方圆五公里内是否有高污染企业与劳动力转移显著正相关，这既反映了劳动力的生活环境，也反映了劳动力的就业结构。城乡分割的劳动力市场与转移劳动力自身相对较低的知识和技能水平，决定了其在城市劳动力市场上处于不利的竞争位置，多数转移劳动力处于职业阶梯底端。① 由于污染型企业多为劳动密集型企业且就业门槛较低，便于解决不同层次转移劳动力的就业。因此，相比于健康损耗，转移劳动力更趋向于选择就业。

加入家庭控制变量后表明，家庭人口规模越大，越有利于促进移民。而家庭成员受教育程度与劳动力转移负相关，但并不显著，这是与以往研究结论所不同的。如潘静、陈广汉等研究表明，家庭受教育水平的提高对家庭劳动力流动具有显著的促进效应。这也从另一侧面表明，随着农村家庭成员受教育程度的提高，人力资本将获得较大的提高，会选择在本地创业或就业，并可获得较高的收入。

加入社区控制变量后表明，较高的社区收入水平，也对劳动力转移具有重要的促进作用。与省城距离显著负相关，表明靠近省会城市有着较好的发展机会，对转移劳动力具有重要的吸引力。

表 4-2 影响劳动力转移的因素分析

	(1)	(2)	(3)	(4)	(5)	(6)
	Logit 模型			Probit 模型		
	无控制变量	**加入家庭控制变量**	**加入社区控制变量**	**无控制变量**	**加入家庭控制变量**	**加入社区控制变量**
小学数量	0.0322* (1.68)	0.0369* (1.87)	0.0327 (1.36)	0.0219* (1.89)	0.0244** (2.05)	0.0217 (1.57)
与最近高中距离	-0.0235*** (-8.92)	-0.0192*** (-7.36)	-0.0204*** (-7.11)	-0.0126*** (-9.16)	-0.0107*** (-7.67)	-0.0114*** (-7.57)

① 牛建林：《人口流动对中国城乡居民健康差异的影响》，《中国社会科学》2013 年第 2 期。

续表

	(1)	(2)	(3)	(4)	(5)	(6)
	Logit 模型			Probit 模型		
	无控制变量	加入家庭控制变量	加入社区控制变量	无控制变量	加入家庭控制变量	加入社区控制变量
农村合作医疗覆盖率	-1.033*** (-8.54)	-1.045*** (-8.50)	-1.396*** (-8.76)	-0.629*** (-8.49)	-0.622*** (-8.30)	-0.754*** (-8.57)
医院数量	-0.0924*** (-6.63)	-0.0998*** (-7.00)	-0.0681*** (-3.96)	-0.0584*** (-6.96)	-0.0620*** (-7.25)	-0.0404*** (-4.11)
与最近医院/医疗点的距离	0.164*** (5.06)	0.170*** (5.21)	0.155*** (4.29)	0.0985*** (5.29)	0.102*** (5.42)	0.0954*** (4.53)
房屋拥挤程度	-0.197** (-2.55)	-0.215*** (-2.73)	-0.152 (-1.62)	-0.109** (-2.31)	-0.121** (-2.53)	-0.0988* (-1.82)
方圆五公里内是否有高污染企业	0.602*** (8.57)	0.580*** (8.11)	0.455*** (5.37)	0.378*** (8.72)	0.355*** (8.09)	0.249*** (5.19)
家庭人口规模		0.257*** (13.24)	0.288*** (12.55)		0.144*** (13.24)	0.161*** (13.25)
家庭成员最高受教育程度		-0.0204 (-0.88)	-0.0490* (-1.79)		-0.00827 (-0.59)	-0.0343** (-2.18)
社区经济状况			1.106*** (13.37)			0.658*** (13.80)
与省城的距离			-0.00741*** (-26.16)			-0.00409*** (-28.04)
cons	1.132*** (7.83)	0.112 (0.62)	0.639*** (2.68)	0.662*** (7.57)	0.0709 (0.65)	0.336** (2.45)
N	4815	4815	4815	4815	4815	4815
Pseudo R2	0.0610	0.0897	0.299	0.0602	0.0876	0.293

注:(1)括号内的数字为 t 统计量;(2) *、**、*** 分别代表 10%、5%和 1%的显著性水平。

(二)不同家庭人口规模下公共服务对劳动力迁移的影响

表 4-3 回归结果为控制家庭人口规模这一变量后,公共服务对劳动力转移影响的回归结果。在家庭决策视角下,家庭人口规模对移民影响较大,对其进行分类回归,既可以判断不同人口规模的家庭移民特征,也可以判断表 4-2 中主要结论是否稳健。

家庭是基本公共服务需求的主体，特别是家庭人口结构发生变化时，其消费的边际倾向也会发生明显的变化。如果家庭中儿童和老年人的比例增大，则消费倾向会提高，如果处于劳动阶段的中青年的比例增大，则消费倾向会降低。当家庭人口大于 3 人时，最近医院/医疗点的距离与劳动力转移的正相关性显著增强。房屋拥挤程度、方圆五公里内是否有高污染企业、家庭成员受教育程度与劳动力转移显著性大幅提升，且与家庭成员小于等于 3 人的回归结果形成明显反差。即当家庭人口规模大于 3 人时，家庭成员可能包含子女和老人，家庭成员更加重视医疗卫生服务的便利性和可及性，对劳动力转移的促进作用显著提升。对居住条件也提出了新的要求，房屋的拥挤程度与劳动力转移的关系由低于或等于 3 人时的无显著影响，变为大于 3 人时的显著负相关；方圆五公里内是否有高污染企业与劳动力转移由无显著影响，变为显著的正相关。表明随着家庭人口规模的增加，人口集中居住的意愿更加强烈，医疗卫生的便利性和可及性、住房条件的改善成为影响家庭转移决策的主要因素，而受城市就业压力的影响，转移劳动力对周边环境污染的影响不再敏感。

在控制变量方面，家庭成员受教育程度与劳动力转移的关系由正相关，变为显著的负相关。这表明当家庭人口规模小于等于 3 人时，家庭成员教育程度越高，越容易做出转移的决策；但家庭人口规模大于 3 人时，家庭成员教育程度越高，越容易选择在当地就业。

表 4-3　控制家庭人口规模后影响劳动力转移的因素分析

	(1)	(2)	(3)	(4)
	Logit 模型		Probit 模型	
	小于等于 3 人	大于 3 人	小于等于 3 人	大于 3 人
小学数量	0.0674 (1.34)	0.0251 (0.91)	0.0566** (2.03)	0.0174 (1.07)
与最近高中距离	-0.0267*** (-4.78)	-0.0187*** (-5.43)	-0.0144*** (-5.30)	-0.0106*** (-5.69)
农村合作医疗覆盖率	-1.997*** (-6.45)	-1.234*** (-6.45)	-1.083*** (-6.55)	-0.678*** (-6.37)

续表

	(1)	(2)	(3)	(4)
	Logit 模型		Probit 模型	
	小于等于 3 人	大于 3 人	小于等于 3 人	大于 3 人
医院数量	-0. 151*** (-4. 18)	-0. 0413** (-2. 11)	-0. 0969*** (-4. 72)	-0. 0261** (-2. 27)
与最近医院/医疗点的距离	0. 0620 (0. 97)	0. 225*** (4. 40)	0. 0373 (1. 02)	0. 129*** (4. 73)
房屋拥挤程度	0. 186 (1. 06)	-0. 356*** (-3. 08)	0. 126 (1. 27)	-0. 205*** (-3. 05)
方圆五公里内是否有高污染企业	-0. 134 (-0. 82)	0. 694*** (6. 85)	-0. 0637 (-0. 70)	0. 362*** (6. 28)
家庭人口规模	0. 720*** (5. 21)	0. 130*** (3. 92)	0. 442*** (5. 66)	0. 0766*** (4. 31)
家庭成员最高受教育程度	0. 0000485 (0. 00)	-0. 0894*** (-2. 74)	-0. 00536 (-0. 18)	-0. 0578*** (-3. 04)
社区经济状况	1. 545*** (9. 08)	0. 958*** (9. 92)	0. 886*** (9. 71)	0. 584*** (10. 17)
与省城距离	-0. 00854*** (-14. 20)	-0. 00692*** (-21. 32)	-0. 00449*** (-15. 42)	-0. 00390*** (-22. 86)
_cons	0. 00209 (0. 00)	1. 416*** (4. 52)	-0. 189 (-0. 61)	0. 789*** (4. 38)
N	1745	3070	1745	3070
Pseudo R2	0. 349	0. 262	0. 341	0. 257

注:(1)括号内的数字为 t 统计量;(2) * 、** 、*** 分别代表 10%、5%和 1%的显著性水平。

(三)不同迁移规模下公共服务对劳动力迁移的影响分析

表 4-4 回归结果的被解释变量为是否全家移民,探讨公共服务对部分移民和全家移民的影响和区别。

与单纯劳动力是否移民相比,影响劳动力全家移民的因素中,除与方圆五公里内是否有高污染企业具有不同的相关关系外(具有显著的负相关),其他都具有相同的相关性。这也说明,全家移民意味着要融入城市的生活,家庭对城市的教育、医疗卫生、住房、居住环境等提出了更高的要求。

表 4-4　影响劳动力是否全家转移的因素分析

	(1)	(2)	(3)	(4)	(5)	(6)
	Logit 模型			Probit 模型		
	无控制变量	加入家庭控制变量	加入社区控制变量	无控制变量	加入家庭控制变量	加入社区控制变量
小学数量	0.0263 (0.55)	0.0304 (0.63)	0.0373 (0.75)	0.0120 (0.54)	0.0134 (0.59)	0.0165 (0.70)
与最近高中距离	-0.101*** (-9.31)	-0.101*** (-9.11)	-0.0917*** (-9.18)	-0.0440*** (-9.40)	-0.0433*** (-9.15)	-0.0450*** (-9.71)
农村合作医疗覆盖率	-0.281 (-1.06)	-0.307 (-1.15)	-0.387 (-1.44)	-0.132 (-1.02)	-0.147 (-1.13)	-0.169 (-1.28)
医院数量	-0.157*** (-4.58)	-0.157*** (-4.58)	-0.143*** (-3.97)	-0.0757*** (-4.74)	-0.0760*** (-4.75)	-0.0663*** (-3.89)
与最近医院/医疗点的距离	0.284*** (5.22)	0.281*** (5.18)	0.292*** (5.17)	0.127*** (4.44)	0.125*** (4.36)	0.148*** (5.03)
房屋拥挤程度	-0.355** (-2.49)	-0.370*** (-2.59)	-0.354** (-2.39)	-0.204*** (-2.82)	-0.208*** (-2.86)	-0.199*** (-2.62)
方圆五公里内是否有高污染企业	-1.224*** (-6.48)	-1.203*** (-6.35)	-1.438*** (-7.25)	-0.597*** (-7.04)	-0.592*** (-6.95)	-0.689*** (-7.66)
家庭人口规模		0.0203 (0.60)	0.0137 (0.39)		0.0147 (0.85)	0.0137 (0.77)
家庭成员最高受教育程度		-0.0915** (-1.96)	-0.0853* (-1.78)		-0.0389* (-1.69)	-0.0482** (-2.02)
社区经济状况			0.491*** (3.33)			0.244*** (3.35)
与省城距离			-0.00370*** (-8.13)			-0.00172*** (-8.25)
_cons	-0.346 (-1.17)	-0.159 (-0.43)	-0.0572 (-0.15)	-0.368** (-2.51)	-0.313* (-1.72)	-0.241 (-1.22)
N	4815	4815	4815	4815	4815	4815
Pseudo R2	0.112	0.114	0.162	0.109	0.111	0.159

注:(1)括号内的数字为 t 统计量;(2) * 、** 、*** 分别代表 10%、5%和 1%的显著性水平。

但在不同的家庭人口规模下,影响劳动力是否全家移民的影响因素又出现了明显的差异。表 4-5 是控制家庭人口规模后影响劳动力是否全家转移的回归结果，Logit 模型和 Probit 模型都具有较好的拟合优度，通过了显著性检验。

由表 4-5 可知，当家庭人口规模小于等于 3 人时，小学数量与劳动力全家移民负相关，而家庭成员大于 3 人时呈现正相关，说明家庭中适龄上小学的人数越多，越容易促进家庭实现全家移民。当家庭人口规模小于等于 3 人时，家庭成员受教育程度与劳动力全家移民正相关，而家庭成员大于 3 人时呈现负相关，表明当家庭人口规模超过 3 人时，较高的受教育程度，家庭会做出人力资源的优化配置，更倾向于家庭成员的部分转移。此外，当家庭人口规模大于 3 人时，医院数量、与最近医院/医疗点的距离对劳动力全家移民的作用显著增强，而房屋拥挤程度、家庭人口规模、社区经济状况对劳动力全家移民的影响显著降低，成为影响劳动力全家移民的次要因素。

表 4-5　控制家庭人口规模后影响劳动力是否全家转移的因素分析

	(1)	(2)	(3)	(4)
	Logit 模型		Probit 模型	
	小于等于 3 人	大于 3 人	小于等于 3 人	大于 3 人
小学数量	-0.109 (-0.90)	0.0587 (1.05)	-0.0561 (-0.95)	0.0241 (0.89)
与最近高中距离	-0.0865*** (-5.72)	-0.0966*** (-7.22)	-0.0470*** (-6.04)	-0.0446*** (-7.58)
农村合作医疗覆盖率	-0.656 (-1.34)	-0.379 (-1.15)	-0.411 (-1.62)	-0.142 (-0.89)
医院数量	-0.149** (-2.11)	-0.125*** (-2.99)	-0.0759** (-2.21)	-0.0556*** (-2.77)
与最近医院/医疗点的距离	0.198** (1.96)	0.376*** (5.24)	0.0962* (1.83)	0.186*** (4.92)
房屋拥挤程度	-0.654*** (-2.61)	-0.206 (-1.10)	-0.363*** (-2.74)	-0.138 (-1.45)
方圆五公里内是否有高污染企业	-1.491*** (-4.42)	-1.413*** (-5.71)	-0.819*** (-4.93)	-0.660*** (-5.97)

续表

	(1)	(2)	(3)	(4)
	Logit 模型		Probit 模型	
	小于等于 3 人	大于 3 人	小于等于 3 人	大于 3 人
家庭人口规模	0.710*** (3.03)	0.0448 (0.89)	0.433*** (3.61)	0.0232 (0.89)
家庭成员最高受教育程度	0.0656 (0.76)	−0.164*** (−2.77)	0.0271 (0.62)	−0.0838*** (−2.85)
社区经济状况	1.002*** (3.28)	0.166 (0.96)	0.500*** (3.39)	0.0953 (1.10)
与省城距离	−0.00521*** (−5.42)	−0.00298*** (−5.74)	−0.00250*** (−5.68)	−0.00144*** (−5.88)
_cons	−1.301 (−1.38)	−0.279 (−0.56)	−0.821* (−1.70)	−0.367 (−1.44)
N	1745	3070	1745	3070
Pseudo R2	0.263	0.138	0.268	0.135

注:(1)括号内的数字为 t 统计量;(2) *、**、*** 分别代表 10%、5%和 1%的显著性水平。

(四)稳健性分析

在上述实证分析中,为了保证结论的稳健性:首先,采用了不同计量回归模型,包括 logit 回归模型和 probit 回归模型;其次,考虑了不同的控制变量,如在回归中分情况先后加入了社区和家庭控制变量;接着,考虑了不同的被解释变量,主要包括全家迁移和部分家庭成员迁移两种情形下的被解释变量;最后,还以家庭规模为基准分样本范围进行了回归。分析发现即使采用了不同的估计方法,关于公共服务对劳动力转移影响的主要结论仍然成立,这也说明本研究得到的结论具有一定的稳健性。

三、结论与建议

本节利用 2010 年的中国家庭追踪调查(CFPS2010)数据,分析了家庭决策视角下公共服务水平对劳动力转移的影响。就考察的公共服务指标而言,公共服务水平对劳动力转移决策具有重要影响,且在不同的家庭人口规模下,基本公共服务水平对劳动力转移的作用和转移规模具有明显的差异性。研究发现:(1)教育是影响家庭做出转移决策的重要影响因素,相比于受体制排斥较为明显的小学教育,高中教育对劳动力转移的影响更为显著。(2)医疗卫生服务的可及性和机会成本,对劳动力是否转移和是否全家转移都非常显著,特别是当家庭人口规模大于 3 人时,这种影响更为显著。(3)住房条件和居住环境对劳动力转移的影响较为矛盾。一方面,转移家庭人口规模大于 3 人时或全家移民时,转移劳动力对所购房或租房特别重视,往往是从中长期来考虑,对住房条件要求较高。而对于转移家庭人口规模小于 3 人时,更多的是从短期来考虑,住房条件显得不再那么重要。另一方面,受转移劳动力所从事就业结构和环境的影响,相比获得充分就业,周边有污染型企业的影响已经显得不再重要,除非是全家移民。(4)家庭人口规模越大,越有利于做出转移决策,而家庭人口规模越小越容易全家移民。当家庭人口规模小于或等于 3 人时,家庭成员最高受教育程度越高,越有利于劳动力转移。当家庭人口规模大于 3 人时,家庭人口规模越大越不容易移民,因为他们在当地即可获得较高的收入。

基本公共服务水平对劳动力转移决策具有重要的影响,应积极优化区域公共服务资源配置,提高对教育、社会保障、医疗卫生、住房等基本公共服务的可及性和可获得性,是我国加快农业转移人口市民化,全面推进城镇化的重要路径。(1)地方政府往往依据户籍人口规模配置公共服务资源,使得属地化管理体制下的公共资源配置机制不断扭曲①,对转移劳动力的公共服务供给存在"歧视"行为。以户籍"区隔"的公共服务又会成为劳动力转移的重要"体制排斥",导致社会机会结构的差异。因此,应进一步加快户籍制度改革的进程,特别是分割与户籍制度相挂钩的福利制度。促进公共服务资源均衡配置和发展机会均等,使得转移劳动力能合理选择和获取与自己家庭结构特征相适应的基本公共服务。(2)加快区域、城乡基本公共服务一体化,逐步解决和

---

① 甘行琼、刘大帅、胡朋飞:《流动人口公共服务供给中的地方政府财政激励实证研究》,《财贸经济》2015 年第 10 期。

消除农村和城市之间教育、医疗卫生、住房等公共服务制度的不衔接问题，改变管理属地化、制度碎片化的公共服务配置模式，优化公共服务资源的配置效率，降低劳动力转移的机会成本。(3)加快提升对转移劳动力的就业培训，全面加快产业结构调整步伐，逐步改善转移劳动力的就业创业环境。

第二节　公共服务影响劳动力转移的作用机理

不同类型家庭特征的家庭会做出差异化的家庭决策，而这种转移决策的动机又源于家庭提升其整体或部分成员物质资本、人力资本和社会福利水平的内在需求。基本公共服务影响其转移决策的机制正是基于这种内在的需求而发生作用，其作用的途径主要是通过家庭对基本公共服务的选择性效应以及与城市制度环境的适配效应来实现。

一、家庭对基本公共服务的选择效应

劳动力转移是要素在空间上的集聚和再配置，而这种集聚和再配置的内在动力源之一，在于个体或家庭对基本公共服务的选择效应，这种作用机制主要表现为对公共品供给水平和供给结构的选择。

(一)对公共服务供给水平的选择效应

农村和区域间基本公共服务供给不足和缺位已成为劳动力转出的重要“推力”，而城市较高的公共服务水平成为劳动力转入的重要“拉力”。在现行城乡、区域公共资源配置格局下，基本公共服务的差异将会产生显著的劳动力转移效应。

相比城市的基本公共服务供给而言，较为落后的农村基本公共服务，是家庭决策视角下劳动力做出转移决策的重要“推力”。随着我国一系列惠农政策的实施，农村经济发展水平和人均收入都有了相应的提高，劳动力所需的产品构成发生了变化，对公共服务的需求也持续的增长。但受我国长期来以来城市偏向政策的影响，城市的基本公共服务建设获得了长足的发展，而农村的基本公共服务供给无论在数量上和质量上都严重滞后于城市，城乡基本公共

服务水平存在明显差异。这种差异集中体现在城乡基础设施建设、教育、医疗、社会保障等方面的非均等化。在家庭决策的视角下,为实现家庭成员整体福利的最大化,特别是为实现子女上学和就业、老人就医,以及提高家庭人力资本的积累和投资回报等,会促使家庭做出向基本公共服务水平较高地区转移的决定。劳动力转移综合效应的最大化,取决于我国现行公共政策的完善,城乡公共资源的合理配置。

就不同规模城市间公共服务供给而言,中国城市与地区之间发展水平、市场化程度和对劳动力的需求不同,社会保障和福利制度存在地区分割,公共服务的供给质量和水平也存在差异。从行政级别、人口规模、产业类型等特征来看,中国城市之间差异很大,且这种差异所产生的影响在逐渐增大,"中小城市—超大城市"的差异甚至成为社会的分层力量。① 超大城市、特大城市和大城市的公共服务水平较高,公共服务具有较强的可及性和可获得性,但中小城市的基本公共服务水平普遍偏低。而人口流动的趋势也与城市规模表现出了明显的一致性,即城市规模较大的城市往往是人口的流入地,而中小城市往往是主要的人口流出地。②

(二)对公共服务供给结构的选择效应

由于家庭或个体特征的异质性,其对基本公共服务的需求呈现出明显的层次性和结构性。而我国农村公共服务供给的结构失衡、城市基本公共服务的拥挤和非均等化,成为我国劳动力对公共服务供给结构选择的重要动因。一方面,我国广大农村地区,普遍对农村道路、危房改造、村容整治等硬件基础设施建设投入较大,而与广大农村居民生活密切相关的教育、医疗、社会保障、住房保障等方面的投入相对不足。农村公共服务供给中仍存在非"需求主导型"的供给机制,造成了公共资源供给的短缺与浪费并存。同时,受原有公共服务设施基础、财力、区位条件、工作力度等影响,部分村的公共服务设施配置

---

① 李强、王昊:《中国社会分层结构的四个世界》,《社会科学战线》2014 年第 9 期。

② 李拓、李斌:《中国跨地区人口流动的影响因素——基于 286 个城市面板数据的空间计量检验》,《中国人口科学》2015 年第 2 期。

比较完善，公共服务平台使用效率较高，但部分村公共服务设施不完善，功能失调，公共服务不能实现全覆盖。因此，农村基本公共服务供给结构的失衡，难以满足劳动力差异化的需求，成为我国城乡劳动力转移的重要动因。另一方面，不同规模城市间公共服务供给结构存在显著差异。侯慧丽以公民权理论中的公民资格概念为基础，将城市的公共服务按照权利主体和内容，分为工业公民资格公共服务和社会公民资格公共服务。① 研究表明，城市提供的两种公共服务均对流动人口具有吸引力，获得了公共服务的流动人口更容易稳定。城市规模越大，流动人口获得工业公民资格公共服务的可能性越大，而获得社会公民资格公共服务的可能性越小，反之亦然。城市间公共服务供给的结构问题，既包括城市内基本公共服务能否全覆盖的结构问题，也包括不同城市间公共服务供给的结构差异问题。② 因此，当转移劳动力对享有公共服务资源看得很重要时，他们对公共服务需求的结构性偏好将明显增强，实现在城市间流动和迁移成为可能。

二、家庭与城市制度环境适配效应

劳动力转移是基于个人或家庭在比较成本与收益之后的理性决策结果。与发达国家劳动力转移决策面临的约束条件所不同的是，我国面临最为明显的制度约束。受制度和相关政策的制约，现存制度供给滞后导致农业转移人口共享城市公共服务的制度需求无法得到满足，农业转移人口和城市居民在享有城市基本公共服务方面存在明显差异，城市基本公共服务的社会性和公益性难以全面体现，客观上形成了对农业转移人口获取基本公共服务的制度歧视。因此，某种程度上讲，农业转移人口市民化的过程，就是农业转移家庭或个体与城市公共服务制度相适配或倒逼相关制度变革的过程。即农业转移人口市民化是一个政府的制度供给水平不断提高且农业转移人口的制度需求

---

① 与就业紧密相关，并且基于就业资格而享有的公共服务视为工业公民资格公共服务；与就业无关的基于公民身份即可获得的公共服务可以视为社会公民资格公共服务。

② 侯慧丽：《城市公共服务供给差异及其对人口流动的影响》，《中国人口科学》2016 年第 1 期。

不断得到满足的动态过程。①

影响农业转移人口市民化的制度因素较多,而户籍制度、农地产权制度和公共福利体系是其中的关键因子。户籍制度是影响我国农村劳动力转移的重要制度安排,与这一城乡分割、城乡有别的制度体系相关的一系列政策,使得公共服务供给呈现出城乡二元性、城市偏向性和城乡分割性等基本特征。大量农村劳动力在职业选择、接受教育、医疗、社会保障等领域,受相关政策的束缚与制约,不能与城市居民享受同等待遇,使他们游离于城市边缘,难以实现与转入地的融合,阻碍了劳动力转移与市民化。农村土地制度方面存在的问题,使长期在城镇工作和生活的农业转移人口难以在放弃土地权益时得到合理补偿。极大地制约了农业转移人口顺利融入城镇,也不利于农村土地适度规模经营。② 受我国财政制度的制约,城乡公共服务制度也存在较大差异,形成与户籍制度相匹配的住房、医疗卫生、教育、社保等公共服务制度,对农业转移人口市民形成了鲜明的制度制约。因此,只有推动"户籍—农地—福利"三个维度上的变革,才能以最小的交易费用实现农业转移人口向市民的转变。

大量农业转移人口的出现,倒逼国家和各地区开展了一系列的制度变革,极大地促进了农业转移人口与城市公共服务供给制度适配的进程,加快了农业转移人口市民化的进程。

---

① 何一鸣、罗必良、高少慧:《农业转移人口的市民化:基于制度供求视角的实证分析》,《经济评论》2014 年第 5 期。

② 张月瀛:《破除农业转移人口市民化的制度障碍》,《人民日报》2013 年 4 月 10 日。

第五章

公共服务资源配置与劳动力转移空间选择

我国城市化的趋势还将继续加强,大量的劳动力从农村向城市转移,尝试在空间流动中选择适宜的小康生活。在迁移的工资因素难以完全解释的情况下,公共服务资源的合理配置逐渐成为引导我国新移民在空间上合理迁移的重要着力点。在区域经济发展空间失衡的中国,迁移决策对于个人而言,很难轻易地做出自己合理的判断,以实现客观上的最优的结果。每个人在区位选择时,希望在地理空间上,其所在地能与自身特点相匹配,从而劳动者在这一匹配过程中不断地流动。① 而这一目标的实现,有赖于公共服务资源合理配置的引导。

第一节 公共服务资源的空间集聚与影响因素

公共服务资源配置的现状与潜力,对劳动力流动都具有明显的影响。良好的公共服务环境可以吸引更多的人才和资本流入,促进地区经济的发展和社会和谐稳定。20 世纪 80 年代以来,乃至今后一段时期内,劳动力区域间流动将成为我国社会重要的"新常态",对促进我国城镇化进程具有重要推动作用。本节将对我国各地区的基本公共服务配置状况及与劳动力流动趋势的匹

① 孙三百、黄薇等:《城市规模、幸福感与移民空间优化》,《经济研究》2014 年第 1 期。

配程度进行分析，进而提出与劳动力转移空间格局相适配的公共服务资源配置政策。

一、基本公共服务空间集聚度量

基本公共服务主要涉及保障基本民生所需的教育、医疗卫生、社会保障、环境保护、基本公共设施、公共安全等。目前，我国地区间基本公共服务非均等化的问题日益突出，地区间居民在享有教育、医疗卫生、社会保障等方面的公共服务存在明显差异。且在现行的公共服务供给体制和户籍制度下，公共服务的边界效应和户籍甄别功能依然明显，使得劳动力转移人口无法享受与当地户籍居民同等条件的教育、医疗、社会保障等公共服务，即便是政府努力着手实施对流动人口的公共服务"属地管理"，很多公共服务仍然难以惠及所有的常住人口。因此，按照转移劳动力享有城市基本公共服务的户籍甄别功能，可将公共服务分为以户籍"区隔"和不以户籍"区隔"两大类。前者主要是指，非本地户籍的外来居民，在子女上公办学校、享受社保和住房（如保障性住房、低保）待遇上，与户籍人口的待遇相差甚大。后者是指居民可以不受身份限制，根据他们的能力和意愿进行消费，户籍的排他作用显现不出来，这类公共服务包括医疗卫生、文化信息、基础设施、生态环境等。

（一）评价方法

空间自相关是指，一个区域中的某种经济现象或某一属性值总是与其相邻区域中的相应经济现象或属性值相关。最为常用是使用全局 Moran's I 来反映区域中观察变量的自相关程度，用于探测整个研究区域的空间模式；使用局部空间自相关（Local Indicators of Spatial Association，LISA）LISA 指标，反映每一个空间单元与邻近单元就某一属性的相关程度。

1. 全局 Moran's I 指数

$$I=\frac{\sum_{i=1}^{n}\sum_{j=1}^{n}W_{ij}(y_i-\bar{y})(y_j-\bar{y})}{\sum_{i=1}^{n}\sum_{j=1}^{n}W_{ij}\sum_{i=1}^{n}(y_j-\bar{y})^2}=\frac{\sum_{i=1}^{n}\sum_{j=1}^{n}W_{ij}(y_i-\bar{y})(y_j-\bar{y})}{S^2\sum_{i=1}^{n}\sum_{j=1}^{n}W_{ij}} \quad (1)$$

其中，y_i 为地区 i 的变量观测值；$\bar{y}$ 为地区间观察变量的均值，$\bar{y} = \frac{1}{n}\sum_{i=1}^{n} y_i$；$S$ 为地区间观察变量的方差，$S^2 = \frac{\sum_i w_{i,j}(y_{i,t} - y_t)^2}{n}$；$n$ 为地区总数；w_{ij} 为空间权重矩，表示地区 i 与 j 的邻近关系，矩阵的元素值可以根据邻接标准或距离标准来度量。① 本文在计算 31 个省市的公共服务空间相关性时，使用二进制邻接矩阵，即当地区 i 和 j 相邻时，$w_{ij} = 1$；其他，$w_{ij} = 0$；在分析地级及以上城市的公共服务空间相关性时，采用人口密度空间权重矩阵。

$$w_{ij} = \frac{1/|PD_i - PD_j|}{\sum_j 1/|PD_i - PD_j|}$$

其中，w_{ij} 中的 PD_i 表示第 i 个区域人口密度(人/平方公里)。

全局 Moran 指数的取值范围为(-1,1)。当各地区间基本公共服务增量投入结构为空间正相关时，Moran 指数值应当较大，负相关则较小。即具体到各地区通过服务增量投资结构的空间溢出效应问题上，Moran 指数值大于 0，表明各相邻地区间公共服务增量投资在空间模式上显示出正的空间自相关，存在空间集聚现象；Moran 指数值小于 0，表明各相邻地区间公共服务增量投资结构在空间模式上呈现为负的空间自相关，存在空间分散分布现象；Moran 指数值等于 0，表明各地区间基本公共服务增量投资与区位的分布相互独立。Moran 指数的绝对值越大，表明所检验变量的空间相关性越强。

2. Moran 散点图和局部 Moran' s I 指数

Moran' s I 统计量能体现出某一属性值是否存在空间集聚，但不能反映观察变量的集聚特征。Moran 散点图通过四象限图(H-H、H-L、L-H 和 L-L)可以有效分析观察变量的空间集聚特征。局部空间自相关 LISA 指标，用来反映哪个地区对全局空间自相关的贡献更大，计算公共如下：

---

① 张学良：《中国交通基础设施促进了区域经济增长吗？——兼论交通基础设施的空间溢出效应》，《中国社会科学》2012 年第 3 期。

$$I_{i,t} = \frac{(y_{i,t} - \overline{y_t})}{S^2} \sum_{j=1}^{n} w_{i,j}(y_{j,t} - \overline{y_t}) \text{ ,其中, } S^2 = \frac{\sum_{i} w_{i,j} (y_{i,t} - \overline{y_t})^2}{n}$$

$I_{i,t}$ 大于 0,表示该空间单元与邻近单元的属性值相似,呈现 H-H 或 L-L;$I_{i,t}$ 小于 0,表示该空间单元与邻近单元的属性值不相似,呈现 H-L 或 L-H。

(二)评价指标与数据来源

在具体的指标选取时,现有研究所选取的指标大多属于实物形态的具体公共事项,是对公共服务存量不平等程度的近似反映。但存量不平等是建立在持续的增量不平等基础之上,均等化政策旨在通过对增量供给不平等的调整来逐渐改善公共服务存量不平等现状。同时,增量调整对劳动力转移的空间选择具有重要的影响。因此,本节将增量指标也纳入基本公共服务评价指标体系,具体包括教育服务、社会保障服务、医疗卫生服务、文化体育服务、公共安全服务、交通运输服务指标。

二、区域基本公共服务空间集聚分析

运用 CRITIC 法和 AHP 法获得组合权重,①得出 2010—2014 年各年度全国 31 个省份基本公共服务的综合评价指数,然后分别计算了以户籍人口为基础的人均公共服务空间相关指数、以常住人口为基础的人均公共服务空间相关指数。

(一)全局 Moran's I 指数

经过分析,2010—2014 年,以户籍人口为基础、以常住人口为基础的人均基本公共服务 Moran's I 值的正态统计量 Z 值均大于 0.05 置信水平的临界值 1.96,全国 31 个省份以户籍人口为基础的人均公共服务支出、以常住人口为基础的人均公共服务支出在空间上存在显著的正相关关系,两类公共服务指数的空间分布表现出显著的空间集聚。

① 韩增林、李彬、张坤领:《中国城乡基本公共服务均等化机器空间格局分析》,《地理研究》2015 年第 11 期。

表 5-1　2010—2014 年基本公共服务水平综合评价全局 Moran's I 指数

	2010 年	2011 年	2012 年	2013 年	2014 年
以户籍人口为基础的人均公共服务支出 Moran's I 指数	0. 1655	0. 2335	0. 1836	0. 198	0. 1840
以常住人口为基础的人均公共服务支出 Moran's I 指数	0. 1823	0. 2446	0. 2240	0. 2660	0. 2160

从不同人口基数来看,2010—2014 年,以户籍人口为基础的人均公共服务支出全局 Moran's I 指数均小于以常住人口为基础的人均公共服务支出全局 Moran's I 指数。这是因为全国各省份均存在人口的流入和流出现象,一些省份是人口的净流出地区,一些省份是人口的净流入地区。但在我国现有的财政体制下,地方政府普遍针对其管辖区域空间内进行公共资源配置,而各省份的公共服务资源配置大多又是以户籍人口为配置的依据。在各地区经济发展水平、公共服务资源综合配置水平存在差异的情况下,将引起农业转移人口向更高经济发展水平和公共服务配置水平的地区转移。作为公共服务资源配置主体的地方政府,往往会呈现不同的行为模式,即一些地方政府相比于追求经济规模最大化,会奉行少分担多受益的原则,滋生免费搭便车、不愿承担公共服务资源供给的成本,导致地方公共品供给结构失衡和效率损失,人口呈现净流出的态势;而一些经济发展水平、基本公共服务综合水平较高的地区,基于为化解外来人口大量流入导致的"公共服务的拥塞"、提高本地区招商引资的吸引力等动因,会增进基本公共服务资源有效供给的效率。因此,常住人口规模较大、人口净流入的地区,公共服务资源配置的水平较高,公共服务资源的集聚程度也较高。

从发展的阶段来看,自 2010 年以来,我国基本公共服务的空间自相关呈现出了先升后降的发展过程,总体呈现上升的趋势。2014 年以户籍人口为基础的人均公共服务和以常住人口为基础的人均公共服务全局 Moran's I 指数分别达到 0. 1840 和 0. 2160,均比 2010 年有较大幅度的提升。这表明随着我国各地区经济发展水平的提升,各地区普遍加大了对基本公共服务建设的投入,从而推动了基本公共服务发展水平空间相关性的不断上升。

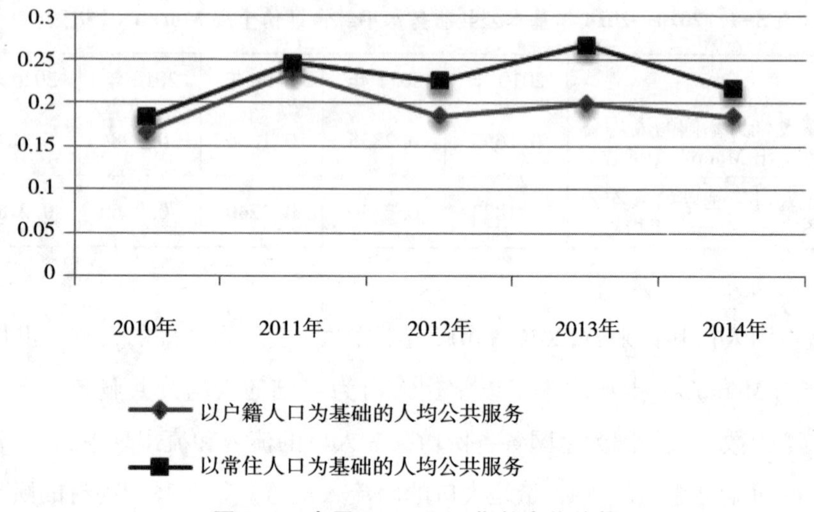

图 5-1　全局 Moran's I 指数变化趋势

（二）局部 Moran's I 指数

全局 Moran's I 指数的结果显示我国基本公共服务指数在整体上呈现显著的空间相关性，但是却未能体现出具体在哪些地方存在高值集聚或低值集聚。根据局部 Moran's I 的定义，I>0 表示被考察省份与其周边省份的人均基本公共服务支出情况相似，"高—高"集聚型或"低—低"集聚型；I<0 则表示被考察省份与其周边省份的人均基本公共服务支出相异，"高—低"集聚型或"低—高"集聚型。其中第一象限高高集聚区（HH）表示该省份自身与周边省份的人均基本公共服务综合指数均较高，两者空间差异小，其对周边省份的正向带动作用比较大、辐射效应比较强；第二象限高低集聚区（HL）表示该省份自身的人均基本公共服务综合指数较高，而周边省份的综合指数低，两者空间差异大；第三象限低低集聚区（LL）表示该省份自身与周边省份的人均基本公共服务综合指数均较低，两者空间差异小，其对周边省份的负向带动作用比较大，极化效应比较强；第四象限低高集聚区（LH）表示该省份自身的人均基本公共服务综合指数较低，而周边省份的综合指数高，两者空间差异大。①

---

① 韩增林、李彬、张坤领：《中国城乡基本公共服务均等化及其空间格局分析》，《地理研究》2015 年第 11 期。

以2014年常住人口为基础的人均公共服务局部Moran's I而言，“高—高”集聚型的地区主要集中在东部地区的北京、天津、上海、浙江等省市，这些地区经济发达、基本公共服务体系较为完善，能够满足多样化公共服务需求，是人口的净流入地区。“低—低”集聚型地区基本多为中西部省份，人均基本公共服务支出水平较低。其中，山东、福建等东部地区省份是我国人口重要流入地区，按人均计算的公共服务水平相对较低，说明这些省份在公共服务资源配置中与人口规模存在不一致的矛盾。基本公共服务发展水平较高的省份被同样高基本公共服务水平的其他省份包围，或者基本公共服务水平较低的省份被同样低基本公共服务水平的省份所包围，基本公共服务的扩散效应明显。“高—低”集聚型地区主要有东部地区的广东等省，东北地区的辽宁等省，西部地区的青海、内蒙古等。人均基本公共服务支出主要来源于政府财政，近年来国家加大了青海、内蒙古等西部地区转移支付的力度，基本公共服务水平有了较大的发展。“低—高”集聚型地区主要有东部地区的河北、江苏，西部地区的四川，东北地区的吉林等省。由此可见，我国各省份间以常住人口为基础的人均基本公共服务情况存在着明显的区域差距，中部、西部地区明显落后于东部地区，而且随着时间的增长，这种差异现象并没有呈现出明显缩小的趋势。

三、区域公共服务空间集聚的人口因素分析

一个地区的公共资源配置情况是由多方面决定的，既有其自身的因素又有外部因素，从其自身因素来看主要是其各个主要指标的数量和完善程度，包括医疗卫生、就业、养老、教育、居住和其他公共设施；而外部因素主要是指对其有直接影响的因素，包括人口密度、人口机械增长率、人口自然增长率、人口年龄结构、经济规模等多个方面。[①] 本节拟采用空间模型分别分析全国31个省份流动人口对公共服务资源配置的影响。

---

① 杨胜利、高向东：《上海市公共服务资源配置综合评价与分析》，《华东经济管理》2012年第3期。

(一)空间面板模型选择

传统的统计理论建立在独立观测值假定基础之上,而地理区域空间之间及其经济现象之间,空间依赖性的存在打破了经典计量经济学模型关于样本相互独立的基本假设。① 当横截面数据之间存在空间异质性或空间自相关性时,经典的线性回归模型在分析因变量与自变量的相关性时就可能出现偏差。② 空间计量经济学是经济学学科的一个新兴分支,研究的是如何在横截面数据和面板数据的回归模型中处理空间相互作用(空间自相关)和空间结构(空间不均匀性)问题,为研究变量间的空间相关性提供了可能。空间计量模型中比较常见是:空间误差模型(Spatial Error Model,SEM)、空间自回归模型(Spatial Autoregressive Model,SAR)、空间杜宾模型(Spatial Dubin Model,SDM)。

SEM 模型的基本形式为:

$$Y_{it} = \alpha_0 + \sum^{n} \alpha_j X_{itj} + \varepsilon_{it} \tag{1}$$

$$\varepsilon_{it} = \lambda W_{\varepsilon it} + \mu_{it}$$

$$\mu_{it} \sim N(0,\sigma^2 I)$$

SAR 模型的基本形式为:

$$Y_{it} = \alpha_0 + \rho WY_{it} + \sum^{n} \alpha_j X_{itj} + \varepsilon_{it} \tag{2}$$

$$\varepsilon_{it} \sim N(0,\sigma^2 I)$$

SDM 模型的基本形式为:

$$Y = \alpha + \beta X + \rho WY + \theta WX + \mu \tag{3}$$

其中,i 和 t 分别表示各个地区和样本观察年度;Y 为各地区公共服务人均投入额;X_i 表示一系列自变量;ε_{it} 和 μ_{it} 为服从正态分布的随机误差项;α_0 为截距,α_j 、ρ 和 λ 为空间相关系数;ρWY 为被解释变量的空间滞后项,θWX

① 陶长琪、杨海文:《空间计量模型选择及其模拟分析》,《统计研究》2014 年 8 期。

② 邹文杰:《医疗卫生服务均等化的减贫效应及门槛特征——基于空间异质性的分析》,《经济学家》2014 年第 8 期。

为解释变量的空间滞后项，ρ 为空间滞后项回归系数，反映了样本观测值之间的空间依赖作用，即邻近地区的观测值 Y 地区公共服务发展水平的影响方向和程度；W 为空间权重矩阵，使用二进制邻接矩阵，即当地区 i 和 j 相邻时，$w_{ij}=1$；否则，$w_{ij}=0$。

空间面板模型中，空间杜宾模型不仅考虑了因变量的空间相关性，还考虑了自变量的空间相关性，即因变量不仅受到本地区自变量的影响，还受到其他地区自变量和因变量的影响。①

（二）变量说明与数据来源

被解释变量为基本公共服务水平。财政支出是衡量公共服务的一个重要的指标，从增量上反映了一个地区公共服务的总体水平，代表公共服务的规模，可用人均基本公共服务支出、基本公共服务支出占 GDP 的比重来衡量。为充分反映农业转移人口规模对城市基本公共服务配置的影响，本文采用人均基本公共服务经费支出测度，具体包括人均普通教育经费支出、人均社会保障和就业支出、人均医疗卫生支出、人均文化体育支出、人均公共安全支出、人均交通运输支出。由于部分地区户籍人口和常住人口存在较大差距，本节将基本公共服务支出，又细化为以户籍人口为基础的人均基本公共服务支出和以常住人口为基础的人均基本公共服务支出。

解释变量分为核心解释变量和控制变量。核心解释变量为：(1)流动人口规模(PZ)。流动人口规模是影响区域公共服务资源配置的重要因素，反映区域公共服务资源人均拥有量的水平。(2)常住人口规模(RPZ)。常住人口规模反映了现有公共服务资源的承载状况，在其他条件不变的情况下，一个地区的常住人口规模越大，它提供的公共服务单位成本通常越小，该地区对基本公共服务具有较高的需求。

控制变量主要是指向量 X_i 中所包含的其他一些影响区域基本公共服务

① 叶明确、方莹：《出口与我国全要素生产率增长的关系——基于空间杜宾模型》，《国际贸易问题》2013 年第 5 期。

支出的变量,本节主要有以下控制变量:(1)经济发展水平(AGDP)。已有研究表明,基本公共服务的不平衡程度与该区域经济发展的不平衡程度基本是一致的。本节采用人均 GDP 作为经济发展水平的指标。(2)城镇化水平(UR)。在我国城镇化的核心是人的城镇化,其核心要点是以广大居民的权益保障为最重要的支点,加快推进城乡基本公共服务均等化,实现城镇人口数量的快速增长与公共服务水平的提升相匹配。本节以各地区非农业人口占总人口的比重作为城镇化率的指标。(3)区域开放度(IM)。理论上讲,一个区域的开放度越高,越有利于加强区域间人才、资金的交流和合作,从而更加有利于公共服务产品的共享和外溢。本节用各地区的进出口总额占 GDP 的比重来衡量。(4)区域饱和度(UT),体现的是区域人口的集中程度。在提供同质的基本公共服务前提下,人口密集区将比人口稀疏地区具有更低的分摊成本和更强的规模效应。本节用人口密度反映区域饱和程度。

(三)实证分析

空间面板模型的估计结果见表 5-2 至表 5-5,综合 SEM、SAR、SDM 模型的估计结果和相应的检验,三类模型在不同的回归式中,所得结论是稳健的,这表明人口因素对公共服务资源配置具有重要的影响,同时不能忽略区位因素的存在和空间效应的影响。

由表 5-2 可知,净流动人口规模和常住人口规模对以户籍人口为基础的人均基本公共服务支出的影响不显著,但流动人口规模对人均社会保障和就业支出有显著的负相关。这主要是因为,流动人口多以青壮年为主,平均年龄为 38.6 岁,受户籍制度的制约,影响最为直接的就是社会保障和就业支出,即一个地区净流入的劳动力越多,就越会增加本地区就业市场容量;相反,一个地区净流出劳动力越多,就越会降低本地区的就业规模。近年来,养老保险的可携带与可转移,较快提升了转移劳动力的参保率。而医疗卫生、文化体育、公共交通等,具有显著的正的外部性,流动人口规模的变化,对其配置的影响短期内难以体现。

常住人口规模与人均普通教育经费支出显著正相关,与人均交通运输支出显著负相关。常住人口规模反映了现有公共服务资源的承载状况，现有研究表明常住人口规模越大，其对普通教育的需求也越大，同时也使得地方的公共交通的规模效应得到充分的发挥。

在控制变量方面，地区经济发展水平、城镇化水平、对外开放度和区域饱和度都与基本公共服务资源的配置有显著的相关性。其中，经济发展水平、城镇化水平的回归系数在1%的水平上显著为正，充分说明经济发展水平和城镇化水平的提高，有利于提高公共服务资源的配置效率，促进基本公共服务的均等化。但城镇化水平的提高，主要体现在医疗卫生和公共交通运输的改善，而普通教育和公共安全有待改善。区域开放度和区域饱和度分别在1%和5%的水平上显著为负，这表明区域越是开放，越有利于加快区域间劳动力流动，越有利于公共服务产品的共享和外溢。同时，人口密集区将比人口稀疏地区具有更低的分摊成本和更强的规模效应。

表5-2　以户籍人口为基础的人均公共服务支出估计结果

	人均普通教育经费支出	人均社会保障和就业支出	人均医疗卫生支出	人均文化体育支出	人均公共安全支出	人均交通运输支出	人均基本公共服务支出
	(1)	(2)	(3)	(4)	(5)	(6)	(7)
PZ	0.551	-0.465**	-0.0414	-0.175	-0.106	-1.525	-0.212
	(1.19)	(-2.25)	(-0.29)	(-0.42)	(-0.70)	(-1.51)	(-0.74)
RPZ	2.181**	-0.0130	0.364	-0.0321	0.373	-2.895**	0.203
	(2.05)	(-0.16)	(1.36)	(-1.44)	(1.31)	(-2.03)	(0.52)
AGDP	0.0678***	0.0510***	0.0188***	0.0141***	0.0214***	0.0340***	0.0330***
	(6.03)	(6.61)	(4.99)	(4.72)	(4.49)	(3.42)	(7.10)
UR	1.578	-15.39	15.87*	-22.60***	-19.06	118.7**	21.74***
	(0.07)	(-1.19)	(1.86)	(-5.75)	(-1.36)	(2.51)	(3.06)
IM	-6.647**	3.037	-4.507***	4.968***	2.703	-10.99*	-4.076***
	(-2.32)	(0.80)	(-4.99)	(2.89)	(0.65)	(-1.79)	(-3.12)

续表

	人均普通教育经费支出	人均社会保障和就业支出	人均医疗卫生支出	人均文化体育支出	人均公共安全支出	人均交通运输支出	人均基本公共服务支出
	(1)	(2)	(3)	(4)	(5)	(6)	(7)
UT	-0.0491	-0.0788	-0.00201	-0.0306	-0.0630*	-0.0365	-0.0608**
	(-0.24)	(-1.17)	(-0.09)	(-0.61)	(-1.76)	(-0.35)	(-2.19)
lambda	0.345***	-0.452**	0.325		0.446***	0.374***	0.358***
	(4.65)	(-2.00)	(1.44)		(3.49)	(4.11)	(4.75)
rho			0.365**				
			(2.35)				
LM Error (Robust) 检验统计值	16.6295	9.1822	73.9470	0.5194	16.5045	7.7968	27.6168
LM Error (Robust) 检验P值	0.0000	0.0024	0.0000	0.4730	0.0000	0.0052	0.0000
LM Lag (Robust) 检验统计值	3.1866	2.8867	4.7394	0.0364	0.2466	0.2899	3.2650
LM Lag (Robust) 检验P值	0.0742	0.0893	0.0295	0.8487	0.6195	0.5903	0.0708
空间计量模型选取	SEM	SEM	SAR		SEM	SEM	SEM
Hausman 检验统计值	47.59	11.01		13.07	-63.06	46.53	151.97
Hausman 检验P值	0.0000	0.1382		0.0703		0.0000	0.0000
面板模型选取	FE	RE	FE	RE	FE	FE	FE
拟合优度	0.786	0.709	0.927	0.0529	0.694	0.438	0.814
样本数量	155	155	155	155	155	155	155

注：1. ***、**、* 分别表示在1%、5%、10%的显著性水平下显著；2.模型(3)用SAC模型，只能用FE模型；3.模型(4)的LM检验表明应该用普通面板模型估计；4.模型(5)中Hausman检验统计量为负值，说明检验中部分假设得不到满足，因此选择固定效应。

由表 5-3 可知，以常住人口为基础的人均公共服务支出估计结果显示，净流动人口规模和常住人口规模对人均基本公共服务支出并不显著，这也再次表明，公共服务资源的配置与劳动力转移规模和空间存在明显的不协调性。但流动人口规模对人均社会保障和就业支出回归系数在 10%的水平上显著负相关，常住人口规模对人均文化体育支出、人均交通运输支出的回归系数在 5%的水平上显著负相关。说明一省流动人口规模对该省份的社会保障和就业资源配置产生明显的影响，而对普通教育、医疗卫生、文化体育、交通运输等公共服务资源配置，相对于社保和就业产生的影响显得不再明显。因此，为促进劳动力转移，各省市应加快推进社会保障和就业服务体系的建设，促进各省份间社会保障和就业的协同发展和一体化发展。

在控制变量方面，地区经济发展水平、城镇化水平、对外开放度和区域饱和度都与基本公共服务资源的配置有显著的相关性，这与以户籍人口为基础的人均公共服务支出估计结果相似。其中，地区经济发展水平、城镇化水平的回归系数在 1%的水平上显著为正，但对外开放度和区域饱和度的回归系数在 10%的水平上显著为负。

表 5-3　以常住人口为基础的人均公共服务支出估计结果

	人均普通教育经费支出	人均社会保障和就业支出	人均医疗卫生支出	人均文化体育支出	人均公共安全支出	人均交通运输支出	人均基本公共服务支出
	(1)	(2)	(3)	(4)	(5)	(6)	(7)
PZ	0.289	−0.454*	0.000647	−0.0443	−0.195	−1.399	−0.319
	(1.28)	(−1.72)	(0.01)	(−0.11)	(−1.32)	(−1.44)	(−1.20)
RPZ	0.724	−0.153	0.104	−0.0461**	−0.0336	−3.058**	−0.495
	(1.57)	(−0.27)	(0.62)	(−2.27)	(−0.11)	(−2.26)	(−1.30)
AGDP	0.0169***	0.0360***	0.00428	0.0101***	0.0156***	0.0289***	0.0235***
	(3.93)	(6.30)	(1.41)	(3.66)	(3.54)	(3.05)	(5.42)

续表

	人均普通教育经费支出	人均社会保障和就业支出	人均医疗卫生支出	人均文化体育支出	人均公共安全支出	人均交通运输支出	人均基本公共服务支出
	(1)	(2)	(3)	(4)	(5)	(6)	(7)
UR	-5.752	31.89	12.14	-20.41***	-10.49	121.5***	36.78***
	(-0.36)	(1.61)	(1.37)	(-5.82)	(-0.55)	(2.79)	(6.57)
IM	0.113	6.153	-1.846*	3.685**	3.868	-9.672*	-1.844*
	(0.06)	(1.61)	(-1.67)	(2.38)	(0.96)	(-1.81)	(-1.68)
UT	0.000477	-0.0522*	0.0148*	-0.0286	-0.0549	-0.0446	-0.0553*
	(0.01)	(-1.71)	(1.89)	(-0.64)	(-1.37)	(-0.49)	(-1.80)
lambda	-0.850***	-0.672***	-0.777		0.473**	0.393***	0.414***
	(-8.55)	(-3.21)	(-1.61)		(2.00)	(4.38)	(6.93)
rho	0.812***		0.798***				
	(23.04)		(6.26)				
LM Error (Robust) 检验统计值	30.2151	15.1135	104.0947	0.5223	21.8761	9.6766	37.9721
LM Error (Robust) 检验P值	0.0000	0.0001	0.0000	0.4599	0.0000	0.0019	0.0000
LM Lag (Robust) 检验统计值	4.0929	2.4190	4.9944	0.0209	0.1241	0.2064	2.7822
LM Lag (Robust) 检验P值	0.0431	0.1199	0.0254	0.8850	0.7247	0.6496	0.0953
空间计量模型选取	SAR	SEM	SAR		SEM	SEM	SEM
Hausman 检验统计值		63.33		8.69	15.02	55.61	26.28
Hausman 检验P值		0.0000		0.2759	0.0201	0.0000	0.0002
面板模型选取	FE	FE	FE	RE	FE	FE	FE

续表

	人均普通教育经费支出	人均社会保障和就业支出	人均医疗卫生支出	人均文化体育支出	人均公共安全支出	人均交通运输支出	人均基本公共服务支出
	(1)	(2)	(3)	(4)	(5)	(6)	(7)
拟合优度	0.780	0.676	0.933	0.0273	0.627	0.445	0.790
样本数量	155	155	155	155	155	155	155

注:1. ***、**、* 分别表示在1%、5%、10%的显著性水平下显著;2.模型(1)和模型(3)用SAC模型,只能用FE模型;3.模型(4)的LM检验表明应该用普通面板模型估计。

表5-4和表5-5是空间杜宾模型的回归结果,空间滞后回归系数 ρ 和空间误差回归系数 λ 都在1%的水平上显著为正,这表明区域间外部性对区域基本公共服务资源配置有重要的影响。可见对我国各省份公共服务资源配置进行研究时,不能忽视区位因素的存在和空间效应的影响。

由表5-4可知,劳动力转移规模的影响在10%的水平上显著为负,说明劳动力大规模转入,会有效挤占本地区的公共服务资源,降低本地区居民的人均拥有量。但劳动力转移规模的空间滞后项的回归系数在1%的水平上显著为正,表明本地区劳动力转移规模的增加,会促进相邻地区有效增加公共服务支出,不断改善公共服务,以吸引更多的转移劳动力到相邻省份就业。其中,对相邻地区促进公共服务支出主要集中在普通教育、公共安全、交通运输。

常住人口规模对人均基本公共服务支出负相关,但并不显著。而空间滞后项回归系数在10%的水平上显著为正,突出的表现在医疗卫生和公共安全。表明本地区常住人口规模对临近省份有显著的空间外溢性,即本地区常住人口的增加,会促进相邻地区增加医疗卫生和公共安全的支出。

控制变量方面,一个省份的经济发展水平、区域开放度和区域饱和度对本地区的公共服务支出具有显著的影响,但其空间滞后项则不显著,其对周边地区公共服务支出的影响不存在明显的促进作用和溢出效应。但一个省份的经济发展水平对周边地区的社会保障和就业支出有显著的促进作用和溢出效应,对周边地区医疗卫生支出具有明显的抑制效应。这主要是因为一省政府在某一区域内配置公共品，会对其他区域产生相应的空间外部性。在我国现有财政分权和财政竞争机制下，基于刚性行政区划基础上的区域地方政府分割治理，会改变相邻区域地方政府公共品的支出策略，出现搭便车的情况。

城镇化水平与本地区文化体育支出在10%的水平上显著正相关，与公共安全支出在5%的水平上显著负相关。医疗卫生支出和公共安全支出的空间滞后项分别在10%和5%的水平上显著正相关，表明城镇化水平的提高，对相邻省份的医疗卫生、公共安全具有显著的促进作用和空间溢出效应。

区域开放度与基本公共服务支出的回归系数在5%的水平上显著为负，特别是与普通教育支出、医疗卫生支出、文化体育支出显著负相关，说明一个区域的开放度越高，越有利于加强区域间人才、资金的交流和合作，从而更加有利于实现与临近省份公共服务产品的共享，降低本地区的公共服务支出。其空间滞后项虽然为正，但并不显著，区域开放水平的提升对相邻省份公共服务支出的促进作用并不明显。

区域饱和度与公共服务支出在10%的水平上显著为负，其空间滞后项虽为负但并不显著，表明区域人口的集中程度对本地区的公共服务支出有显著影响，即在提供同质的基本公共服务前提下，人口密集区将比人口稀疏地区具有更低的分摊成本和更强的规模效应，而对相邻地区的促进作用并不明显。

表5-4　以户籍人口为基础的人均公共服务支出空间杜宾模型估计结果

	人均普通教育经费支出	人均社会保障和就业支出	人均医疗卫生支出	人均文化体育支出	人均公共安全支出	人均交通运输支出	人均基本公共服务支出
	(1)	(2)	(3)	(4)	(5)	(6)	(7)
PZ	-0.413	-0.721	0.120	-0.780	-0.0393	-2.344*	-0.596*
	(-0.52)	(-1.11)	(0.59)	(-0.90)	(-0.32)	(-1.83)	(-1.65)
RPZ	1.595	-0.0676	0.118	0.0105	-0.315	-2.605	-0.220
	(1.14)	(-0.97)	(0.69)	(0.02)	(-0.76)	(-1.53)	(-0.38)

续表

	人均普通教育经费支出	人均社会保障和就业支出	人均医疗卫生支出	人均文化体育支出	人均公共安全支出	人均交通运输支出	人均基本公共服务支出
	(1)	(2)	(3)	(4)	(5)	(6)	(7)
AGDP	0.0441***	0.0295***	0.0174***	0.00623	0.0105***	0.0302**	0.0212***
	(4.01)	(3.91)	(7.36)	(1.41)	(4.63)	(2.03)	(7.83)
UR	-63.70	-16.01	-1.168	19.71*	-71.93**	49.53	-27.33
	(-1.48)	(-1.18)	(-0.12)	(1.68)	(-2.38)	(0.77)	(-1.21)
IM	-6.485**	5.010	-4.326***	-7.374**	3.471	-13.56	-3.874**
	(-2.48)	(1.35)	(-3.80)	(-2.44)	(1.20)	(-1.63)	(-2.15)
UT	-0.0382	0.00500	0.00371	-0.0450	-0.0213	-0.00605	-0.0238**
	(-0.22)	(0.11)	(0.25)	(-0.83)	(-1.21)	(-0.08)	(-2.04)
w*PZ	3.011***	-0.163	0.318	1.817	0.470**	3.177**	1.571***
	(2.91)	(-0.18)	(1.23)	(1.20)	(2.00)	(2.45)	(2.69)
w*RPZ	3.305	0.0341	0.883***	0.934	1.479**	1.958	1.891*
	(1.44)	(0.44)	(3.98)	(1.07)	(2.10)	(0.78)	(1.91)
w*AGDP	-0.00488	0.0433***	-0.0119***	-0.00108	-0.00454	-0.0179	-0.00303
	(-0.42)	(2.84)	(-4.68)	(-0.30)	(-1.33)	(-1.03)	(-0.68)
w*UR	26.42	-44.64	18.99*	-40.35	80.64**	70.43	41.65
	(0.30)	(-1.09)	(1.87)	(-1.30)	(2.30)	(0.59)	(0.86)
w*IM	5.901	1.643	-1.311	3.009	-4.121*	14.46	2.645
	(0.45)	(0.20)	(-0.61)	(0.60)	(-1.84)	(0.96)	(0.55)
w*UT	-0.552	-0.00429	0.0336	0.311*	-0.0499	-0.217	-0.0636
	(-1.45)	(-0.02)	(1.04)	(1.74)	(-0.61)	(-0.51)	(-0.46)
rho	0.364***	-0.171	0.562***	0.295	0.474***	0.298***	0.327***
	(4.77)	(-0.88)	(12.18)	(1.37)	(9.98)	(3.26)	(4.69)
Hausman 检验统计值	52.60	5.36	-8.42	26.25	47.14	75.29	-43.25

续表

	人均普通教育经费支出	人均社会保障和就业支出	人均医疗卫生支出	人均文化体育支出	人均公共安全支出	人均交通运输支出	人均基本公共服务支出
	(1)	(2)	(3)	(4)	(5)	(6)	(7)
Hausman 检验 P 值	0.0000	0.6164		0.0005	0.0000	0.0000	
面板模型选取	FE	RE	FE	FE	FE	FE	FE
拟合优度	0.809	0.742	0.951	0.178	0.812	0.507	0.859
样本数量	155	155	155	155	155	155	155

注：1. ***、**、* 分别表示在1%、5%、10%的显著性水平下显著；2.所有模型用空间杜宾模型估计；3.模型(3)和模型(7)中 Hausman 检验统计量为负值，说明检验中部分假设得不到满足，因此选择固定效应。

表5-5是以常住人口为基础的人均公共服务支出空间杜宾模型估计结果，与以户籍人口为基础的人均公共服务支出回归结果相比，既有一致性的结论，也有差异性的结论。流动人口规模的回归系数在5%的水平上显著为负，其空间滞后项在1%的水平上显著为正。表明流动人口的增加并不会增加本地区的公共服务支出，而对周边地区的公共服务支出具有明显的促进作用。模型(7)中，常住人口规模系数虽然为负，其空间滞后项系数为正，但都不显著。而在模型(5)中，常住人口规模对本地区的公共安全有显著的规模效应，对周边地区具有明显的空间效应，即因为本地区常住人口规模的增加，周边地区为确保公共安全而相应地增加公共安全方面的投入。

控制变量方面，一个省份的经济发展水平越高有利于增加本地区的基本公共服务支出，但其对周边地区的促进作用并不明显。根据模型(2)和(3)可知，其对周边地区的社会保障和就业支出、医疗卫生支出具有显著的促进作用。

与以户籍人口为基础的人均公共服务支出空间杜宾模型估计结果相比，城镇化水平、经济开发度、区域饱和度对基本公共服务的影响并不显著，其空间滞后项也不显著。但进一步细分发现，城镇化水平的提高对周边省份的社会保障和就业支出、医疗卫生支出、公共安全支出具有显著的促进作用和明显的空间溢出效应。区域的开放度对本地区的公共安全具有显著的促进作用，区域开放促进了劳动力的流动，对本地区的公共安全形成了较大的压力，而对周边地区却具有明显的缓减效应，周边地区会出现搭便车的情形。

表 5-5　以常住人口为基础的人均公共服务支出空间杜宾模型估计结果

	人均普通教育经费支出	人均社会保障和就业支出	人均医疗卫生支出	人均文化体育支出	人均公共安全支出	人均交通运输支出	人均基本公共服务支出
	(1)	(2)	(3)	(4)	(5)	(6)	(7)
PZ	-0.775	-0.591	0.0811	-0.890	-0.213	-2.186*	-0.602**
	(-1.19)	(-1.22)	(0.55)	(-1.03)	(-1.60)	(-1.82)	(-2.43)
RPZ	-0.243	-0.903	-0.00747	-0.141	-0.637*	-2.768*	-0.0355
	(-0.23)	(-1.32)	(-0.61)	(-0.21)	(-1.81)	(-1.80)	(-1.54)
AGDP	0.0223***	0.0127	0.0108***	0.00337	0.00539***	0.0255*	0.0164***
	(3.41)	(1.45)	(5.94)	(0.80)	(2.77)	(1.81)	(3.61)
UR	-40.06	-45.87	-3.500	28.92**	-62.31**	53.29	-15.34
	(-1.14)	(-1.33)	(-1.29)	(2.52)	(-2.25)	(0.88)	(-0.93)
IM	-1.916	7.402**	-1.010	-6.601**	4.367*	-12.24	1.397
	(-0.81)	(2.23)	(-0.81)	(-2.26)	(1.65)	(-1.62)	(0.48)
UT	0.00539	0.00638	-0.00646	-0.0333	-0.00828	-0.0149	-0.0350
	(0.04)	(0.16)	(-0.40)	(-0.91)	(-0.55)	(-0.24)	(-1.51)
w＊PZ	2.703***	0.288	0.0597	1.799	0.485*	3.242**	0.872***
	(3.12)	(0.33)	(0.37)	(1.17)	(1.86)	(2.55)	(3.09)
w＊RPZ	3.092*	1.307	-0.00708	0.571	1.267**	2.095	0.00366
	(1.79)	(1.27)	(-0.32)	(0.71)	(2.03)	(0.93)	(0.11)
w＊AGDP	0.00115	0.0437***	-0.0105***	-0.000664	-0.00237	-0.0184	-0.00551
	(0.14)	(3.09)	(-4.64)	(-0.21)	(-0.89)	(-1.16)	(-1.51)

续表

	人均普通教育经费支出	人均社会保障和就业支出	人均医疗卫生支出	人均文化体育支出	人均公共安全支出	人均交通运输支出	人均基本公共服务支出
	（1）	（2）	（3）	（4）	（5）	（6）	（7）
w＊UR	50.15	99.77**	15.16**	−39.15	82.89***	71.29	3.818
	（0.63）	（2.48）	（2.50）	（−1.25）	（2.68）	（0.64）	（0.32）
w＊IM	8.999	0.850	−1.293	1.522	−4.121**	13.31	2.762
	（0.83）	（0.11）	（−0.51）	（0.32）	（−1.99）	（0.92）	（0.63）
w＊UT	−0.385	0.0119	0.00705	0.220*	−0.0501	−0.183	−0.0506
	（−1.33）	（0.10）	（0.15）	（1.81）	（−0.71）	（−0.47）	（−0.46）
rho	0.380***	−0.510**	0.769***	0.306	0.449***	0.308***	0.563***
	（4.41）	（−2.52）	（19.04）	（1.40）	（11.39）	（3.39）	（8.75）
Hausman检验统计值	16.89	−20.03	6.70	15.98	44.93	46.70	0.45
Hausman检验P值	0.0181		0.4604	0.0253	0.0000	0.0000	0.9984
面板模型选取	FE	FE	RE	FE	FE	FE	RE
拟合优度	0.806	0.762	0.925	0.131	0.801	0.525	0.764
样本数量	155	155	155	155	155	155	155

注：1.***、**、*分别表示在1%、5%、10%的显著性水平下显著；2.所有模型用空间杜宾模型估计；3.模型（2）中Hausman检验统计量为负值，说明检验中部分假设得不到满足，因此选择固定效应。

（四）结论与建议

在控制了省份的经济发展水平、城镇化水平、区域开放度、区域饱和度等因素后，一个省份的劳动力转移规模和常住人口规模对本地区的普通教育经费支出具有明显的促进作用，而对社会保障和就业支出、文化体育支出、交通运输支出具有显著负向影响，即并未实现与流动人口规模的同步增加。而其对周边省份的基本公共服务支出表现出明显的促进作用和空间外溢效应。经济发展水平、城镇化水平、区域开放度、区域饱和度对本地区的基本公共服务支出具有明显的作用，而对周边省份总体的基本公共服务支出作用并不明显，但经济发展水平、城镇化水平、区域饱和度对周边省份的社会保障和就业支出、医疗卫生、文化体育、公共安全支出具有明显的促进作用，同时城镇化水平、区域开放度对周边省份的公共安全具有明显的规模效应，周边省份往往会出现搭便车的行为。

因此，各省份应高度重视本地区的流动人口规模和常住人口规模，明确政府公共服务支出责任，合理安排各项公共服务支出的总量和结构，同步加快对社会保障与就业、文化体育和交通运输的发展。同时，高度重视区域间基本公共服务的协调互动和协同发展，避免在公共服务支出方面的搭便车行为，促进各地劳动力的合理转移。

第二节　基本公共服务资源配置与劳动力转移空间协调

我国区域发展不平衡，虽然各地区都加大了社会公共事业建设的投资力度，但各地区公共资源配置存在较大差距，这种差距不仅体现在数量和质量上，更体现在其与本地人口的匹配效率上。积极研究如何实现区域公共服务资源配置与移民空间选择协同优化，是我国推进新型城镇化建设迫切需要解决的重大问题，对于解决城市基本公共服务拥塞，促进大中小城市和小城镇协调发展，着力解决好“三个 1 亿人”城镇化问题发挥着重要作用。

劳动力转移目标区域的选择与基本公共服务集聚存在密切的互动作用。一般而言，具有较好的公共服务资源配置区域，是劳动力主要净流入的地区。而基本公共服务评价得分较低的地区公共服务资源配置相对较低，是劳动力的流出区域，二者相互作用彼此影响，形成“劳动力转移空间选择—基本公共服务集聚”大系统。本节借鉴张勇、蒲勇健、陈立泰的研究方法，构建劳动力转移空间与基本公共服务集聚的耦合模型、协调模型，系统评价劳动力转移空间选择与基本公共服务集聚耦合互动的关系，探寻区域公共服务资源配置与移民空间选择协同优化的路径与策略。

一、劳动力转移空间选择与公共服务集聚耦合互动模型

耦合是指两个及以上的系统彼此影响并联合的现象，是一种相互依赖、协

调与促进的动态关联关系。① 参照廖重斌和张勇、蒲勇健、陈立泰的研究方法,本节设立的相关模型如下:

(一)劳动力转移空间选择与基本公共服务集聚的耦合模型

1. 功效函数的设立

设 $X_{ij}(i=1,2;j=1,2,3,\ldots,n)$ 为第 i 子系统的第 j 指标,即序参量,α_{ij}、β_{ij} 是系统稳定临界点序参量的上、下限值。标准化的功效系数 x_{ij} 为变量 X_{ij} 对系统的功效贡献值,$x_{ij}\in[0,1]$,反映指标达到目标的满意程度,0 为最不满意,1 为最满意。功效系数 x_{ij} 的计算式为:

$$x_{ij}=\begin{cases}(X_{ij}-\beta_{ij})/(\alpha_{ij}-\beta_{ij}),x_{ij}\text{ 具有正功效}\\(\alpha_{ij}-X_{ij})/(\alpha_{ij}-\beta_{ij}),x_{ij}\text{ 具有负功效}\end{cases}\qquad(1)$$

2. 综合序参量与系统耦合度函数设立

设 U_1、U_2 分别为劳动力转移空间选择和基本公共服务集聚综合序参量,x_{ij} 为序参量 j 对子系统 i 的功效,λ_{ij} 为序参量对应的权重。设系统耦合度值为 C,C∈[0,1]。参照廖重斌的方法,“劳动力转移空间选择—基本公共服务集聚”系统的耦合度 C 的函数表达式设为:②

$$Ui=\sum_{j=1}^{n}\lambda_{ij}x_{ij}$$

$$\sum_{j=1}^{n}\lambda_{ij}=1$$

$$C=2\sqrt{(U_1\times U_2)}/(U_1+U_2)$$

本节将“劳动力转移空间选择—基本公共服务集聚”系统耦合的演变分为六个阶段:$C=0$ 表示耦合度极小,系统并无关联且无序发展;$0<C\leqslant 0.3$ 表示低水平耦合;$0.3<C<0.5$ 表示系统处于颉颃阶段;$0.5\leqslant C<0.8$ 表示系统耦合进入磨合阶段;$0.8\leqslant C<1$ 表示系统处于高水平耦合阶段,二者

① 张勇、蒲勇健、陈立泰:《城镇化与服务业集聚——基于系统耦合互动的观点》,《中国工业经济》2013 年第 6 期。

② 廖重斌:《环境与经济协调发展的定量评判及其分类体系——以珠江三角洲城市群为例》,《广州环境科学》1996 年第 1 期。

互动强劲；$C=1$ 表示二者达到良性耦合共振且趋向新的有序结构。但受政策、自然及政治等因素影响，系统也可能退化到之前的耦合阶段。①

（二）劳动力转移空间选择与基本公共服务集聚的协调模型

为进一步评价劳动力转移空间选择与基本公共服务集聚交错耦合的协调程度，本文构建了“劳动力转移空间选择—基本公共服务集聚”系统的协调度模型：

$$\begin{cases} D = \sqrt{C \times T} \\ T = aU_1 + bU_2 \end{cases}$$

其中，D 为协调度，$D \in (0,1)$；C 为耦合度，T 为“劳动力转移空间选择—基本公共服务集聚”的综合协调指数，$T \in (0,1)$，反映了劳动力转移空间选择与基本公共服集聚的整体协同效应。a,b 为待定参数。协调度则可划分为四个阶段：$0 < D \leqslant 0.3$ 为低度协调；$0.3 < D \leqslant 0.5$ 为中度调；$0.5 < D \leqslant 0.8$ 为高度协调；$0.8 < D < 1$ 为极度协调。②

（三）评价指标体系及数据来源

根据“劳动力转移空间—基本公共服务集聚”耦合协调系统的内涵及特征，按照科学性、整体性、层次性和操作性等原则，建立劳动力转移空间选择与基本公共服务集聚子系统综合测度指标体系。

表 5-6 “劳动力转移空间—基本公共服务集聚”系统指标体系

子系统	一级指标	二级指标
劳动力转移空间子系统	农业转移人口市民化程度	人口城镇化率(%)
	农业转移人口空间饱和度	人口密度(人/平方千米)
	农业转移人口空间格局	常住人口与户籍人口之比

① 张勇、蒲勇健、陈立泰：《城镇化与服务业集聚——基于系统耦合互动的观点》，《中国工业经济》2013 年第 6 期。

② 张勇、蒲勇健、陈立泰：《城镇化与服务业集聚——基于系统耦合互动的观点》，《中国工业经济》2013 年第 6 期。

续表

子系统	一级指标	二级指标
基本公共服务子系统	基本公共服务集聚度①	教育经费支出集聚水平、医疗经费支出集聚水平、社会保障和就业支出集聚水平、基础设施建设支出集聚水平、生态环境保护支出集聚水平、文化信息服务支出集聚水平
	教育服务	万人普通中小学数(所)、普通中小学在校学生数(万人)、万人中小学专任教师(人)
	医疗卫生服务	万人均医院数(个)、万人均职业医生数(人)、万人均医疗卫生机构床位数(张)
	社会保障服务	城镇最低保障人数(万人)、农村最低保障人数(万人)、万人新农村养老保险年末参保人数(人)、万人城镇医疗保险参保人数(人)
	文化信息服务	人均拥有公共图书藏量(册/人)、互联网宽带用户数(万户)、邮政营业网点(处)
	基础设施服务	万人拥有公共交通车数(辆)、人均道路面积(万公里/人)、人均供水量(亿吨/人)、人均天然气供气量(亿立方米/人)
	生态环境服务	人均城市绿地面积(万公顷/人)、生活垃圾无害化处理率(%)、建成区绿化率(%)

注:本文选择2010—2014年全国31个省份各指标的统计数据,进行实证分析。各变量数据主要来源于2011—2015年的《中国统计年鉴》《中国财政统计年鉴》《中国人口和就业统计年鉴》《中国城市统计年鉴》,以及各省统计年鉴。

二、劳动力转移空间与公共服务集聚耦合互动实证分析

(一)权重确定

在计算"劳动力转移空间—公共服务集聚"系统耦合度时,各序参量的权重采用熵值法来确定。在计算"劳动力转移空间选择—基本公共服务集聚"系统的协调度时,参数a、b均取值为0.5。这主要是由于城镇化的本质是基本公共服务均等化,推进城镇化的进程中各地区基本公共服务配置水平和质量也不断提升,二者之间的互动作用也在逐步加强。因此,鉴于二者在当前发

① 本文采用区位熵指数对基本公共服务的集聚水平进行测度。具体测度指标包括:教育经费支出集聚水平、医疗经费支出集聚水平、社会保障和就业支出集聚水平、基础设施建设支出集聚水平、生态环境保护支出集聚水平、文化信息服务支出集聚水平。

展过程中的重要性，在测度二者协调发展过程中设定二者具有同等重要的权重。

（二）实证分析

1. 总体分析

图 5-2 和表 5-7 为“劳动力转移空间—公共服务集聚”系统耦合度分析结果。结果表明，2010 年以来，全国平均耦合度大于 0.9，总体呈现出先升后降再升曲折发展的轨迹。就各地区而言，我国劳动力转移空间选择与公共服务集聚整体上处于高水平耦合阶段，二者关联互动的作用明显增强，耦合度也呈现逐年增强的态势。但部分省份如天津、西藏，二者则处于磨合阶段。

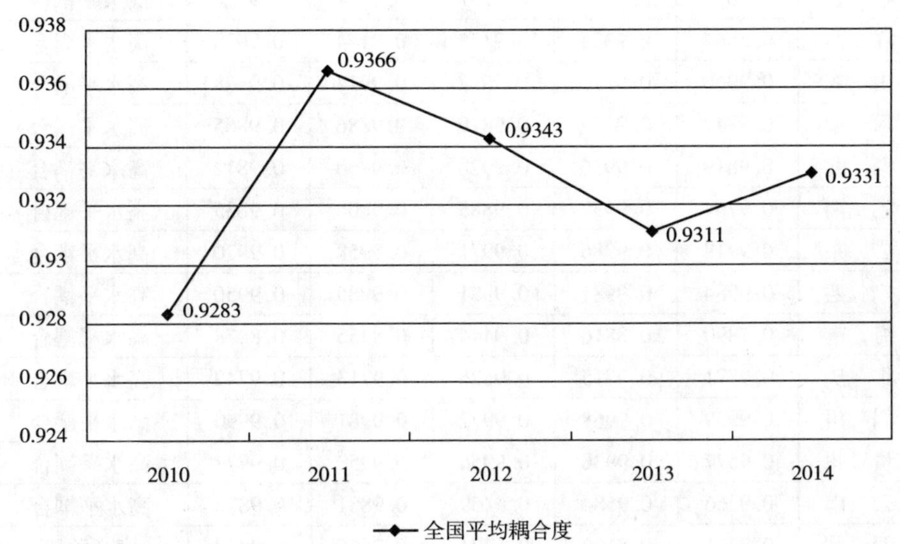

图 5-2 “劳动力转移空间—公共服务集聚”系统平均耦合度

表 5-7 2010—2014 年各地区劳动力转移空间与公共服务集聚系统耦合度

地 区	2010	2011	2012	2013	2014	所处阶段
北 京	0.8731	0.8640	0.8740	0.8702	0.9146	高水平耦合
天 津	0.7891	0.7833	0.7695	0.7608	0.7333	磨合阶段
河 北	0.9860	0.9945	0.9904	0.9866	0.9857	高水平耦合

续表

地　区	2010	2011	2012	2013	2014	所处阶段
山　西	0.9315	0.9454	0.9437	0.9239	0.9028	高水平耦合
内蒙古	0.9015	0.9353	0.9543	0.9536	0.9620	高水平耦合
辽　宁	0.9573	0.9723	0.9827	0.9785	0.9823	高水平耦合
吉　林	0.9216	0.9226	0.9090	0.8988	0.8981	高水平耦合
黑龙江	0.8395	0.8796	0.8799	0.8761	0.8585	高水平耦合
上　海	0.8968	0.8911	0.8868	0.8908	0.8843	高水平耦合
江　苏	0.9969	0.9993	0.9998	0.9994	0.9999	高水平耦合
浙　江	0.9460	0.9570	0.9691	0.9687	0.9766	高水平耦合
安　徽	0.9891	0.9999	0.9993	0.9985	0.9983	高水平耦合
福　建	0.9027	0.9134	0.9251	0.9104	0.9127	高水平耦合
江　西	0.8867	0.9333	0.9133	0.9144	0.9038	高水平耦合
山　东	0.9960	0.9917	0.9922	0.9914	0.9878	高水平耦合
河　南	0.9847	0.9979	0.9879	0.9886	0.9865	高水平耦合
湖　北	0.9819	0.9936	0.9928	0.9860	0.9812	高水平耦合
湖　南	0.9764	0.9939	0.9883	0.9808	0.9835	高水平耦合
广　东	0.9918	0.9986	0.9971	0.9958	0.9970	高水平耦合
广　西	0.9984	0.9981	0.9981	0.9985	0.9950	高水平耦合
海　南	0.7890	0.8816	0.9444	0.8455	0.8478	高水平耦合
重　庆	0.9771	0.9715	0.9826	0.9713	0.9742	高水平耦合
四　川	0.9999	0.9968	0.9972	0.9981	0.9990	高水平耦合
贵　州	0.9577	0.9936	0.9956	0.9950	0.9977	高水平耦合
云　南	0.9266	0.9584	0.9459	0.9881	0.9823	高水平耦合
西　藏	0.9201	0.8109	0.6771	0.7646	0.7822	磨合阶段
陕　西	0.8436	0.8796	0.8619	0.8511	0.8515	高水平耦合
甘　肃	0.8846	0.9401	0.9217	0.9308	0.9396	高水平耦合
青　海	0.8474	0.8321	0.8431	0.8092	0.8359	高水平耦合
宁　夏	0.8979	0.9104	0.9345	0.9387	0.9582	高水平耦合
新　疆	0.8307	0.8952	0.9053	0.9001	0.9132	高水平耦合

图5-3和表5-8为“劳动力转移空间—公共服务集聚”系统协调度分析

结果。结果表明，虽然劳动力转移空间与基本公共服务集聚呈现出良好的耦合作用，但二者发展并未呈现出良好的协调性。就全国平均水平而言，2010—2014 年呈现出先升后降的发展轨迹，除 2013 年呈现出高度协调外，其他年份均为中度协调。其中，西藏处于低度协调阶段，河北、内蒙古、吉林、安徽、福建、广西、海南、重庆、贵州、云南、甘肃、青海、宁夏处于中度协调阶段，其他省市处于高度协调阶段。就各地区而言，大部分省市的劳动力转移空间与基本公共服务集聚协调度呈现逐年提升的态势，部分省市呈现出与全国平均水平一致的趋势。总体而言，各省份耦合协调程度的强弱显著地依赖于劳动力转移规模和基本公共服务集聚各自发展的程度。随着各省份劳动力转移规模与基本公共服务集聚水平的提升，二者耦合互动的作用呈现了逐渐加强的时变性。与此同时，二者互动作用的强弱也在省份间呈现不平衡的特点，具有较高耦合协调度的省份正在发生由东向西、由北向南的空间变迁。而且，在劳动力转移空间选择与基本公共服务集聚互动作用日趋增强的同时，二者已在少数省份初步形成协同发展的局面。

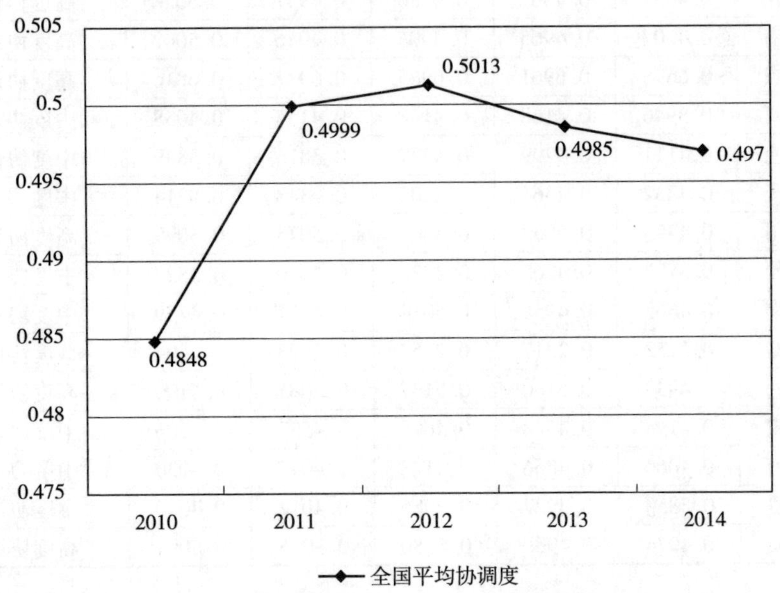

图 5-3　“劳动力转移空间—公共服务集聚系统”协调度

表 5-8 2010—2014 年各地区劳动力转移空间与公共服务集聚系统协调度

地 区	2010	2011	2012	2013	2014	所处阶段
北 京	0. 6480	0. 6469	0. 6469	0. 6466	0. 6733	高度协调
天 津	0. 5538	0. 5590	0. 5650	0. 5694	0. 5645	高度协调
河 北	0. 4925	0. 5044	0. 4886	0. 4881	0. 4848	中度协调
山 西	0. 4863	0. 5017	0. 5027	0. 5083	0. 5046	高度协调
内蒙古	0. 4116	0. 4276	0. 4354	0. 4362	0. 4427	中度协调
辽 宁	0. 5105	0. 5309	0. 5296	0. 5236	0. 5178	高度协调
吉 林	0. 4329	0. 4690	0. 4722	0. 4729	0. 4698	中度协调
黑龙江	0. 5157	0. 5333	0. 5382	0. 5286	0. 5196	高度协调
上 海	0. 7482	0. 7408	0. 7381	0. 7419	0. 7352	高度协调
江 苏	0. 5829	0. 5996	0. 5917	0. 5878	0. 5846	高度协调
浙 江	0. 5423	0. 5511	0. 5530	0. 5523	0. 5553	高度协调
安 徽	0. 4295	0. 4599	0. 4537	0. 4514	0. 4494	中度协调
福 建	0. 4797	0. 4893	0. 4950	0. 4910	0. 4910	中度协调
江 西	0. 4835	0. 5031	0. 5048	0. 5005	0. 5003	高度协调
山 东	0. 5338	0. 5530	0. 5344	0. 5373	0. 5324	高度协调
河 南	0. 5453	0. 5564	0. 5537	0. 5541	0. 5605	高度协调
湖 北	0. 4531	0. 4861	0. 4780	0. 4931	0. 5028	高度协调
湖 南	0. 4707	0. 4965	0. 4903	0. 4986	0. 5042	高度协调
广 东	0. 6698	0. 6961	0. 6965	0. 6932	0. 6816	高度协调
广 西	0. 3946	0. 4168	0. 4148	0. 4155	0. 4058	中度协调
海 南	0. 4111	0. 4299	0. 4437	0. 3876	0. 3849	中度协调
重 庆	0. 4332	0. 4364	0. 4408	0. 4348	0. 4314	中度协调
四 川	0. 4775	0. 5052	0. 5061	0. 5075	0. 5099	高度协调
贵 州	0. 3797	0. 4262	0. 4238	0. 4280	0. 3827	中度协调
云 南	0. 4665	0. 4956	0. 5014	0. 4671	0. 4759	中度协调
西 藏	0. 2752	0. 2217	0. 2354	0. 2623	0. 2604	低度协调
陕 西	0. 4933	0. 5160	0. 5137	0. 5085	0. 5100	高度协调
甘 肃	0. 4198	0. 4528	0. 4696	0. 4557	0. 4503	中度协调
青 海	0. 4060	0. 4066	0. 4148	0. 4077	0. 4030	中度协调
宁 夏	0. 3850	0. 3927	0. 3986	0. 4012	0. 4080	中度协调
新 疆	0. 4974	0. 4920	0. 5080	0. 5025	0. 5091	高度协调

总体而言,2010 年以来,我国城镇化进程和基本公共服务建设都取得了明显成效,城镇化率由 2010 年的 49.68%上升到 2014 年的 54.77%。农业转移人口市民化的进程不断加快,户籍制度改革不断深化,各地实施了多种形式的落户政策,“人地钱”的挂钩政策不断健全,城镇基本公共服务建设取得了明显成效。但目前,大量的进城农业转移人口虽然被统计为城镇常住人口,但未能在教育、就业、医疗、养老、保障性住房等方面平等享受城镇居民的基本公共服务和社会保障。同时,在劳动力转移过程中缺乏相机抉择的基本公共服务供给机制和相应的配套设施建设,部分城市出现了明显的“公共服务拥塞”。因此,劳动力转移的空间选择与各地区基本公共服务配置的互相促进、相互提升的作用未得到充分发挥,二者协同发展的格局有待进一步增强。

2. 区域维度下的耦合协调分析

中西部地区在吸纳劳动力转移规模和基本公共服务集聚发展程度方面落后于东部地区,但劳动力转移空间与基本公共服务集聚的耦合度而言,中西部地区优于东部地区和东北地区。就协调度而言,东部地区要优于中部地区、西部地区和东北地区。东部地区、中部地区、西部地区处于高度协调阶段,东北地区处于中度协调阶段。总体而言,东部地区劳动力转移空间与基本公共服务集聚形成了较为协同的发展格局,二者互相促进、相互提升的作用得到有效发挥,而中西部地区和东北地区仍处于失衡的状态。造成这种地区差异的原因,一方面在于相同的城镇化和基本公共服务集聚的内容,比如人口密度、常住人口与户籍人口之比、各项基本公共服务财政支出比重等,在不同地区发挥的影响作用有主次差别;另一方面在于,各地区在推进城镇化进程中,土地城镇化快于人口城镇化,大量的农业转移人口尚未转化为市民,难以享受到城镇的基本公共服务,基本公共服务共建共享的进程缓慢,未能形成与劳动力空间转移规模相适应的基本公共服务协同发展格局。

这与我国当前劳动力转移空间和基本公共服务匹配现状相符。据全国流动人口动态监测数据显示,东部地区的广东、上海、浙江、江苏、北京、福建是我国流动人口的主要流入地。相较于中西部地区,东部地区将依然保持发展优

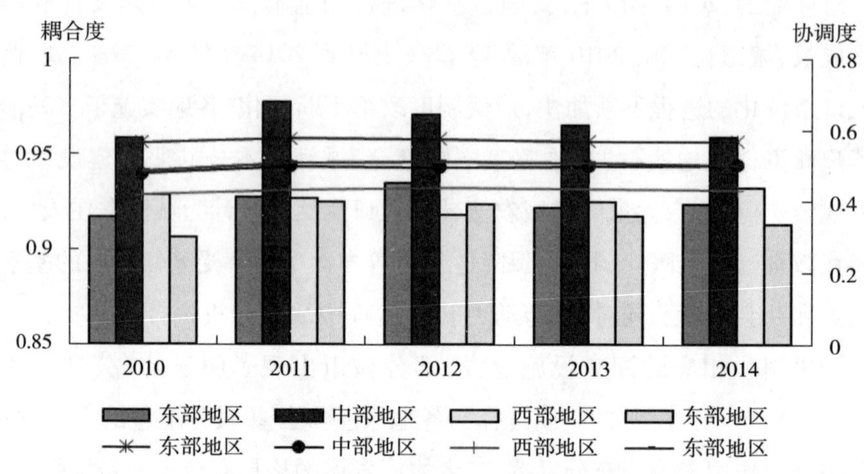

图 5-4 分区域移民空间与基本公共服务集聚系统耦合协调度

势,依然是吸纳流动人口的主力。但中西部地区对流动人口的吸引力明显上升。与劳动力转移空间格局相适应,东部地区的基本公共服务资源配置效率较高,基本公共服务具有较高的可及性和便利性。① 东部地区各大中小城市,也开展了多种形式的农业转移人口城镇落户政策试点,城镇常住人口逐渐获得与当地户籍人口相一致的基本公共服务。因此,东部地区的劳动力转移格局和基本公共服务集聚具有较强的协调度。

随着国家促进中部地区崛起战略和西部大开发战略的实施,东部沿海地区产业逐渐向中西部地区转移。相比于东部沿海地区较高的生活成本和较高的技能要求,大量的劳动力开始向中西部地区的劳动密集型产业、资源加工业等产业集聚,农业人口就近就地城镇化趋势明显增强。同时,“一带一路”战略的实施将为西部地区发展开辟新的空间,极大地促进了人口在中西部地区的集聚。与此同时,中西部地区的基本公共服务得到显著改善。据测算,2014年全国流动人口基本公共卫生计生服务均等化指数得分为 73. 3,按照区域划分,东部地区得分为 72. 2,中部地区得分为 78. 5,西部地区得分为 77. 2,东北

① 国家卫生和计划生育委员会流动人口司:《中国流动人口发展报告 2015》,中国人口出版社 2016 年版,第 5 页。

地区得分为71.6。就基本公共卫生服务、基本计划生育服务和基本医疗保险三大类基本公共服务的得分而言，基本公共卫生和基本医疗保险中西部地区情况较好，除东北地区外，东中西部地区差异不明显。① 因此，中西部地区的劳动力转移空间与基本公共服务的耦合度较高，但受限于自身经济发展基础、城镇化水平、公共服务体制机制创新等方面的影响，中西部地区基本公共服务整体水平相对滞后，与劳动力转移的空间仍存在不相匹配的问题，二者的协调度不高。

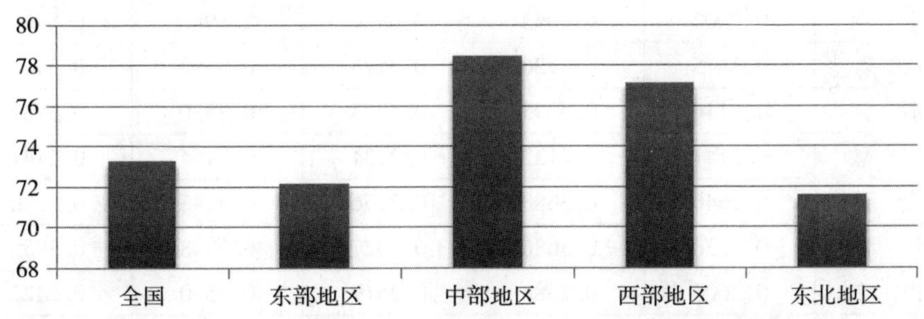

图5-5　2014年全国及四大板块卫生计生服务均等化指数得分

全国各地区劳动力空间选择和基本公共服务集聚耦合不强、发展失衡的原因在劳动力空间转移和基本公共服务集聚层面上也具有较大的地区差异。2010—2014年，全国各省份及各地区的劳动力转移空间综合序参量均大于基本公共服务综合序参量。这表明劳动力转移空间与基本公共服务集聚耦合协调发展程度不高的主要原因在于，基本公共服务水平的相对落后，不能满足大量转移劳动力对基本公共服务的需求。

表5-9　劳动力转移空间综合序参量

地　区	2010年	2011年	2012年	2013年	2014年
北　京	0.7154	0.7283	0.7115	0.7172	0.6961

① 国家卫生和计划生育委员会流动人口司:《中国流动人口发展报告2015》，中国人口出版社2016年版，第81—82页。

续表

地　区	2010 年	2011 年	2012 年	2013 年	2014 年
天　津	0.6274	0.6468	0.6799	0.7028	0.7301
河　北	0.2870	0.2826	0.2743	0.2809	0.2786
山　西	0.3462	0.3529	0.3563	0.3866	0.4033
内蒙古	0.2692	0.2646	0.2581	0.2597	0.2593
辽　宁	0.3508	0.3576	0.3383	0.3380	0.3241
吉　林	0.2822	0.3303	0.3476	0.3579	0.3538
黑龙江	0.4890	0.4772	0.4856	0.4726	0.4757
上　海	0.9002	0.8953	0.8981	0.8986	0.8967
江　苏	0.3675	0.3736	0.3578	0.3582	0.3446
浙　江	0.4116	0.4095	0.3934	0.3930	0.3837
安　徽	0.2141	0.2122	0.2134	0.2154	0.2141
福　建	0.3646	0.3688	0.3656	0.3745	0.3720
江　西	0.3856	0.3686	0.3927	0.3848	0.3955
山　东	0.2606	0.2688	0.2519	0.2530	0.2422
河　南	0.3546	0.3306	0.3585	0.3573	0.3706
湖　北	0.2487	0.2647	0.2577	0.2878	0.3074
湖　南	0.2759	0.2754	0.2804	0.3029	0.3052
广　东	0.5101	0.5112	0.5236	0.5264	0.5018
广　西	0.1648	0.1634	0.1617	0.1634	0.1490
海　南	0.3458	0.3086	0.2770	0.2726	0.2674
重　庆	0.2330	0.2425	0.2345	0.2410	0.2342
四　川	0.2287	0.2357	0.2376	0.2421	0.2485
贵　州	0.1939	0.2035	0.1974	0.2024	0.1369
云　南	0.3232	0.3293	0.3520	0.2548	0.2738
西　藏	0.1146	0.0961	0.1421	0.1480	0.1407
陕　西	0.4433	0.4467	0.4615	0.4633	0.4658
甘　肃	0.2921	0.2924	0.3320	0.3047	0.2897
青　海	0.2978	0.3089	0.3139	0.3260	0.3009
宁　夏	0.2377	0.2394	0.2306	0.2306	0.2235
新　疆	0.4637	0.3909	0.4062	0.4027	0.3994

表 5-10　基本公共服务集聚综合序参量

地　区	2010 年	2011 年	2012 年	2013 年	2014 年
北　京	0. 2464	0. 2405	0. 2461	0. 2437	0. 2952
天　津	0. 1499	0. 1509	0. 1499	0. 1496	0. 1391
河　北	0. 2050	0. 2289	0. 2078	0. 2021	0. 1982
山　西	0. 1615	0. 1795	0. 1792	0. 1727	0. 1608
内蒙古	0. 1066	0. 1263	0. 1393	0. 1395	0. 1481
辽　宁	0. 1935	0. 2221	0. 2326	0. 2224	0. 2219
吉　林	0. 1244	0. 1465	0. 1431	0. 1398	0. 1377
黑龙江	0. 1447	0. 1695	0. 1728	0. 1651	0. 1532
上　海	0. 3481	0. 3364	0. 3304	0. 3371	0. 3259
江　苏	0. 3142	0. 3460	0. 3425	0. 3334	0. 3389
浙　江	0. 2101	0. 2253	0. 2377	0. 2367	0. 2478
安　徽	0. 1590	0. 2108	0. 1985	0. 1928	0. 1906
福　建	0. 1452	0. 1554	0. 1643	0. 1553	0. 1562
江　西	0. 1418	0. 1738	0. 1654	0. 1630	0. 1584
山　东	0. 3115	0. 3480	0. 3237	0. 3295	0. 3316
河　南	0. 2494	0. 2899	0. 2623	0. 2638	0. 2663
湖　北	0. 1695	0. 2110	0. 2026	0. 2054	0. 2079
湖　南	0. 1779	0. 2206	0. 2061	0. 2040	0. 2118
广　东	0. 3945	0. 4593	0. 4496	0. 4385	0. 4301
广　西	0. 1470	0. 1846	0. 1831	0. 1825	0. 1820
海　南	0. 0826	0. 1107	0. 1399	0. 0828	0. 0821
重　庆	0. 1512	0. 1496	0. 1611	0. 1484	0. 1479
四　川	0. 2273	0. 2765	0. 2762	0. 2740	0. 2720
贵　州	0. 1073	0. 1621	0. 1634	0. 1658	0. 1567
云　南	0. 1465	0. 1831	0. 1795	0. 1869	0. 1874
西　藏	0. 0501	0. 0252	0. 0216	0. 0320	0. 0327
陕　西	0. 1336	0. 1587	0. 1509	0. 1443	0. 1453
甘　肃	0. 1063	0. 1437	0. 1465	0. 1416	0. 1420
青　海	0. 0913	0. 0885	0. 0943	0. 0847	0. 0877
宁　夏	0. 0924	0. 0993	0. 1095	0. 1124	0. 1240
新　疆	0. 1320	0. 1499	0. 1640	0. 1583	0. 1681

表 5-11　分区平均的劳动力转移空间与基本公共服务集聚综合序参量值

	劳动力转移空间序参量				基本公共服务集聚序参量			
	东部	中部	西部	东北	东部	中部	西部	东北
2010 年	0. 4790	0. 3042	0. 2718	0. 3740	0. 2407	0. 1765	0. 1243	0. 1542
2011 年	0. 4794	0. 3007	0. 2678	0. 3884	0. 2602	0. 2143	0. 1456	0. 1794
2012 年	0. 4733	0. 3098	0. 2773	0. 3905	0. 2592	0. 2024	0. 1491	0. 1828
2013 年	0. 4777	0. 3225	0. 2699	0. 3895	0. 2509	0. 2003	0. 1475	0. 1758
2014 年	0. 4713	0. 3327	0. 2601	0. 3845	0. 2545	0. 1993	0. 1495	0. 1709

三、公共服务资源配置与劳动力转移空间协同策略

(一)增强劳动力转移空间与基本公共服务协同发展的认识能力

各地区在制定城镇化发展战略与规划中,应当转变观念,不要片面地靠实施“工业强镇”或“规模大镇”来推进城镇化。① 坚持以人为本的基本原则,从经济社会系统发展、实际现状和未来功能出发,提高对劳动力转移空间与基本公共服务集聚互动发展重要性的认识,全面加快与本地区劳动力转移规模相适应的基本公共服务资源配置,发挥二者良性互动发展的功能作用。一方面,公共服务供给水平的差异会加剧各省城市间的分层。公共服务的获得对转移劳动力在城市定居具有吸引力,但由于户籍制度长期限制转移劳动力获得公共服务,转移劳动力一旦获得所在城市的公共服务,短期内将不愿意再进行再次转移,对城市公共服务形成依赖,又成为一个新的阻碍劳动力转移的重要因素。② 因此,应高度重视劳动力转移空间选择和基本公共服务集聚的协同发展,既需要加强各区域、各省份城市劳动力市场制度的建设,有效促进转移劳动力选择合理的空间,也要积极促进各区域、各省份基本公共服务的建设,防止各区域、各省城市间公共服务水平的差距成为新的阻碍劳动力转移的力量。

① 张勇、蒲勇健、陈立泰:《城镇化与服务业集聚——基于系统耦合互动的观点》,《中国工业经济》2013 年第 6 期。

② 侯慧丽:《城市公共服务的供给差异及其对人口流动的影响》,《中国人口科学》2016 年第 1 期。

另一方面,劳动力是各地区实现经济发展的重要生产要素,促进劳动力合理转移也是促进各省份城市规模适度发展的重要途径,达到这样的发展水平,所需要提供的公共服务的基础就是发展不同规模城市各个层次的公共服务。应通过政府和市场、政策和机制的配合,加强劳动力转移空间与基本公共服务集聚协调发展的规划引导和政策支持,强化市场在劳动力转移空间选择与基本公共服务发展中的资源配置作用。

（二）增强与劳动力转移规模相匹配的基本公共服务的供给能力

区域公共服务具有准公共品性质,消费中的竞争性和排他性使得政府生产的公共服务数量与移民实际消费的公共服务数量存在差异,且这种差距往往和地区的人口密度有很大关联。理论上讲,大多数地方公共服务都可通过排他制度实施选择进入来防止搭便车行为,但不同的地方公共服务降低甚至消除排他性的成本并不相同。因此,地方政府在提供公共服务产品时,不仅要考虑本地区的户籍人口与地区最优公共服务供给量之间的关系,还必须要兼顾人口跨地区流动因素所带来的影响。移民空间选择会引起区域公共服务资源配置的效应分层与空间差异。因此,完善区域公共品需求偏好传导机制、矫正政府偏好和扭曲财政支出结构,积极引入公共财政的市场化激励、构建完善的财政激励配套制度和政策体系,针对不同空间范围、不同公共服务资源,构建相机抉择的匹配机制和政策体系,是增强与劳动力转移规模相匹配的基本公共服务的供给能力的重要举措。一是健全区域居民对公共品需求偏好表达机制、传导机制,矫正政府公共品供给偏好,优化地方政府公共品的支出模式。二是完善地方政府的考核机制,可考虑将区域公共品供给的效率和效用纳入考核体系,既包括地方政府对本行政辖区户籍居民公共品供给效率,也包括对新增常住人口带来的效用,不断提高政府自发性公共品支出的意愿和资金使用效率,实现政府能力、劳动力转移规模与公共品供给任务的平衡。

（三）增强区域基本公共服务集聚对劳动力转移空间的引导能力

增强区域公共服务的集聚能力,主要体现在各区域和各省份城市基本公共服务供给总量和结构与劳动力转移规模和人口结构的协同,切实增加各区域基本公共服务的供给。一是要增强地方政府公共品支出的财政自主权。中央和地方政府按照事权承担相应的公共品支出责任,财政自主权的增强能够保障地方政府灵活反应的信息优势,提高地方对劳动力转移人口公共品需求的反应能力,提高区域公共品的配置效率。为此,地方政府应进一步健全地方税制体系,扩大地方政府调控能力,为激励地方政府提供公共品供给奠定一定的基础。同时,可通过资源约束和相互依赖,激发地方政府开展区域间公共品供给合作的积极性和主动性,通过信息交换机制等,达成地方政府跨区域公共品匹配供给机制,提高决策的合理性、开放性和多样性。二是优化政府公共财政市场化激励机制。通过建立激励相容的约束机制,充分发挥社会资本在提高区域公共品供给效率和质量中的作用。一方面,创新区域公共品投入机制。充分发挥政府和私人部门各自优势,大力推进公共品生产的市场化,完善政府采购制度。把政府的政策目标、社会目标和私人部门的运营效率、技术进步的内在动力有机结合起来,以市场的力量引导公共资源的合理配置。另一方面,健全社会资本参与公共品供给的制度保障。在明晰政府和市场边界的基础上,完善公共品供给的成本评估、利益调整和公开机制,保障公共品投资领域社会资本的合法权益,不断提高公共产品和服务供给效率和质量。

第六章

促进劳动力合理转移的公共服务资源协同配置政策

区域间、城乡间以及城市内部基本公共服务的差异,对我国劳动力转移和人口空间分布产生了重要的影响。有效促进劳动力转移空间优化,实现劳动力转移空间选择与基本公共服务资源协同配置,主要体现在以下三个方面:一是转移到城市的劳动力能够享受到全面和高质量的基本公共服务,满足转移劳动力日益增长的需求;二是基本公共服务发展较为平衡,实现城乡、地区之间的均等化,城镇不同群体的基本公共服务得到充分的保障;三是转移劳动力获得公共服务的体制和制度保障进一步完善,基本公共服务的社会性和公益性全面体现,农业转移人口市民化的强度与模式更趋合理。因此,促进劳动力合理转移和农业转移人口的市民化,实现区域公共服务资源配置与移民空间选择协同优化,有待于加快推进相关制度建设,进一步完善体制机制,增强改革创新和实践探索能力。

第一节　移民空间选择与公共服务资源协同配置的制度建设

一、积极深化户籍制度改革

党的十八届三中全会提出,推进以人为核心的城镇化,并将户籍制度改革、城镇基本公共服务制度完善作为推进农业转移人口市民化的重要制度保障,这既是新时期我国系统性、整体性、协同性推进改革的重要内容,也是我国全面建成小康社会的重要战略方针。有序推进农业转移人口市民化,是推进以人为核心的城镇化的本质要求。人的城镇化就是要以广大居民的权益保障为最重要的支点,加快推进城乡一体化发展,实现城乡在经济社会结构上的高度融合与协调发展;加快推进城乡基本公共服务的均等化,让城乡居民平等参与现代化进程、共同分享现代化成果。推进农业转移人口市民化是人的城镇化的核心内容,其本质是城镇公共服务水平的提升与人口数量的快速增长相匹配,即农业转移人口进入并落户于城镇,同等享受就业、随迁子女教育、住房、基本医疗卫生、社会保障等方面的基本公共服务。

户籍制度是有序促进劳动力转移、推进基本公共服务均等化的重要环节。当前,应积极创新人口管理,加快户籍制度改革,进一步细化不同类型城镇落户的条件和政策,逐步弱化其"城乡二元结构""城市新二元结构"的功能,剥离依附在户籍制度之上的各种城乡差别权益,如教育和培训权利、医疗卫生权利、社会保障权利、居住权利等,努力实现农业转移人口落户城镇与其相关权益同时落地。

(一)实行城乡统一的户籍制度

以公共服务供给制度的改革为突破口,加快制度设计和利益格局的调整。创新各地区户籍管理模式,放开户籍限制,积极探索适宜本地区人口自由迁移的人口登记和人口管理制度,实行城乡统一的户籍制度。在破除制约城乡居民平等享有基本公共服务的户籍制度的同时,加快剥离依附在户籍制度之上的各种城乡差别权益,逐步将基本公共服务领域各项法律法规和政策与户口性质相脱离,保障符合条件的外来人口与本地居民平等享有基本公共服务。全面推行居住证制度。居住证制度是创新和完善人口服务和管理的重要内容。① 各地区应积极推进实施居住证制度,将居住证作为提供基本公共服务

① 徐绍史、胡祖才:《国家新型城镇化发展报告 2015》,中国统计出版社 2016 年版,第 29 页。

的主要载体，申请登记居住地常住户口的重要依据。

（二）全面放开中小城镇的落户限制

全面放开建制镇和小城市落户限制，有序放开中等城市落户限制。同时，各中小城市要加快其他福利性制度的建设，如就业、公共服务、社会保障。首先，中小城市应立足城镇资源禀赋，充分发挥市场配置资源的决定性作用，加快符合资源和生态环境的产业发展步伐，扩大就业，加快人口向城镇集中。其次，要加快实现中小城市经济社会发展与公共服务和社会保障同步提升。加大中小城市财政投入的力度，拓宽投融资渠道，加强基础设施建设，提高城镇提供社会保障、医疗、教育、住房等基本公共服务的能力，为农业转移人口融入城镇创造条件。

二、完善公共服务均等化供给的投入制度

城乡劳动力的流动构成了中心和边缘地区资源交换的不平衡机制，劳动力的流动具有明显的"公共服务移民效应"，公共资源的区域间配置格局与劳动力流动的方向基本一致。就农村而言，要以新农村建设为依托，加快农村基础设施、就业、教育、医疗、卫生等财政投入，健全农村社会保障体系，改善农村居民的总体福利。就城市而言，城乡福利水平的差异引起的劳动力转移，会挤占许多城市居民的福利且带来诸多负的外部效应。因此，公共政策的选择应从以下两个方面着手：一是加大对农村的财政投资，提高这些地区公共服务的水平。二是进一步加大城市基本公共服务建设的财政投入，满足城市新增劳动力对基本公共服务的需要，缓解城市拥堵、适龄儿童入学难、医院人满为患、卫生环境恶化等"城市病"。针对不同城市规模和劳动力的需求，适时调整公共服务内容。对于大城市，政府应该强调非市场化公共服务的供给，加强普惠制的公共服务建设。而在中小城市，劳动力市场的社会保护制度建设应为首要任务。①

① 侯慧丽：《城市公共服务的供给差异及其对人口流动的影响》，《中国人口科学》2016 年第 1 期。

健全以基本公共服务均等化目标的财政转移支付制度，协调城乡基本公共服务均等化的体制机制，发挥政府在基本公共服务均等化中的主体作用和主导作用。同时，充分发挥市场机制的作用，积极鼓励社会资本进入公共服务领域，实现公共服务多元化供给，以满足快速城镇化进程中民众多样化的公共服务需求。①

三、加快城乡基本公共服务制度的衔接

积极解决和消除农村和城镇之间公共服务制度的不衔接问题，改变管理属地化、制度碎片化的教育、医疗卫生、社会保障和就业体系，“为人们自由迁徙、安居乐业创造公平的制度环境”。一是要建立城乡统一的义务教育体制，完善义务教育设施配套机制，解决城镇化进程中学校建设适应学龄人口增长，使城乡孩子享有均等的受教育机会，切实保障劳动力转移人口随迁子女享有受教育的权利。二是要建立城乡统一的公共医疗卫生体制，积极应对快速城镇化对医疗卫生服务体系带来的挑战，着力解决医疗卫生资源供需矛盾，调整医疗卫生资源布局。积极拓展对流动人口的服务项目，包括孕前优生健康检查、农民工职业病防治等，实行片区医生签约服务，把卫生计生服务送进社区、企业和学校，提高对转移劳动力服务的可及性，将流动人口基本公共卫生计生服务经费纳入当地财政预算并下拨，实现医疗机构和卫生资源在城乡、区域间的合理配置。三是要建立城乡统一的社会保障体制，全面落实农村最低生活保障，加快全面推行新型农村合作医疗制度，提高统筹基金的比例，降低自费比例，减轻农民“看病难、看病贵”问题。加强医疗救助与基本医疗保险制度的衔接，依法将与用人单位建立稳定劳动关系的农民工纳入城镇职工基本养老保险和基本医疗保险体系。做好异地就医医疗费用结算工作，完善医保关系转移接续。积极开展对农民工的临时救助服务，填补城镇社会救助体系对农民工的服务缺失。采取缴费、享受待遇与城镇户籍职工不同的方式，逐步将

① 杨刚强、孟霞等：《基本公共服务与农村劳动力转移的关系研究》，《宏观经济管理》2013年第8期。

农民工纳入失业保险体系。四是要建立城乡统一的劳动力就业体制，将农村劳动者按常住地纳入城乡一体的就业服务体系，并建立起覆盖城乡困难群体的就业援助体系，实现城乡劳动力市场的统一。[①] 着力稳定和扩大农民工就业创业，积极为农业转移人口提供职业技能培训服务，提高农业转移人口创业、就业能力，消除对农业转移劳动力就业的政策障碍。

第二节　移民空间选择与公共服务资源协同配置的机制创新

促进劳动力合理转移和人口均衡发展，需要城乡、城市间基本公共服务水平的均衡发展，既要加强劳动力市场制度建设，也要积极发展脱离市场的普惠制的公共服务，防止城市间公共服务水平的差异成为新的阻碍劳动力转移的力量。因此，应积极健全政府公共产品的供给机制，健全区域公共服务协同供给的财政体制，进一步细化财政转移支付同农业转移人口市民化的挂钩机制，激发政府能力、社会动力、市场活力，积极完善公共服务供给的成本分摊机制。按照人口转入地经济发展程度，以及农业转移人口的质量与规模等，确定中央财政转移支付的标准，缓解人口转入地公共服务支出压力，提高城镇为农业转移人口提供公共服务的财力保障。

一、建立健全政府公共产品供给机制

地方政府作为提供区域公共品供给的主体，可以看成是集体成员分散化提供区域公共品的行为。但受多种因素的影响，地方政府间在公共品供给的结构与规模、有效性等方面存在较大偏好差异。因此，促进区域公共品的有效供给，关键是建立健全激励这一微观供给主体支出偏好的体制机制。一方面，应健全区域居民（特别是劳动力转移规模较大的区域）对公共品需求偏好表达机制、传导机制，矫正政府公共品供给偏好，优化地方政府公共品的支出模

① 亢犁：《推进城乡基本公共服务均等化的路径》，《光明日报》2013 年 1 月 2 日。

式;另一方面,应完善地方政府的考核机制,可考虑将区域公共品供给的效率和效用纳入考核体系,既包括地方政府对本行政辖区的公共品供给效率,也包括对相邻地区带来的效用,不断提高政府自发性公共品支出的意愿和资金使用效率,实现政府能力与公共品供给任务的平衡。

二、健全区域公共服务协同供给的财政体制

一般来说,区域公共品供给须由政府通过公共财政预算的方式加以解决。当前,区域一体化进程的不断加快有利于形成公共服务支出的区域外溢性收益,但仍存在一些问题。当前和今后一个时期,如何增强地方政府职责,提高公共服务共建能力和共享水平是我们迫切需要解决的重大现实问题。在这一过程中,构建既能体现区域劳动力转移后居民公共品需求、又能约束地方政府公共品支出偏好的机制,实现政府公共品支出结构偏好与财政竞争下区域人口公共品需求偏好相匹配、政府财政自主权的实现与公共财政市场化相融合,是激励地方政府提升对区域公共品供给效率和效用的重要途径。①

(一)可考虑增强地方政府公共品支出的财政自主权

中央和地方政府按照事权承担相应的公共品支出责任,财政自主权的增强能够保障地方政府灵活反应的信息优势,提高地方对公共品需求的反应能力,提高区域公共品的配置效率。为此,地方政府应进一步健全地方税制体系,扩大地方政府调控能力,为激励地方政府提供公共品供给奠定一定的基础。同时,可通过资源约束和相互依赖,激发地方政府开展区域间公共品供给合作的积极性和主动性,通过信息交换机制等,达成地方政府跨区域公共品匹配供给机制,提高决策的合理性、开放性和多样性。

(二)针对不同发展水平区域、不同类型外溢性公共品,可考虑构建中央和地方政府事权与财权差异化的匹配

首先,区域经济发展水平差异对区域公共品供给的效率有一定间接影响。应加快财政体制改革,建立差异化的区域财政分权机制,逐步理顺中央和地方

① 杨刚强、孟霞:《促进跨区域公共产品有效供给》,《经济日报》2016 年 6 月 2 日。

政府的事权关系。增强转移支付手段在跨区域公共品供给中的作用，对于跨区域且对其他地区影响较大的公共品，建议通过转移支付承担一部分地方事权支出责任。其次，还要适度加强事权和支出责任，从制度层面营造地区间协调有序的竞争关系。

（三）优化政府公共财政市场化激励机制

通过建立激励相容的约束机制，充分发挥社会资本在提高跨区域公共品供给效率和质量中的作用。一方面，创新跨区域公共品投入机制。充分发挥政府和私人部门各自优势，大力推进公共品生产的市场化，完善政府采购制度。把政府的政策目标、社会目标和私人部门的运营效率、技术进步的内在动力有机结合起来，以市场的力量引导公共资源的合理配置。另一方面，健全社会资本参与公共品供给的制度保障。在明晰政府和市场边界的基础上，完善公共品供给的成本评估、利益调整和公开机制，保障公共品投资领域社会资本的合法权益，不断提高公共产品和服务供给效率和质量。

三、建立与市民化挂钩的财政转移支付机制

发挥财政资金的引导和激励作用，改变地方政府要"人手"不要"人口"的倾向，鼓励地方政府为包括农民工在内的常住人口提供均等的基本公共服务。合理界定中央与地方的事权和支出责任，以常住人口为财政分成依据，调整各级政府之间的财政分配关系，解决城镇人口增加带来的公共支出问题。制定和完善城镇化的配套政策，如建立农民工专项资金转移支付制度，对吸纳流动人口较多的城镇补助建设资金，实行城镇建设用地增加规模与吸纳农业转移人口规模挂钩等。① 按照人口转入地经济发展程度，以及农业转移人口的质量与规模等，确定中央财政转移支付的标准，缓解人口转入地公共支出压力，提高城市为农业转移人口提供公共服务的财力保障。

四、激发政府能力、社会动力、市场活力

加快服务型政府建设，协调城乡基本公共服务均等化的机制，建立保障公

① 张月瀛：《破除农业转移人口市民化的制度障碍》，《人民日报》2013年4月10日。

共服务均等化的财政体制，推进政府向社会力量购买公共服务，发挥政府在基本公共服务供给中的主导作用，提高城乡基本公共服务供给能力。同时，还应充分发挥市场机制的作用，发挥政府投入对启动社会投资的杠杆作用，努力形成政府推动、多元投资、市场运作的资本经营机制，积极鼓励民间资本进入公共服务领域，培育社会企业，实现公共服务多元化供给，以满足快速城镇化进程中民众多样化的公共服务需求。

市场在资源配置中起决定性作用，社会公共服务资源的配置也离不开市场的配置作用，这也是基本公共服务均等化实现其经济效益的重要途径。政府要鼓励各种社会力量，积极调动全社会的力量实现共建共享，在以政府为主体的情况下，积极引入社会资本，培育社会企业，完善以政府供给为主、民间资本广泛参与的供给机制，充分发挥市场、社会力量，形成公共产品供给主体多元化的格局。要按照谁投资谁受益的原则，允许和鼓励私营企业生产和经营公共产品，积极引进民间资金和外资为公共产品生产服务，以改善公共服务质量，降低管理成本，强化公共产品生产和供给的竞争性，提高公共服务的运作效率和专业化水平。要充分利用社会组织形式灵活多样、活动具有自发性等优势，在其他主体无法充分发挥作用的某些基本公共服务供给环节起到更重要的作用。打破各类地方保护，促进劳动力等生产要素在地区间合理地自由流动。大力发展非营利组织，从资金支持、政策扶持、环境营造等方面解决阻碍非营利组织发展的瓶颈问题，构建基本公共服务提供的社会分担机制，从而为全社会提供优质高效的基本公共服务。

要创新思路、拓宽渠道，建立多元化的城乡一体化建设融资机制，放开民间资本进入城镇基础设施、公用事业领域的各种限制，拓宽供给服务主体的范围，鼓励和引导社会团体、社会资本等社会力量参与进来，推动建设完善 PPP、BBO 等模式，走出一条共建共赢、独具特色的基础设施建设之路。在政府投入和供给方式上，通过政府购买或实施管理合同外包制、合约出租、财政参股、特许经营等形式，建立一种良性的基本公共服务供给方的竞争环境和机制。

五、健全农业转移人口市民化的成本分摊机制

劳动力转移及融入城市生活都要付出一定的成本，最为直接的是为农业转移人口到城镇定居生活获得相应福利待遇和均等化公共服务等所需的各种经济投入。一般可分为公共成本、个人成本和企业成本三部分。其中，公共成本和个人成本是劳动力转移人口的主要成本。前者是指政府为农业转移人口提供各项公共服务、社会保障和基础设施新建等所需增加的财政支出；后者是指农业转移人口及其家庭在城镇定居所需支付的生活费用和发展费用。据测算，在我国东、中、西部地区的城镇，转移劳动力人均个人支出成本分别为 2 万元/年、1.5 万元/年和 1.6 万元/年。① 较高的劳动力转移和融入城市成本，对劳动力转移形成了加大的阻碍作用。因此，应积极构建合理的成本分摊机制，有序推进农业转移人口的市民化。

构建合理的成本分摊机制，一方面需要通过"内部化"的机制变革尽可能使经济行为主体在农业转移人口市民化过程中承担各自应该承担的成本，另一方面也需要通过协调"保障国库财政平衡与避免成本分摊的难以实施"，在"费用最小化"的过程中推动公共财政承担不能内部化的外部成本。因此，一是要"循序渐进"地在农民工市民化过程中创新劳动就业制度、社会保障制度、农村土地制度、公共服务制度以及户籍制度等；二是要"平行推进"制度创新的相互协调与政策衔接。②

第三节　移民空间选择与公共服务资源协同配置的实践探索

各地区要立足本地经济社会发展实际和城镇综合承载能力，坚持以人为

① 潘家华、魏后凯：《中国城市发展报告——农业转移人口的市民化》，社会科学文献出版社 2013 年版，第 139 页。

② 张国胜、陈瑛：《社会成本、分摊机制与我国农民工市民化——基于政治经济学的分析框架》，《经济学家》2013 年第 1 期。

本的原则和公共服务共享的理念，创新社会管理，在居住、就业、教育、医疗、劳动保障等重点领域探索推广积分制等多种形式的公共服务模式，增进公共服务。鼓励不同类型城镇开展多种形式的基本公共服务均等化试点，积极推进城镇基本公共服务常住人口全覆盖的实践，为加快基本公共服务均等化体制机制改革和政策创新、加快农业转移人口市民化进程，提供宝贵的素材和丰富的实践经验。

一、积极提高城镇公共服务的综合承载能力

科学规划城市群规模和布局、增强中小城市和小城镇功能。加强城镇基础设施建设，加快城镇涉及民生的重大公共产品生产和基本公共服务设施建设，提高市政设施供给能力和服务水平，满足城镇新增农业转移人口对基本公共服务的需要。完善城镇资源的配置与管理，实现城镇内学校、医院、养老等设施的合理配置，形成公共服务资源区域配置与人口集聚规模相一致的格局，有效缓解农业转移人口看病难、适龄儿童入学难，以及城镇拥堵、卫生环境恶化等“城市病”，改善城镇常住人口的总体福利。只有不断增强城镇基础设施、公共服务、资源环境的综合承载能力，提高城镇管理运行效率和公共服务供给能力，才能增强城镇对大量农业转移人口集聚的支撑作用，提升城镇可持续发展的能力。加快城镇社区建设，完善以社区服务站为主体的社区综合服务管理平台，提高农业转移人口所在社区的就业、教育、卫生、文化、社保、民政等社会管理职能和基本服务供给能力。

二、加快推进城乡基本公共服务均等化

城乡人口结构的变动，一个重要的原因在于城乡基本公共服务供给的巨大差异。同时，流动人口的公共服务需求是重要的引致需求，城乡基本公共服务供给的优化，也对人口结构的优化具有重要的引导作用。因此，一是要加大公共资源向农村、贫困地区非流动人口等社会弱势群体倾斜力度，把更多的财力、物力投向基层，促进农村水利、道路、治污等生产型设施资源的优化配置，完善农村非流动人口教育、医疗卫生、养老等生活型公共服务的供给，缩小基本公共服务水平差距，促进资源均衡配置和发展机会均等。二是要以人的城

镇化和农民工的市民化为核心，全面加快城镇流动人口的市民化。要以权益保障为最重要的支点，加快推进城乡一体化发展，实现城乡在经济社会结构上的高度融合与协调发展。积极融入城市新社区，获得城市居民心理的认同，实现公共服务发展水平需要与人口数量的快速增长相匹配，逐步实现城乡流动人口就业、教育、住房保障、社会保障等方面的全覆盖。三是要解决和消除农村和城市之间公共服务制度的不衔接问题，改变管理属地化、制度碎片化的公共服务配置模式。

三、促进公共服务资源区域空间格局的公平配置

使城乡、各区域居民获得与经济发展水平相适应、均等化的基本公共服务，是我国社会公共资源配置的目标，也是我国社会公平和正义的必然要求。我国正处于社会转型时期和城镇化快速发展时期，各区域间人口流动更加频繁，客观上要求社会公共资源的合理配置和公共服务的有效供给，对公共资源配置效率和居民对公共服务享有公平提出了新要求。因此，社会公共资源配置应适应区域经济发展的空间要求，建立与城乡、区域经济发展和政府财力增长相适应的基本公共服务配给机制，提高公共财政投入的针对性和投入效率。一方面，要加强中西部地区、农村地区社会公共服务资源的投入力度，特别是一些欠发达地区、革命老区、少数民族地区，加大该地区养老、医疗、教育、基础设施建设等基础保障型的投入，调整传统的公共品供给结构，变过去重有形公共品供给到有形公共品和无形公共品协调供给，变重生产型公共品供给到生产和生活型公共品并举，更好适应该地区居民对公共品需求偏好的变化。另一方面，要加快解决大量人口流入地区资源短缺、生态环境破坏、住房交通拥挤、教育医疗资源不足等问题。

四、努力提高农民工融入城镇的素质和能力

提高农业转移人口自身职业技能和文化素养，实现生活方式、行为习惯、价值观念、社会参与等由乡到城的转换，加快农业转移人口再社会化的过程。

（一）提高农业转移人口职业技能

建立农业转移人口职业技能培训的体系，提高职业技能，是中部地区作为

农业主产区推进农业转移人口市民化的主要渠道。一是要通过政府和企业的宣传，引导农业转移人口尤其是其中的新生代农民工认识到仅靠出卖体力劳动获得收入发展的局限性，使其逐步明白增加人力资本存量对于实现就业、创业的必要性，逐渐形成人力资本投资的良好意识，养成主动提升个人文化素质和职业技术知识水平的学习习惯，并加强对企业用工需求情况和工作技能要求的了解，有的放矢地选择和参加教育培训活动。二是要通过政府、企业和高校的合作，建立多层次、多种形式的培训机构，采用长期职业教育和短期技能培训相结合、学历教育与技能培养相结合，大力发展继续教育、社区教育、远程教育等形式，增强职业技能培训的针对性和时效性，提高培训质量。三是要建立健全培训体系，逐步构建起农业转移人口职业培训的长效机制。将农业转移人口职业教育培训纳入职业教育体系，完善农业转移人口培训的财政支持体系。

（二）提高农业转移人口城市适应能力

一是要通过社区、其他社会组织，开展多种形式的、喜闻乐见的“新市民教育”活动，①改善农业转移人口的综合素质和心理健康状况，帮助他们树立乐观开放、积极进取、互帮互助的现代意识，帮助他们调适、缓减心理压力、树立健康向上的生活情趣，增强他们在思想观念、文化素质、生活习惯、法律意识等方面对城市生活的适应性。二是要通过社会、农民工社会组织，培育农业转移人口对社区事务的参与意识，在权益维护、法律援助、咨询培训和社会交往等方面为农业转移人口提供积极帮助，促进农业转移人口自身合法权益的维护和表达，积累社会资本。

① 国务院发展研究中心课题组：《农民工市民化——制度创新与顶层政策设计》，中国发展出版社 2011 年版，第 290 页。

参考文献

[1]白南生、宋洪远:《回乡,还是进城?——中国农村外出劳动力回流研究》,中国财政经济出版社2002年版。

[2]蔡昉:《中国流动人口问题》,社会科学文献出版社2007年版。

[3]程名望:《中国农村剩余劳动力转移机理、动因与障碍——一个理论框架与实证分析》,同济大学出版社2012年版。

[4]杜鹰:《走出乡村》,经济科学出版社1997年版。

[5]段成荣、杨舸、马学阳:《中国流动人口研究》,中国人口出版社2012年版。

[6][美]费景汉、[美]拉尼斯:《劳动剩余经济的发展——理论与政策》,经济科学出版社1992年版。

[7]辜胜阻:《非农化与城镇化研究》,浙江人民出版社1991年版。

[8]国际卫生和计划生育委员会流动人口司:《中国流动人口发展报告(2013)》,中国人口出版社2013年版。

[9]国家卫生和计划生育委员会流动人口司:《中国流动人口发展报告(2015)》,中国人口出版社2015年版。

[10]国务院发展研究中心课题组:《农民工市民化——制度创新与顶层政策设计》,中国发展出版社2011年版。

[11]《国家新型城镇化规划(2014—2020)》,人民出版社2014年版。

[12]《国务院关于进一步推进户籍制度改革的意见》,人民出版社2014

年版。

[13]叶阿忠、吴继贵、陈生明:《空间计量经济学》,厦门大学出版社 2015 年版。

[14]詹姆斯·勒沙杰、凯利·佩斯著,肖光恩、杨勇、熊灵、魏伟译:《空间计量经济学导论》,北京大学出版社 2015 年版。

[15]胡锦涛:《坚定不移沿着中国特色社会主义道路前进　为全面建成小康社会而奋斗——在中国共产党第十八次全国代表大会上的报告》,人民出版社 2012 年版。

[16]黄宁阳:《中国新时期农村劳动力转移研究》,科学出版社 2012 年版。

[17]李爱:《农村劳动力转移的政府行为》,山东人民出版社 2006 年版。

[18]李建新:《中国人口结构问题》,社会科学文献出版社 2009 年版。

[19]李克强:《政府工作报告——2014 年 3 月 5 日在第十二届全国人民代表大会第二次会议上》,人民出版社 2014 年版。

[20]李玲:《珠江三角洲人口迁移与劳动市场》,社科出版社 2005 年版。

[21]李瑞芬、何美丽、郭爱云:《农村劳动力转移:形势与对策》,中国农业出版社 2006 年版。

[22]李铁、范毅等:《我国城市流动人口和北京市人口问题研究》,中国发展出版社 2013 年版。

[23]刘怀廉:《中国农民工问题》,人民出版社 2005 年版。

[24]刘易斯:《二元经济论》,北京经济学院出版社 1989 年版。

[25]刘铮:《人口学词典》,人民出版社 1986 年版。

[26]路遇、翟振武:《新中国人口六十年》,中国人口出版社 2009 年版。

[27]潘家华、魏后凯:《农业转移人口的市民化(中国城市发展报告 NO. 6)》,社会科学文献出版社 2013 年版。

[28]盛来运:《流动还是迁移——中国农村劳动力流动过程的经济学分析》,上海远东出版社 2008 年版。

[29]田学原:《中国人口政策 60 年》,社会科学文献出版社 2009 年版。

[30]王培安:《全国流动人口动态监测数据集(2011)》,中国人口出版社 2012 年版。

[31]威廉·配第(Petty.W.)著、马妍译:《政治算术》,中国社会科学出版社 2010 年版。

[32]吴克明:《教育与劳动力流动》,北京师范大学出版社 2009 年版。

[33]徐绍史、胡祖才:《国家新型城镇化发展报告(2015)》,中国统计出版社 2016 年版。

[34]杨云彦:《中国人口迁移与发展的长期战略》,武汉出版社 1994 年版。

[35]俞路:《新时期中国国内移民分布研究》,上海三联书店 2008 年版。

[36]中共中央编写组:《中共中央关于全面深化改革若干重大问题的决定》,人民出版社 2013 年版。

[37]中共中央国务院:《中共中央国务院关于加快发展现代农业进一步增强农村发展活力的若干意见》,人民出版社 2013 年版。

[38]《中华人民共和国国民经济和社会发展第十三个五年规划纲要》,人民出版社 2016 年版。

[39]白南生、陈传波:《还有人能外出吗——外出务工率地区差异研究》,《中国劳动力经济学》2008 年第 2 期。

[40]蔡昉:《劳动力迁移的两个过程及其制度障碍》,《社会科学研究》2001 年第 4 期。

[41]蔡秀云、李雪、汤寅昊:《公共服务与人口城市化发展关系研究》,《中国人口科学》2012 年第 6 期。

[42]陈冲:《人口结果变动与农村居民消费——基于生命周期假说理论》,《农业技术经济》2011 年第 4 期。

[43]陈灵:《我国农村剩余劳动力转移途径及对策选择》,《中央财经大学学报》2005 年第 10 期。

[44]陈秋红、黄颖:《我国农村劳动力回流的原因及对策》,《农业经济》2011 年第 8 期。

[45]陈秋红:《环境因素对人口迁移的作用机制分析》,《中国农村观察》2015 年第 3 期。

[46]陈锡文:《我国城镇化进程中的“三农”问题》,《国家行政学院学报》2012 年第 6 期。

[47]陈怡男、刘鸿渊:《农民工市民化公共属性与制度供给困境研究》,《经济体制改革》2013 年第 4 期。

[48]陈在余:《中国农村留守儿童健康与营养分析》,《中国人口科学》2009 年第 5 期。

[49]陈仲常、郑良蔚、丁从明:《人口结构转型、市场化与国际产业转移的叠加效应分析——对中国“人口红利”的新解读》,《西北人口》2011 年第 5 期。

[50]谌新明:《中国劳动力流迁的动因与成本》,《中国人口科学》1999 年第 2 期。

[51]程令国、张晔:《“新农合”:经济绩效还是健康绩效》,《经济研究》2012 年第 1 期。

[52]程名望、史清华、徐剑侠:《中国农村劳动力转移动因与障碍的一种解释》,《经济研究》2006 年第 4 期。

[53]程名望、史清华:《非经济因素对农村剩余劳动力转移作用和影响的理论分析》,《经济问题》2009 年第 2 期。

[54]程世勇、张克听:《经济转型中城乡劳动力转移机制分析》,《经济学动态》2005 年第 6 期。

[55]丁凯:《农民工市民化障碍与难点研究综述》,《经济体制改革》2013 年第 4 期。

[56]董俊凯、任丽君:《河北省人口迁移的现状和动因分析》,《现代经济》2009 年第 8 期。

[57]杜鑫:《劳动力流动决策的理论与经验研究述评》,《社会科学战线》2008 年第 4 期。

[58]段成荣、杨舸、张斐、卢雪和:《改革开放以来我国流动人口变动的九大趋势》,《人口研究》2008 年第 6 期。

[59]樊士德、沈坤荣:《中国劳动力流动的微观机制研究——基于传统与现代劳动力流动模型的构建》,《中国人口科学》2014 年第 2 期。

[60]封进、张涛:《农村转移劳动力的供给弹性——基于微观数据的估计》,《数量经济技术经济研究》2012 年第 10 期。

[61]甘行琼、刘大帅、胡朋飞:《流动人口公共服务供给中的地方政府财政激励实证研究》,《财贸经济》2015 年第 10 期。

[62]高国力:《区域经济发展与劳动力迁移》,《南开经济研究》1995 年第 2 期。

[63]郭菲、张展新:《农民工新政下的流动人口社会保险:来自中国四大城市的证据》,《人口研究》2013 年第 3 期。

[64]郭玉清、姜磊、李永宁:《空间外部性视角下的地方政府支出策略互动模式》,《经济地理》2012 年第 5 期。

[65]国家人口计生委流动人口服务管理司:《提前返乡流动人口调查报告》,《人口研究》2009 年第 2 期。

[66]韩俊:《中国农村土地制度建设三题》,《管理世界》1999 年第 3 期。

[67]韩增林、李彬、张坤领:《中国城乡基本公共服务均等化及其空间格局分析》,《地理研究》2015 年第 11 期。

[68]何卫平:《空壳化背景下农村公共产品供给困境及出路》,《西华大学学报(哲学社会科学版)》2013 年第 7 期。

[69]何一鸣、罗必良、高少慧:《农业转移人口的市民化:基于制度供求视角的实证分析》,《经济评论》2014 年第 5 期。

[70]侯慧丽:《城市公共服务的供给差异及其对人口流动的影响》,《中国人口科学》2016 年第 1 期。

[71]胡斌:《农村劳动力流动动机及其决策行为——兼析外出与不外出打工劳动力收入逆差的形成》,《经济研究》1996年第9期。

[72]胡英:《城镇化进程中农村向城镇转移人口数量分析》,《统计研究》2003年第7期。

[73]黄锟:《农民工市民化过程中的制度冲突与政策选择》,《21世纪经济报道》2013年6月10日。

[74]黄文正:《城市化、基本公共服务不均等化与劳动力转移》,《学术论坛》2012年第7期。

[75]江依妮:《外来人口集聚地区公共服务支出研究——以广东省为例》,《人口与经济》2013年第5期。

[76]金三林:《对"刘易斯转折"阶段进程的判断》,《学习时报》2012年7月2日。

[77]亢犁:《推进城乡基本公共服务均等化的路径》,《光明日报》2013年1月2日。

[78]李华、俞卫:《政府卫生支出对中国农村居民健康的影响》,《中国社会科学》2013年第10期。

[79]李家祥:《进城农民逆向回流及对中国城市化进程的影响——兼与拉美城市化相比较》,《求实》2007年第1期。

[80]李建民:《当代中国的人口转变》,《人口研究》2009年第5期。

[81]李路路、朱斌:《当代中国代际流动模式及其变迁》,《中国社会科学》2015年第5期。

[82]李强、王昊:《中国社会分层结构的四个世界》,《社会科学战线》2014年第9期。

[83]李拓、李斌:《中国跨地区人口流动的影响因素——基于286个城市面板数据的空间计量检验》,《中国人口科学》2015年第2期。

[84]李翔:《农民工返乡创业的多维分析和体系构建》,《农村经济》2009年第11期。

[85]李湘君、王中华、林振平:《新型农村合作医疗对农民就医行为及健康的影响——基于不同收入层次的分析》,《世界经济文汇》2012 年第 3 期。

[86]李长安:《评论:公共服务均等化是户籍制度改革的核心》,《深圳特区报》2014 年 7 月 31 日。

[87]李珍珍:《农民工留城意愿影响因素的实证分析》,《南方经济》2010 年第 5 期。

[88]梁亚敏:《对我国农村剩余劳动力转移模式的再审视》,《社会科学研究》2011 年第 2 期。

[89]梁亚敏:《梯度模式、跳跃模式与雁阵模式比较研究》,《社会科学研究》2011 年第 2 期。

[90]廖重斌:《环境与经济协调发展的定量评判及其分类体系——以珠江三角洲城市群为例》,《广州环境科学》1996 年第 1 期。

[91]刘传江:《迁徙条件、生存状态与农民工市民化的现实进路》,《改革》2013 年第 4 期。

[92]刘靖:《非农就业、母亲照料与儿童健康——来自中国乡村的证据》,《经济研究》2008 年第 9 期。

[93]刘小强、王德清、伍小兵:《学龄人口变动对教育均衡发展的影响》,《教育与经济》2011 年第 3 期。

[94]刘铮:《劳动力无限供给的现实悖论——"农民工回流"的成因及效应分析》,《清华大学学报(哲学社会科学版)》2006 年第 3 期。

[95]陆铭、蒋仕卿、陈钊、佐藤宏:《摆脱城市化的低水平均衡——制度推动、社会互动与劳动力流动》,《复旦大学学报(社会科学版)》2013 年第 3 期。

[96]陆铭:《玻璃幕墙下的劳动力流动——制度约束、社会互动与滞后的城市化》,《南方经济》2011 年第 6 期。

[97]孟德锋等:《新型农村合作医疗保险对农民健康状况的影响分析——基于江苏农村居民的实证研究》,《上海金融》2011 年第 4 期。

[98]孟霞、杨刚强:《有序推进农业转移人口市民化》,《经济日报》2014

年1月16日。

[99]宁光杰:《自选择与农村剩余劳动力非农就业的地区收入差异——兼论刘易斯转折点是否到来》,《经济研究》2012年第2期。

[100]牛建林:《人口流动对中国城乡居民健康差异的影响》,《中国社会科学》2013年第2期。

[101]彭慧蓉、钟涨宝:《农村剩余劳动力转移模式分析》,《农村经济》2007年第2期。

[102]任远:《由"进城"和"返乡"共同构成的城市化》,《江苏社会科学》2010年第3期。

[103]上海财经大学"千村调查"课题组:《如何让农民工真正"进城"——由农村劳动力城乡转移状况调查引发的思考》,《光明日报》2014年6月17日。

[104]盛亦男:《中国流动人口家庭化迁居》,《人口研究》2013年第4期。

[105]石智雷、杨云彦:《家庭禀赋、家庭决策与农村迁移劳动力回流》,《社会学研究》2012年第3期。

[106]石智雷:《国外迁移劳动力回流理论研究述评》,《人口与发展》2013年第1期。

[107]孙红玲、唐未兵、沈裕谋:《论人的城镇化与人均公共服务均等化》,《中国工业经济》2014年第5期。

[108]孙三百、黄薇、洪俊杰、王春华:《城市规模、幸福感与移民空间优化》,《经济研究》2014年第1期。

[109]唐茂华:《成本收益双重约束下的劳动力转移》,《中国农村经济》2007年第10期。

[110]陶长琪、杨海文:《空间计量模型选择及其模拟分析》,《统计研究》2014年8期。

[111]田明:《农业转移人口空间流动与城市融入》,《人口研究》2013年第4期。

[112]王传荣、商海岩、田路广:《高等教育空间集聚引致的劳动力转移研究——基于2002—2010年省际面板数据的分析》,《经济管理研究》2014年第5期。

[113]王春雷、郭其友:《农村劳动力转移决策的微观分析》,《人口与经济》2010年第2期。

[114]王格玮:《地区间收入差距对农村劳动力迁移的影响》,《经济学(季刊)》2004年第10期。

[115]王桂新、潘泽瀚、陆燕秋:《中国省际人口迁移区域模式变化及其影响因素——基于2000年和2010年人口普查资料的分析》,《中国人口科学》2012年第5期。

[116]王桂新:《中国人口迁移与区域经济发展关系之分析》,《人口研究》1996年第6期。

[117]王冉、盛来运:《中国城市农民工社会保障影响因素实证分析》,《中国农村经济》2008年第9期。

[118]王玮:《基于人口视角的公共服务均等化改革》,《中国人口·资源与环境》2011年第6期。

[119]王霞:《中国各地区人口年龄结构变动的消费效应分析》,《西北人口》2011年第6期。

[120]王小龙、兰永生:《劳动力转移、留守老人健康与农村养老公共服务供给》,《南开经济研究》2011年第4期。

[121]王跃生:《中国城乡家庭结构变动分析——基于2010年人口普查数据》,《中国社会科学》2013年第12期。

[122]王子成、赵忠:《农民工迁移模式的动态选择:外出、回流还是再迁移》,《管理世界》2013年第1期。

[123]魏后凯、苏红键:《中国农业转移人口市民化进程研究》,《中国人口科学》2013年第5期。

[124]吴联灿、申曙光:《新型农村合作医疗制度对农民健康影响的实证

研究》,《保险研究》2010 年第 6 期。

[125]吴瑞君:《人口变动与社会公共资源协同的新思路》,《东方早报》,2012 年 6 月 12 日。

[126]吴兴陆、亓名杰:《农民工迁移决策的社会文化影响因素探析》,《中国农村经济》2005 年第 1 期。

[127]夏怡然、陆铭:《城市间的"孟母三迁"——公共服务影响劳动力流向的经验研究》,《管理世界》2015 年第 10 期。

[128]夏怡然、苏锦红、黄伟:《流动人口向哪里集聚?——流入地城市特征及其变动趋势》,《人口与经济》2015 年第 3 期。

[129]辛小柏:《人口老龄化城镇化,公共服务因需而变——以教育和养老服务为例》,《中国经济导报》2012 年第 8 期。

[130]徐清:《工资拉力与城市劳动力流入峰值——基于"推拉"理论的中国经济实证》,《财经科学》2012 年第 10 期。

[131]薛宇峰:《中国农村劳动力流动空间分布特征的实证研究》,《经济经纬》2006 年第 2 期。

[132]杨刚强、孟霞、孙元元、范斐:《家庭决策、公共服务差异与劳动力转移》,《宏观经济研究》2016 年第 6 期。

[133]杨刚强、孟霞:《城乡流动人口结构分层与基本公共服务供给的结构优化》,《湖北社会科学》2015 年第 11 期。

[134]杨刚强、孟霞:《促进跨区域公共产品有效供给》,《经济日报》2016 年 6 月 2 日。

[135]杨刚强、孟霞等:《基本公共服务与农村劳动力转移的关系研究》,《宏观经济管理》2013 年第 8 期。

[136]杨胜利、高向东:《上海市公共服务资源配置综合评价与分析》,《华东经济管理》2012 年第 3 期。

[137]叶明确、方莹:《出口与我国全要素生产率增长的关系——基于空间杜宾模型》,《国际贸易问题》2013 年第 5 期。

[138]易金福、顾焜乾:《歧视性新农合报销比例对农村劳动力流动的影响》,《中国农村观察》2015 年第 3 期。

[139]于水、姜凯帆、孙永福:《“空心化”背景下农村外出劳动力回流意愿研究》,《华东经济管理》2013 年第 11 期。

[140]于涛方:《中国城市人口流动增长的空间类型及影响因素》,《中国人口科学》2012 年第 4 期。

[141]袁霓:《家庭迁移决策分析——基于中国农村的证据》,《人口与经济》2008 年第 6 期。

[142]张桂文:《农业转移人口市民化的困境与出路》,《光明日报》2013 年 2 月 22 日。

[143]张国胜、陈瑛:《社会成本、分摊机制与我国农民工市民化——基于政治经济学的分析框架》,《经济学家》2013 年第 1 期。

[144]张丽、吕康银等:《地方财政支出对中国省际人口迁移影响的实证研究》,《税务经济》2011 年第 4 期。

[145]张利萍:《教育与劳动力流动研究》,博士学位论文,华中师范大学,2006 年。

[146]张青:《农村劳动力转移中公共服务供给的国际经验》,《社会主义研究》2008 年第 4 期。

[147]张蔚蓝:《让城镇化的重心从“城”到“人”》,《经济日报》2013 年 6 月 26 日。

[148]张学良:《中国交通基础设施促进了区域经济增长吗?——兼论交通基础设施的空间溢出效应》,《中国社会科学》2012 年第 3 期。

[149]张勇、蒲勇健、陈立泰:《城镇化与服务业集聚——基于系统耦合互动的观点》,《中国工业经济》2013 年第 6 期。

[150]张月瀛:《破除农业转移人口市民化的制度障碍》,《人民日报》2013 年 4 月 10 日。

[151]郑长德:《中国各地区人口结构与储蓄率关系的实证研究》,《人口

与经济》2007 年第 6 期。

[152]周皓:《中国人口迁移的家庭化趋势及影响因素分析》,《人口研究》2004 年第 6 期。

[153]朱农:《论收入差距对中国乡城迁移决策的影响》,《人口与经济》2002 年第 5 期。

[154]邹农俭:《中外农村劳动力转移模式的比较研究》,《人口学刊》2001 年第 5 期。

[155]邹文杰:《医疗卫生服务均等化的减贫效应及门槛特征——基于空间异质性的分析》,《经济学家》2014 年第 8 期。

[156]蔡昉:重新认识城市基本功能回归"公共产品提供者"本意,2012 年 3 月 27 日,见 http://news.cntv.cn/20120327/102382.shtml。

[157]《国务院关于加快发展养老服务业的若干意见(国发〔2013〕35 号)》,见 http://www.gov.cn/zwgk/2013-09/13/content_2487704.htm.

[158]任远:《我国人口迁移和城镇化新特点》,中国网,2013 年 2 月, http://finance.china.com.cn/roll/20130204/1273089.shtml。

[159]《2010 年第六次全国人口普查主要数据公报》,2011 年,见 http://www.stats.gov.cn/tjgb/rk-pcgb/qgrkpcgb/t20110428_402722232htm。

[160]《2012 年我国农民工调查监测报告》,2013 年 5 月 27 日,见 http://www.stats.gov.cn/tjsj/zxfb/201305/t20130527_12978.html。

[161]《2013 年全国农民工监测调查报告》,2014 年 5 月 12 日,见 http://www.stats.gov.cn/tjsj/zxfb/201405/t20140512_551585.html。

[162]《2014 年全国农民工监测调查报告》,2015 年 4 月 30 日,见 http://www.ce.cn/xwzx/gnsz/gdxw/201504/30/t20150430_5249970.shtml。

[163]《2015 年全国农民工监测调查报告》,2016 年 4 月 28 日,见 http://news.xinhuanet.com/politics/2016-04/28/c_128940738.htm。

[164]Andrei Rogers, Richard Raquillet and Luis J. Castro. "Modle Migration Schedules and Their Applications", *Environment and Planning A*, Vol. 10, No. 5,

(1978),pp.475-502.

[165] Antonio Spilimbergo, "Labor Market Integration, Unemployment, and Transfers", *Review of International Economics*, Vol.7, No.4, (1999), pp.641-650.

[166] Brownm, L. A. and A. R. Goetz. "Development-Related Contextual Effects and Individual Attributes in Third World Migration Processed: A Venezuelan Example." *Demography*, Vol.24, No.4, (1987), pp.497-516.

[167] Bao Shuming, rn B. Bodvarsson, Jack W. Hou, and Zhao Yaohu, "Interprovincial Migration in China: The Effects of Investment and Migrant Networks," Discussion Paper No.2924, (2007).

[168] Benoit Dostie Pierre Thomas Léger. "Self-selection in migration and returns to unobservables", *Institute of Applied Economics*, Vol.22, No.4, (2009), pp. 1005-1024.

[169] Bogue D J. Internal Migration. In: P M Hauser, O D Duncan, eds. *The Study of Population.* Chicago: University of Chicago Press, 1959, pp.486-509.

[170] Charles Mills Tiebout. "A Pure Theory of Local Expenditures". *Journal of Political Economy*, Vol.64, No.5, (1956), pp.416-424.

[171] Cassarino, J. P., "Theorising Return Migration: A Revisited Conceptual Approach to Return Migrants." *International Journal on Multicultural Societies*, Vol. 6, No.2, (2004), pp.253-279.

[172] Dahlberg, M., Eklof, P. Fredriksson, J. Jofre-Monseny, "Estimating Preferences for Local Public Services Using Migration Data", *Urban Studies*, Vol.49, No.2, (2012), pp.319-336.

[173] David McKenzie, and Hillel Rapoport, "Self-Selection Patterns in Mexico-U.S. Migration: The Role of Migration Networks," *The Review of Economics and Statistics*, Vol.92, No.4, (2010), pp.811-821.

[174] E. G. Ravenstein, "The Laws of Migration", *Journal of the Statistical Society of London*, Vol.48, No.2, (1885), pp.167-235.

[175] Harris, J. and Todaro, M. P., "Migration, Unemployment and Development: a Two-Sectors Analysis", *The American Economic Review*, Vol. 60, No. 1, (1970), pp.126-142.

[176] Izazola, Haydea and Jowett, Alan, "Female Migration, Environment, and Quality of Life in Mexico City", *Women & Environment International Magazine*, Issue 70/71, (2006), pp.21-23.

[177] Kaivan Munshi, "Networks in the Modern Economy: Mexican Migrants in the U. S. Labor Market," *Quarterly Journal of Economics*, Vol. 118, No. 2, (2003), pp.549-599.

[178] Lee E S. "A theory of migration", *Demography*, Vol.3, No.1, (1996), pp.47-75.

[179] Lin, Justin, Gewei Wang and Yao hui Zhao. "Regional Inequality and Labor Transfers in China". *Economic Development and Cultural Change*, Vol.52, No.3, (2004), pp.587-603.

[180] Marat E. "Labor Migration in Central Asia: Implications of the Global Economic Crisis". *Central Asia-Caucasus Institute & Silk Road Studies Program-A Joint Transatlantic Research and Policy center*, (2009), pp.5-48.

[181] Murphy, R., *How Migrant Labor is Changing Rural China*. Cambridge: Cambridge University Press. Vol.53, No.1, (2002), pp.264-266.

[182] Pierre-Philippe Combes, Thierry Mayer, Jacques-François Thisse. *Economic Geography: The Integration of Regions and Nations*, Princeton University Press, 2008. p.170.

[183] Sana, M. And Hu, C. Y. "Is International Migration a Substitute for Social Security?" *Well-being and Social Policy*, Vol.2, No.2, (2007), pp.27-48.

[184] Sharp, E. B., *Citizen Demand-making in the Urban Context*, Birmingham: University of Alabama Press, 1986.

[185] Somik V. Lall, Christopher Timmins, Shouyue Yu, Alex Anas and Jan K.

Brueckner,"Connecting Lagging and Leading Regions:The Role of Labor Mobility",*Brookings-Wharton Papers on Urban Affairs*,(2009),pp.151-174.

[186]Standing G.,"Migration and modes of exploitation:Social origins of immobility and mobility", *Journal of peasant Studies*, Vol. 8, No. 2, (1981), pp. 173-211.

[187]Stark O,Taylor J E."Migration incentives,migration types:The role of relative deprivation", *The economic journal*, Vol. 101, No. 408, (1991), pp. 1163-1178.

[188]Stark,O.and Bloom,D.,"The New Economics of Labor Migration",*The American Economic Review*,Vol.75,No.2,(1985),pp.173-178.

[189]Stark,O.,"Rural-to-urban Migration in Less Developed Countries:a Relative Deprivation Approach",*Economic Development and Cultural Change*,Vol. 32,No.3,(1984),pp.475-486.

[190]Stark,O.,and Taylor,J.E.,"Relative Deprivation and International Migration",*Demography*,Vol.26,No.1,(1989),pp.1-14.

[191]Stark,O,"Research on Rural to Urban Migration in Less Developed Countries:The Confusion Frontier and Why We Should Pause to Rethink Afresh". *World Development*,Vol.10,No.1,(1969),pp.63-70.

[192]Stark,O.,"On the Microeconomics of Return Migration." *Occasional Paper*,No.1/1996.Vienna:University of Vienna,Center for International and Interdisciplinary Studies.

[193]Thomas,K.J.A."Return Migration in Africa and the Relationship between Educational Attainment and Labor Market Success:Evidence from Uganda." *International Migration Review*,Vol.42,No.3,(2008),pp.652-674.

[194]Tiebout.C.M.,"A Pure Theory of Local Expenditures",*Journal of Political Economy*,Vol.64,No.5,(1959),pp.416-424.

[195]Todaro,M.P.,"A Model of Labour Migration and Urban Unemployment

in Less Developed Countries", *The American Economic Review*, Vol. 59, No. 1, (1969), pp.138-148.

[196] Wallace E. Huffman and Tuagus Feridhanusetyawan: "Migration, Fixed Costs, and Location-Specific Amenities: A Hazard Analysis for a Panel of Males," *American Journal of Agricultural Economics*, Vol.89, No.2, (2007), pp.368-382.

[197] Wang Winnie Wenfei, C Cindy Fan. "Success or Failure: Selectivity and Reasons of Return Migration in Sichuan and Anhui, China," *Environment and Planning A*, Vol.38, No.5(2006), pp.939-958.

[198] Zhang Xiaobo, and Guo L, "Does Guanxi Matter to Nonfarm Employment?" *Journal of Comparative Economics*, Vol.31, No.2, (2003), pp.315-331.

[199] Zhao Yaohui, "Leaving the Countryside: Rural-To-Urban Migration Decisions in China," *American Economic Association Papers and Proceedings*, Vol.89, No.2, (1999), pp.281-286.

[200] Zhao Yaohui, "The Role of Migrant Networks in Labor Migration: The Case of China," *Contemporary Economic Policy*, Vol. 21, No. 4, (2003), pp. 500-511.

[201] Zhao Yaohui, "Causes and Consequences of Return Migration: Recent Evidence from China," *Journal of Comparative Economics*, Vol.30, No.2, (2002), pp.376-394.

责任编辑:余　平
封面设计:姚　菲
责任校对:胡　佳

图书在版编目(CIP)数据

公共服务、家庭结构对劳动力转移的影响及公共政策选择/杨刚强;
孟　霞 著. —北京:人民出版社,2017.3
ISBN 978-7-01-017334-4

Ⅰ.①公…　Ⅱ.①杨…②孟…　Ⅲ.①公共服务-资源配置-城乡差别-研究-中国②公共政策-研究-中国　Ⅳ.①D63-3

中国版本图书馆 CIP 数据核字(2017)第 026291 号

公共服务、家庭结构对劳动力转移的影响及公共政策选择

GONGGONG FUWU JIATING JIEGOU DUI LAODONGLI ZHUANYI DE
YINGXIANG JI GONGGONG ZHENGCE XUANZE

杨刚强　孟　霞　著

人民出版社 出版发行
(100706　北京市东城区隆福寺街 99 号)

北京市文林印务有限公司印刷　新华书店经销

2017 年 3 月第 1 版　2017 年 3 月北京第 1 次印刷
开本:710 毫米×1000 毫米 1/16　印张:13.25
字数:196 千字

ISBN 978-7-01-017334-4　定价:38.00 元

邮购地址 100706　北京市东城区隆福寺街 99 号
人民东方图书销售中心　电话 (010)65250042　65289539